回望

西南联大沉思录

张曼菱 著

商务印书馆
创于1897
The Commercial Press

图书在版编目(CIP)数据

回望:西南联大沉思录/张曼菱著.—北京:商务印书馆,2024(2025.3重印)

ISBN 978-7-100-24014-7

Ⅰ.①回… Ⅱ.①张… Ⅲ.①西南联合大学—校史 Ⅳ.①G649.287.41

中国国家版本馆CIP数据核字(2024)第102528号

回 望

西南联大沉思录

张曼菱 著

商务印书馆出版

(北京王府井大街36号 邮政编码100710)

商务印书馆发行

北京新华印刷有限公司印刷

ISBN 978-7-100-24014-7

2024年7月第1版 开本880×1230 1/32

2025年3月北京第2次印刷 印张14⅝

定价:78.00元

此书献予——

在抗日战争中

坚守气节与使命的那一代学人

和我的故土云南。

张曼菱

癸卯　处暑　昆明

目 录

序　寻找“精神的框架”

陈寅恪说过：“救国经世，尤必以精神之学问为根基。”

战争的压力，使学者们对我们这个民族的独特历史文化更加珍视。

这个人群，为什么五千年来打不散，而形成世界上唯一的亦古亦今的庞大民族呢？

2016 年秋，我在成都与马识途先生晤谈。马老是西南联大 1941 级外国语文学系学生，也是当年中共地下党在西南联大的支部书记。他说，闻一多曾经想办一份报纸叫《十一》，合起来就是一个“士”。闻一多想在战时的艰难环境中提醒和完善“士人”的人格品行。

“士”的称谓，从西周就有，指那些“王”以下的贵族，他们享受供养，对周王朝负有责任。到东周形成了一个阶层，通“六艺”，具有一些特殊的品质。再后来，“士”形成一系列的历史与文化。这个传统使得中国知识分子将自己看作被赋予大局使命的人。

战时闻一多舍弃舒适的书斋与藏书出京，喊出：“去吧，去认识我们的祖国！”到师生们的步行中，践行“饱以五车读，劳以万里行”之类的古训，并重新自省。

朱自清之子朱乔森说：“我父亲觉得自己的任务就是保持中国‘弦诵不绝’。弦诵不绝，就是读书这个传统不要绝。”这对中国的长远发展意义重大。

重构“士”的人格框架以及相应的伦理范式，在西南联大形成了一个普遍的人文趋势。

罗庸在《鸭池十讲》（增订本，北京出版社，2016 年）中也谈到“士”的价值观：“原来士之所以为士，在其能以全人格负荷文化的重任而有所作为。”

周作人附逆，学界痛惜其“失节”，称“卿本佳人，奈何作贼”。

闻一多、罗庸他们，并非如当下很多学者那样，在抽象领域中来解析一种人格建构，而是在自己的“生存领域”中，在战火与贫困中，打造理想中“士”的人格。他们是从行动开始的。

罗庸先生在昆明郊区居住时，意外的火灾烧光了他的藏书，他面色如常，令同僚们起敬，可以联系到他在西南联大校歌歌词中写的“动心忍性希前哲”。

闻一多这样的“新月派”诗人，回到了传统，相信其中可以淘滤出精神的金沙。任继愈在多年后评价：“闻一多研究《诗经》《楚辞》，功力深厚，他利用西南地区民族民俗的活化石，开辟了学术的新局面。”

闻一多带着孩子们到小河边洗脸，坐在草地上玩耍，月明之夜在清辉投射的小院子里讲诗。他曾说过“诗化家庭”。那是将亲情与文化相沟通，是伦理关系的一种升华。

这是很多有文化素养的父亲都做过的事情，而闻一多则将它明确地宣示定义了。

不由回忆起我的父亲，他也总是挑选一些田园、思亲、怀乡的古诗带我们诵读，避开那些带有儒家说教气息的诗歌，而闻一多追究到古诗的终极价值，从屈原之高洁到《春江花月夜》的浪漫。

闻一多讲诗时不讲“李杜”，却说《春江花月夜》是“唐诗中最美的诗”，耐人寻味。

“致君尧舜上，再使风俗淳”，这是杜甫的思想格局。李白的“长安不见使人愁”，则是他江湖漂泊的牵念。显然，闻一多追溯的“士”，不是“李杜”这样的。

推崇《春江花月夜》，是从美学的角度上重新定位“士”的格局，是春天与热爱，自然之美与人间生活，而与“君主”“朝廷”无涉。

对《诗经》《楚辞》的爱好与深究，表明他要回到先秦诸子的多元化思想领域去溯源，寻找新鲜力量，以振奋抗战中的学人。这是“独立之精神，自由之思想”的一个源头。

他在讲课中屡次赞美屈原，为自己刻印章“其愚不可及”，直到“最后一次讲演”凛然面对枪口，都在昭示一种大无畏的气概：士可杀，不可辱！

“究竟甚么是文化传统‘创造的转化’呢？那是把一些中国文化传统中的符号与价值系统加以改造，使经过改造的符号与价值系统变成有利于变迁的种子，同时在变迁的过程中继续保持文化的认同。”（《中国传统的创造性转化》，生活·读书·新知三联书店，1988 年）

此书作者林毓生是西南联大学子殷海光的学生，一位旅美学者。

西南联大的学人们正是继承了“守正出新”的文化理念，不断进行变革与创造。

从大学的格局来看，西南联大推行一种中西合璧的现代化的教育框架，一方面使用开放式教材，一方面坚持以“中国通史”作为大一学生的必修课。

《郑天挺西南联大日记》（中华书局，2018 年）记载，郑天挺在昆明办讲座多次以“读史以明志”为主题。

“九叶”诗人、哲学系学子郑敏晚年曾感慨：“我们现在没有要求所有的文学院学生都念‘中国通史’。丢掉了对历史的理解，文科好像就没有一个站脚的地方。”

她说，在西南联大，课程的设置是非常系统的。它教育学生如何理解这个世界，告诉学生什么是重要的。

茶馆“三剑客”的潇洒不羁与女生宿舍的雅致诗意相映成趣，而教师之家以“陋室”自况，诗社成员竟往导师家聚餐，共享“得道”之乐。

学生们自办伙食，“君子近庖厨”，以此为能事。而“倒孔”运动持续发酵，从香港航班上的“飞狗事件”到孔祥熙来校，面对腐败官僚，学生们不依不饶。

吴宓组织“石社”，自命为“紫鹃”，宣扬“维护大美”的精神。教授的古风与学生的顽皮相映成趣。

刘文典讲课时涉及的音韵、训诂方面的内容颇有独到之处，当下几乎失传。任继愈的回忆令人耳目一新：“他还讲，中国古典文学经常利用汉字象形的特点，引发读者的想象，从而增强了读者的想象力。《海赋》中用‘髣髴’二字（而不用‘仿佛’），好像海怪蓬头乱发在水中出没，可以增加大海的神秘气势。”

一把用旧毛线缠绕多道的刻刀，上面留有压出的指痕，这是闻一多的妻子为防止他治印磨伤手指而亲自做的。妻子的脂粉盒被用作印色盒，有一瓶印油是朱自清先生送来的。

朱自清诗曰：“闭门拼自守穷悭，车马街头任往还。”发国难财的人有的是，别人再怎么富贵，但教授们宁肯穷得吃不上饭，也要坚持把学生带出来，把弦诵不绝的传统继承下去。

梅贻琦之子梅祖彦说：“整个战争的威胁，对全国人民，至少对知识分子来说，是一个很大的压力，也是一种激励。我想，是‘为国家的前途’的观念，使学生格外地用功，才能培养出这么多人才来。”

当我向李政道问到西南联大成功的原因时，他说到一个大格局：“西南联大之所以成功，有好几个原因。第一是当时的年轻人跟学者的志气。老师、教授，不光是吴（大猷）先生一个人，也不光是西南联大，浙大也一样，那个时候整个学术界所有老师对中华民族的生存是有信仰、有志气的。他们是要做事的，而且他们把他们的经历都附在上面了。”

他神情沉郁地说：“（师生们）并不认为我们在抗战期间被日本人欺负、遭受大屠杀是可以接受的。我们是要有前途的。”

美国学者易社强在《战争与革命中的西南联大》（台湾传记文学出版社，2010年）中几次提到“传奇”这个词，一是表明他对这批中国知识分子的敬意：

> 联大以壮伟的漫漫长征开始，以数年的刚毅坚卓为之继，以掺杂着悲剧的成功告终。这无疑是传奇的材料。

一是表态，要用严肃的史学家态度来对待这段历史：

> 然而，假如联大仅仅是一段妙趣横生的传奇，那最好由小说家来承担这个任务。之所以有必要从历史学的角度研究联大，是因为它在 20 世纪中叶的中国知识史（intellectual history）、文化史和政治史上占据了至关重要的地位。

我赞同这样的态度，对于一部正在浮出水面的历史，首先要用历史的态度来发掘与研究。至于戏剧化的传播，那只是一种对历史的消费，属于另一个范畴。

作为一名西方的自由知识分子，易社强对西南联大的惊奇心与认同感是并存的。

而我和走近西南联大历史的当代学人们，感受到的却是一种文化传统的归属，在敬仰中有一种熟悉感与亲和力。

当年的这批中国知识分子是植根于中国传统文化的，“气节”“士可杀，不可辱”这样一些观念是等同于生命的。

当是时，日本人正在对中国施行“亡国灭种”的战略，在所占领地区已经用日文代替了中文教育，用血腥手段逼迫中国人对太阳旗敬礼。

与一般战争中的掠夺和屠杀不一样，这是对中国人进行种族与文化的灭绝。

在整个“二战”中，贫弱中国所面临的命运不能与其他国家相提并论。文化与种族灭绝的危机笼罩在国人的头上，这不只是知识分子的感受。

“中华民族到了最危险的时候，每个人被迫着发出最后的吼声。”

当军队在为保卫国土与人民生命浴血奋战时，学人肩负起自己的使命。

从中国传统文化的视野里，从中国当时的生存危机里，南迁与坚持漫长的办学，正是这批学人生命中必然的选择，是一个民族必然的选择。

其实西南联大各层人士最重要的共性，涵盖一切差别的共性，是民族生存与民族抗争。这是一股融合一切的力量，所以他们可以南迁，可以舍弃小我，可以忍辱负重，而决不可以抛下学业与教育的使命。

易社强的透视还远未达到这一点。诸如，他提到的“自由主义”“个人主义”，是不能涵盖他们身上的家国意识、民族气节的；对梅贻琦毫不犹豫选择南下和预见性转移物资，他仅从清华与美国的关系来解释，未免贬低了一个中国教育家的情怀；尤其是他批评中国学者身上的“士大夫情结”，而不懂得这是他们安身立命之根本。

他自己也意识到了：

> 欲理解联大的渊源，我们至少得回溯到已逝的19世纪；欲理解联大的遗产，我们得穿越20世纪90年代，进入未知的将来；欲理解联大的历史意义，我们要越过中国的疆界，探讨更广阔的跨文化的问题。（同上）

赵元任的二女儿赵新那回忆，当年她非常喜欢昆明，那里有很多熟悉的人，“仿佛是另外一个北平”。这句话非常独特，带着童真和智慧。

南迁的人们把北平这个文化都城的灵魂带到了昆明，进行重构。年少的赵新那所感受的“另外一个北平”，蕴含着新的洗礼与开拓，打造出更加刚健与深沉的气质。

这本书里的文章写的时候各自成篇，集中起来，就是对那个时代的学人们的“精神框架”的一种追寻。

闻一多的人格追求、邓稼先的奉献精神、任继愈的“气节”之说、赵宝煦的教育思想、李政道的家国之念，还有刘文典的风骨与沉浮，皆具有那种涵纳民族古今、融汇中西精髓的磊落情怀。

季羡林当年不在西南联大，抗战的时候他在德国，一个“局外人”。在《留德十年》和《牛棚杂忆》，还有那篇著名文章《站在胡适之先生墓前》中，他都有岁月风云的梳理与自白。毕生奉献于青灯黄卷的他，在暮年却对自己进行了严厉的审判。

《孟子》云：“仁义礼智，非由外铄我也，我固有之也，弗思耳矣。”季羡林持有的“愧疚”与“不忍”之心，从另一个视角补写了一代学人的精神框架。

战争期间季羡林身在敌国，别有一番深刻的感触，他说：“当然，‘爱国’这个词一听是好的，但也不一定。日本人侵略中国的时候，德国法西斯侵略别的国家的时候，都高喊爱国主义，但那是假的。爱国主义应该有两种：一种是真的，被压迫、被杀害的民族的爱国，是真的；而压迫别人、杀害别人的爱国主义，是假的。”

所谓“国族情结”，不只是一种亲情和根系，也有着“道义”的内容。

2023 年 9 月

第一辑

人物

梅贻琦："战时校长"与工科理想

梅贻琦被誉为"永远的清华校长"，因他终其一生，只为了清华。

而在中华民族危亡的关头，也是中国大学危亡的关头，作为西南联大的"战时校长"，梅贻琦不再是"清华第一"；他临危受命，顾全大局，时时要求清华克制，就像他要求自己的家庭克制一样。

1937 年 7 月 7 日，卢沟桥事变爆发。据《吴宓与陈寅恪》（吴学昭著，清华大学出版社，1992 年）载：

> 七月十五日……清华提前发给教职员七月份薪金。
>
> 八月二日，《世界日报》披露，清华大学将迁往长沙。
>
> 八月八日，日军荷枪实弹，大举开进北平，故都人心惶惶。

从这个日程上看，清华大学对日本大举侵华是有预判有准备的，应变非常及时。

1937 年 8 月，奉教育部令，北京大学、清华大学和南开大学三校南迁，组建长沙临时大学。同年 11 月 1 日，长沙临时大学正式开课，这个日子以后也成为西南联大的校庆日。

时任北京大学校长的蒋梦麟在《西潮》（中州古籍出版社，2016 年）一书中写道：

我到达长沙时，清华大学的梅贻琦校长已经先到那里。在动乱时期主持一所大学本来就是头痛的事，在战时主持大学校务自然更难，尤其是要三个个性不同历史各异的大学共同生活，而且三校各有思想不同的教授们，各人有各人的意见。

蒋校长因此而“头痛”，胃病发作。他形容自己，“我仍勉强打起精神和梅校长共同负起责任来，幸靠同仁们的和衷共济，我们才把这条由混杂水手操纵的危舟渡过惊涛骇浪”。他的贡献，是为三所大学西迁选址昆明。

1938 年 4 月 2 日，教育部以命令转知：奉行政院命令，并经国防最高会议通过，国立长沙临时大学更名为国立西南联合大学。直至

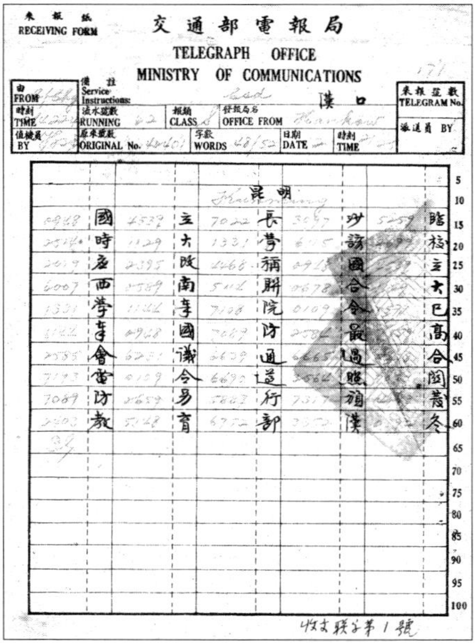
来报纸
RECEIVING FORM
交通部電報局
TELEGRAPH OFFICE
MINISTRY OF COMMUNICATIONS
由 FROM
備註 Service Instructions: 漢口
來報號數 TELEGRAM No.
時刻 TIME
流水號數 RUNNING
報類 CLASS
發報局名 OFFICE FROM
派送員 BY
值機員 BY
原來號數 ORIGINAL No.
字數 WORDS
日期 DATE
時刻 TIME

昆明

收文联字第1號

教育部关于长沙临时大学更名的电报

1946年7月31日，西南联大常委会举行第385次会议，也是最后一次常委会，正式宣告西南联大结束（西南联合大学北京校友会编《国立西南联合大学校史》，北京大学出版社，2006年），前后历时九年。

西南联大“以其兼容并包之精神，转移社会一时之风气，内树学术自由之规模，外来民主堡垒之称号”（西南联大纪念碑碑文），在中国教育史甚至世界教育史上，都留下了光辉的一页。

其时，三校长即三“常委”中，南开校长张伯苓、北大校长蒋梦麟没有或没有长期留在昆明，只剩下“梅常委”一人看护三校。

蒋梦麟与张伯苓在名义上没有卸任，实际上已经“易肩”。这也意味着他们看好梅贻琦，这个比他们更年轻、更有行动力的校长：他必能保住三校在战乱中不失散。

当蒋与张二位校长变为“远程守望者”，梅贻琦则成为三校联合的“堡垒性”领导人物。

战局不可测，日寇嚣张时，如果联合破裂，三校分开，依当时国民政府之财力人力，与教学的配套设置，还有大后方的落后状态，种种因素，都可能使学校的前途命运发生不测。这时候，唯有联合，才能保全三校，以俟胜利的到来。

唯梅贻琦，可以成为凝聚三校的核心，是这条云谲波诡的大船上的舵手，和这个前后在校学生8000余人的战时大学的当家人。

当时清华大学是有“生存优势”的，它有庚款支撑，还有工学院，可以用校内设备在云南“创收”。

热力学家董树屏，当时还是清华大学的教员，回忆那时在昆明做冰的经历：他和学生利用实验室的简陋进口设备做出了冰，一块冰20

磅，昆明人不知道冰是什么，来参观的很多。昆明一些需要冰的医药部门就买下了这些冰。驻昆明的美军也需要冰，量还很大。董树屏他们就跟美军签了合同，“把冰卖给美国，是外汇，不是滇币，也不是人民币”。从 1944 年到 1945 年，董树屏用冰给学校赚了一些外汇，后来学校用这些外汇去外国买了一些电化教学设备。

清华服务社搞来的一点收入，梅贻琦指示发给三校教员们，他自己不要。

梅贻琦的儿子梅祖彦对我说：“他不知道我们饿着。”

梅夫人摆地摊，蒸米糕卖，都不敢亮出身份。这些糕被教授们命名为“定胜糕”，人们说，校长夫人能够如此，可见抗战一定胜利。

作为西南联大的“领头羊”，能够使三校人心不涣散，这与梅贻琦的“德治”大有关系。梅贻琦不偏袒清华人，他与大家同甘共苦。

西南联大保持着北大、清华原有的教授会，会议记录原件当年“分家”时归了北大档案馆，我曾经查阅与拍摄过，涉及钱粮分配、租房赁地、学生招考等议题。

那些镜头我已用在纪录片《西南联大启示录》中。

看着那些浓墨重彩的教授签名，我的脑海中浮现出他们各异的面貌、鲜明的个性以及不同的学校背景。会议记录非常简洁，最后决议的操作性却很强，我没看到有争议的记录。

这是因为有一位德高望重、果决明断的主持人。梅贻琦沉默寡言、劳心苦思、谨慎谦逊，获得众人的信赖。

坚定，是梅贻琦的特质。他始终如一，守卫着这所战乱中的大学。

当时西南联大接受过商人、军人等的捐资捐粮，这在教授会的记录中可以看到。梅贻琦也成天为筹集学校资金奔走，“朝叩富儿门，暮随肥马尘”，但他为了学校坦然为之。

学校需要减少外界的干扰，保持一定的纯粹。他就是一面墙，隔在学校和纷纭的社会之间，给师生们一片安谧与纯净，而他自己去面对社会上那些头绪繁多甚至乱七八糟的事情，从军阀到富商，从党棍到特务。

采访杨振宁时，他说：“虽然物质条件非常艰苦，但大家的精神，绝对是往第一流的方向努力走。”

战时大学成绩如此杰出，他认为：“因为西南联大集合了三个有名的学校，有非常好的老师。”

杨振宁用自己做了范例：“后来我到美国念博士学位，很快我就发现美国同学的量子力学没有我念得那么透彻。这是一方面。另外一方面，西南联大因为有很多老师，所以有各种方向上的学问。这些学问使我对当时物理学前沿相当广的面都有一些接触。”

他认为自己对获得诺贝尔奖的这项成果的研究与兴趣从大学时就开始了。但他没有提到他那时使用的教科书是怎样的，从何处来。

物理学家沈克琦曾说，物理系的老师讲课像“开窗户”，开出很多参考书让学生自己去阅读。这都是开放性、启发式教育的案例。

根据杨振宁与沈克琦的访谈，可知至少理科的教科书依然沿袭清华的传统，是从美国拿来样本，然后到香港商务印书馆印制，从海路到越南，走滇越铁路运送到昆明的。

教科书很重要。梅贻琦他们一直在煞费苦心地为这所战时大学配备教科书。然而，关于这一点，我在《国立西南联合大学校史》中并没有找到更多记录。也许是学科繁多，教员们讲授内容丰富自由，难以历数，所以这方面的资料一直很少。

尤其是文科，如哲学系郑敏所说："我们没有课本，没有现在这样的教科书……老师本身就像教科书一样。"

但相关资料，存在北大与清华的两座档案馆里，可俟后人。

在口述史中，我追踪到梅贻琦在抗战全面爆发前转移清华物资的一些事实，以及他在落后的中国"振兴工科"的理想表述。

这是梅贻琦对这所联合大学做出的独特贡献，他是有行动力的。

早在七七事变以前，梅贻琦就做出了敏锐反应和系统布置。因为当局对所谓"国联"寄予幻想，大学界只能盲从，不敢妄言战事，他只能用一种秘而不宣的方式开始运作。

梅贻琦用"办分校"的方式转移资金，实施建校工程。据陈岱孙《往事偶记》（商务印书馆，2016年）回忆：

> 对处于流亡状况的学校来说，首先遇到的难题是校舍。临大之所以选择长沙为校址，只是因为在抗战军兴前二三年，清华大学，鉴于当时日趋恶化的时局，认为战事终不可免，而华北将首当其冲，为未雨绸缪计，停建在北京原校址计划中的文、法学院教学大楼等各项新校舍，移巨款在湖南长沙、湘江东岸岳麓山下修建一整套备用之校舍即将落成可资利用之故。

陈岱孙先生在这里用"清华大学"替代了那个真正的主角梅贻琦。显然当时还不宜提及他的名讳，但这些为学校未雨绸缪的决策，是活在人们心中的一页重要校史。

> 当时的计划是，临大将于1938年春全部搬入湘江东岸的新校舍。但1937年东南线战局的突变使临大不得不在1937学年的第一学期结束后又仓促西迁云南，新校舍始终未得利用。
>
> 此外，为南迁所做的另一准备是，在“卢沟桥事变”前两年的冬季，清华大学从清华园火车站，于几个夜间秘密南运好几列车的教研工作所急需的图书、仪器，暂存汉口，可以随时运往新校。
>
> 清华大学，在1936年冬天，还把经过选择的书籍、仪器，在接连好几个深夜，从清华园火车站运往武汉暂存，也是预备一旦战事爆发校迁长沙时，可应新校教学研究的急需（在长沙临大成立后不久又决定迁滇时，这一部分书籍、仪器才又从武汉船运至四川重庆，并在一次敌机空袭中全部炸毁）。（同上）

在我的采访中，董树屏把这个过程具体化了：“1937年以前，清华就把一部分轻便的设备、图书馆的图书运到武汉。那个时候我是工学院的教员，我把轻便设备整理好，还有图书馆的图书，还有别的系的东西，运到武汉。从1935年起，一直到1937年。……临大从1938年开始主要分三路到昆明。……我那个时候已经是个教员了，帮我安排的，有图书馆的一个高级职员，还有土木系的一个教员。两位和我把武汉存的东西，坐船进川，运往昆明。”

董树屏的亲身经历，说明陈岱老记忆有误，这批物资并没有被

“全部炸毁”，而是继续运往昆明，并在西南联大发挥了重大作用。

清华甲所，原为梅贻琦的住宅和办公处，现在是校内的招待所。每年冬春，甲所门前的梅花绽放，高洁清悠，意味深长。清华 90 周年校庆时，我曾在这里采访过一批来自海外的老学长。他们住在这里，每天兴致勃勃，心满意足。

我也曾在这里住过。在甲所，可以亲近某种历史气氛，如古人所说“君子之泽”。九一八之后，七七事变之前，梅贻琦在这里运筹帷幄，为在战争中保存文化和教育果断行动。

冯友兰曾说，梅贻琦如果是政府官员，中国在抗战中的损失可能会减少。

疫情中的 2021 年，春夏之交，在清华校史馆金富军老师的帮助下，我从董树屏先生九旬高龄的女儿董新菊那里获得了董树屏与妻子杨淑贞 1934 年在北平的合影。

这张照片 2000 年我曾在董树屏家的书柜上看到过，印象深刻。在采访时，董先生指着那个小小的镜框说：“我在清华毕业后任助教，有了一个温馨的小家庭。”

董先生是 1909 年 10 月生人，我采访的那一年，他 91 岁。

2001 年 4 月末，我拜访了施嘉炀先生，当年清华的工学院院长与土木系主任。

在他住的小院里，远道而来的老学生们围坐在他的身旁。但施先生因为中风，已基本不能说话了。当我问他话时，他只是点头应和我。

我问：“当年是您派董树屏运送设备到武汉的吧？”

施先生点了点头。他思维很清楚。

坐在旁边的夫人知道我来自昆明，对我说，在昆明跑警报时，她正在防空洞里生小孩。

在台北，冯钟豫学长对我说："1937 年赶上七七事变，日本军队攻进了北平。那个时候我是在清华大学土木系二年级。照例，一个土木系二年级的学生，要在外边做现场实习。这次实习，就是清华接受了山东省济宁县县长的委托，让我们画全县的地形图。工作开始没有多久就赶上七七事变，又加上那年夏天山东济宁闹大水，我们的工作就不能做了。所以到了 8 月间，学校已经不能回去了，就让我们从山东济宁到湖南长沙。"冯学长说，梅校长让施院长在学生出去实习时尽量多带设备走。后来，果然，他们一出去就没有回来，直接带着设备去长沙了。

> 仪器方面，除清华土木系学生从山东实习带回的测量仪器可供该系教学之需外，理科各系商借当地湘雅医学院部分设备，供教学之用。(《国立西南联合大学校史》)

由董树屏负责的直接从清华大学转移到武汉的物资，最终也经由重庆到达了昆明。

命运注定了，从董树屏徒步走出日寇占领的东北开始，满腔国恨家仇的他就以东北人的刚毅气质，穿越纷飞战火、克服重重困难，转移这批教学物资，并用它们完成在西南联大的终极使命。

"我是 1938 年底把这些设备——国民党也不要了——从重庆用公共汽车，就是载运车，慢慢运到昆明的。这些设备，包括一部分图书，就是西南联大的物质基础。这些设备从 1935 年开始运，一直运到 1937 年，这是我亲自实践的。……西南联大，从工学院的角度来说，包括施老先生在内，物质基础连人基本是这样组建的。”

董树屏所讲述的为清华转移工学院器材的过程，以及在昆明用这些器材进行教学与生产的事情，隐含和传递着一个重大的历史信息：在九一八之后，梅贻琦对形势进行了充分估计，并实施了预见性的物资转移。

由于梅贻琦的远见与迅捷，昆明的西南联大工学院拥有了当时最完备的教学设施。因此，后来报考西南联大的很多青年都选择或者改为工科了。

我采访过云南白族学子王希季，他说，因为联大工科设备强大，他才报考了工学院，成为董树屏的学生，对他的严格要求有深刻印象。王希季后来获“两弹一星”功勋奖章，被誉为中国的“火箭之父”。

当年的朝鲜归侨郑林庆也对我说：“我原来学的是物理，到了昆明之后，就转到机械系。为什么我要转机械系？因为物理系的设备全没带出来，丢的丢，剩下的都放在北平了。而机械系很多设备都运来了，先运到四川，后运到昆明。”

郑林庆后来成为“摩擦学之父”，在机械学中开创了一个新学科。

在新中国成立之后，涌现出一大批工程学院士，很多人都是西南联大工学院出身的。而在中国台湾，这种感觉更加明显。后来台湾成为“四小龙”，许多重大建筑都是联大工学院的学子完成的。

例如我采访过的冯钟豫学长，就参与了解决台湾早期粮食问题的对策，以及灌溉台中的石门水库和高雄港的建设；柴之棣学长，设计建造了淡水桥、钢厂、造船厂。他们都为两岸交流做出了很多贡献。

2000 年 8 月，我请曾是联大学子的梅祖彦来昆明。兹后，我接连采访他达三次。他着重谈到父亲梅贻琦的理想："他很注重实用，讲究科学。在二三十年代，中国有很多学者提倡科学，但他们是从哲学的角度，利用科学方法，来追求所谓的哲学上的道理、真理，是一种学术层面的讲究科学。像胡适、蔡元培，都走过这样的道路，都有过这样的观点。我父亲倒是认识到，科学还不是那么空虚的东西，它是很实在的，国家的建设少不了应用科学。所以，清华在 30 年代也是推行工程教育最积极的一个学校。当然，它有这个条件，经费比较多，建立了工学院，建立了很多工程的系，培养出人才，一直延续到西南联大时期，一直延续下来。现在工程界最老的一批权威人士，很多都是清华毕业的。这也给国家打下了工程教育的基础。"

工科，工程学，是梅贻琦留给中国教育的一份遗产。要发展，就要实干。

对于这位少言寡语，连日记也写得简单的清华校长，恐怕更多的赘言反而是一种失敬。我们只能根据他的行为与结果，拼出他心底追求的工科理想的蓝图。

查《国立西南联合大学校史》附录一"本科毕业生统计表"，在 1939—1946 年西南联合大学学籍毕业生中：土木 132 人，机械 196 人，电机 96 人，航空 105 人。

在 1938—1945 年清华大学学籍毕业生中：土木 99 人，机械 96 人，电机 71 人，航空 17 人。全校清华大学学籍毕业生 726 人，工科学生占了绝对多数（除经济系 120 人）。

附录三为“西南联大师生中的中央研究院院士、中国科学院院士和中国工程院院士名录”。中国科学院院士（学部委员）中的西南联大师生共 154 人，其中技术科学部 33 人，包括学生 18 人，学生中就有董树屏教过的王希季等。而中国工程院院士中的西南联大师生共 12 人，全部是学生，其中郑哲敏、朱光亚为双院士。

2003 年，在梅祖彦先生逝世前几天，我到北京医院看望他。

那些日子，中央电视台 10 频道、1 频道、4 频道正在热播《西南联大启示录》这部纪录片。梅先生手握这部纪录片的光盘告诉我，欧美同学会的校友打来电话，盛赞这部片子。

我想，他可以告慰那长眠于台湾新竹清华梅园的父亲了。

在战时做一个教育家，和在平素不能等同。当战火燃遍大半个中国之时，梅贻琦处于超乎寻常的刚毅与清醒之中。他很清楚他在做什么事，他很清楚做这些事的目的。

这就是中国传统的那种“天降大任于是人”的情景。

为战后的中华民族保存住北大、清华、南开三校，则振兴与强盛指日可待，百年来仁人志士们奋斗的教育成果亦不致付之东流。

闻一多：重构“士”的人格理想

漫漫采访，横跨两岸，我看到联大学子对母校有一种超越时空的共同怀念。而在对他们影响深远的师长中，有两个人是屡屡被提到的：梅贻琦、闻一多。

可见，长远发生作用的，是母土与人格的魅力。

师长们以敬业尽责的精神和高标秀出的品格，给予青年一种全面的哺育和滋养，其影响穿透学子们的一生，天涯海角终难忘。

梅贻琦以“校长”之位，“君子”之德，一言统之，简明而深远。

而闻一多只是一名文学教授，在西南联大时期曾接替朱自清担任清华中文系主任，但他的影响力却超越了文科范畴；在其就义后，更成为一代学人挺拔不屈的“标杆性人物”。

步行：青年之导师

旅美的陆迪利学长曾对我说起闻一多先生：“闻先生人高高大大的，眼睛很有神，远远地走过来，带着一股热量，扑面而来。”

回忆起湘黔滇旅行团，他说：“闻先生唱歌非常好听。有一次，我们走进一个山洞，要穿出来，里面很阴冷，很黑，大家很疲劳，心情也不好。突然山洞里响起了充满激情的歌声，就像是车轮子滚动那样，轰隆隆的，我们一下子精神就振奋了。听着歌声，走出了山洞，眼前又是一片光亮。歌声停了，大家反而觉得山洞太短了，还想听那歌声。”

这让我想起高尔基的《丹柯》，当人们在黑暗中绝望的时候，丹柯掏出自己燃烧的心，照亮人们的道路。这也是闻一多在《红烛》里歌颂的精神，为世界发出光明和热量。

有一段文字，印证了陆迪利的记忆：

> 在安顺，有一群人去游览了火牛洞……在观光过程中，从洞里传来了美国风行一时的歌曲“胡安妮塔”（Juanita）和人们始终喜爱的“桑塔·露琪亚”的回音，这两首歌曲都是一个男低音用英语唱的。歌手就是欣喜若狂的闻一多，他用歌声来赞美这绝妙的自然奇景。“到了镇宁县而不去游览火牛洞”，闻一多用一种可以谅解的夸张式口吻喊道，“就相当于一个背叛者的犯罪行为”。（《从长沙到昆明：西南联大的长征是历史也是神话》，选自易社强著、何田译《1938—1946 年的西南联合大学：抗日战争时期中国最卓越的高等学府的写真》，载张寄谦编《中国教育史上的一次创举》，北京大学出版社，1999 年）

易社强先生把地名弄混了，安顺与镇宁不在一起。但他从学生日记中把闻一多的激昂狂放择出，为步行路上的先生留下浓墨重彩的一笔。

植物学家吴征镒——当时还是助教——与闻一多最初的接触是从旅行团开始的：“湘黔滇旅行团有 200 多学生，其中有 13 个老师（应为 11 位老师），我记得是这样的。老师里面有有名的闻一多教授、李继侗教授、曾昭抡教授、袁复礼教授，还有黄子坚教授，大概有五六个，其他都是助教、讲师。其中，中国文学系和生物系各有 3 个助教级的参加这个旅行团。我们一路上特别看到闻一多老师，他一路走一路写生，就是画风景，画看到的少数民族。我们跟李先生在一起，一路采一些标本。”

震撼师生们心魄的，是一路上看到的底层人民的贫困与落后：“这一路看到中国的西南，特别是贵州，当时很穷困，文化程度很低，很多县里面基本上连小学都没有，最好的也只有小学。同时，生活条件很差，卫生条件很差，有的地方还有麻风病等种种。一路看到的，使我们从清华当时的‘象牙之塔’中突然第一次了解到中国的实际情况，对我们以后的思想进步有很大的影响。”

吴征镒回忆：“闻先生是在这次旅行中才开始真正接触到民间的痛苦、疾苦。”“他曾经在路上说过，我们这次走，就是真正地认识了祖国在国民党的统治下是个什么样的情况。”

4 月 11 日，旅行团渡过盘江到了安南。安南这样的小县城没有办法解决 200 多人的食宿，学生们跑到县政府大堂跟学校负责人吵闹，因为晚上县长要请旅行团里的先生们吃饭。这种安排几乎造成旅行团的分裂。

闻先生这时也在，看见学生们像饥民一样地要“暴动”，就在人丛里说：“我今年已是四十岁的人，我跟你们一样，……谁要是有意弄得这样，……谁还要活吗！”学生立刻安静下来，一个啧着说："文学的……"但是没有说下去，底下也就没有谁再开口了。这一夜先生等都没有吃没有睡，陪着学生们在县府大堂上冷坐。十二日旅行团在安南休息，晚上举行庆祝台儿庄胜利游行大会。（季镇淮编《闻一多先生年谱》，《闻一多全集》第12卷，湖北人民出版社，1993年）

从这样的细节中，可知这趟旅行的不易，200多人的食宿每天都是难以保证的。

闻一多挺身而出，不只解了黄子坚作为旅行团负责人的围，还采取了与学生同甘共苦的行为来化解矛盾。

学生也跟"孩子"一样，怕被"大人"抛弃。闻一多在关键时刻彰显出师长的担当，具有真诚的人格力量和领袖魅力，震慑也感动了学子。一夜的无眠无食，反而铸就了师生间血脉相连般的情谊，为战时大学的相依相守奠定了宝贵的基石。

季镇淮先生给我们上过课，是一位寡言笃实的学者，所言必实，必有内蕴。而这一段文字，许多人没有见过，其实对于西南联大历史是至关重要的，有重申的必要。

1940年，闻一多致信赵俪生：

早年本习绘画，十余年来此调久不弹，专攻考据，于故纸堆中寻生活，自料性灵已濒枯绝矣。抗战后，尤其是涉行途中二月，日夕与同学少年相处，遂致童心复萌，沿途曾作风景写生百余帧，到昆后又两度参与戏剧工作，不知者以与曩日之教书匠判

若两人，实则仍系回复故我耳。（同上书，下同）

步行路上朝夕相处，和学子们情义与共，闻一多也从青年的身上汲取了朝气。他本有一颗赤子之心，他的话与感情对年轻人的影响和震动也最大，可以说，闻一多与年轻人是互为知音的。

儿女情长，诗化家庭

闻一多在1938年写给妻子的信中说：

教授五人中有二人中途退出，黄子坚因职务关系先到昆明，途中并时时坐车，袁希渊则因走不动，也坐了很多次的车，始终步行者只李继侗、曾昭抡和我三人而已。我们到了昆明后，自然人人惊讶并表示钦佩。杨今甫在长沙时曾对人说，"一多加入旅行团，应该带一具棺材走"，这次我到昆明，见到今甫，就对他说"假使这次我真带了棺材，现在就可以送给你了'，于是彼此大笑一场。

坚持步行，他内心很自豪。在长沙时的玩笑话，尽显教授间的幽默和闻一多的豁达。

途中许多人因些小毛病常常找医生，吃药，我也一次没有。现在我可以很高兴的告诉你，我的身体实在不坏，经过了这次锻炼以后，自然是更好了。现在是满面红光，能吃能睡，走起路来，举步如飞，更不必说了。

一个如此热爱生命和健康的人，可叹，在富强的盛年惨遭暗杀，看到这里不禁感慨。

打地铺睡觉，走累了之后也一样睡着，臭虫、革（虼）蚤、虱实在不少，但我不很怕。一天走六十里路不算么事，若过了六十里，有时八九十里，有时甚至多到一百里，那就不免叫苦了，但是也居然走到了。

无论于家于学校，他总是一个呵护者，扛住外界的风吹雨打。

至于沿途所看到的风景之美丽、奇险，各种的花木鸟兽，各种样式的房屋器具，和各种装束的人，真是叫我从何说起！途中做日记的人甚多，我却一个字还没有写。十几年没画图画，这回却又打动了兴趣，画了五十几张写生画。打算将来做一篇序，叙述全程的印象，一起印出来作一纪念。

给妻子的信无话不谈，可见夫妇感情如胶似漆。

还有一件东西，不久你就会见到，那就是我旅行时的相片。你将来不要笑，因为我已经长了一副极漂亮的胡须。这次临大搬到昆明，搬出好几个胡子，但大家都说我与冯芝生的最美。

“蓄须明志”的话就不在这里说了，对妻子只讲美与得意，这是闻一多作为一个“伟丈夫”的纸短情长。

闻一多是用诗人气质在构建他的家庭理想。

三子闻立鹏说：“他给朋友的信就写过，他要诗化生活、诗化家庭。他年轻的时候，从清华回家，就给我们的叔伯、哥哥这些人讲诗、背诗，甚至新婚之后，还给我母亲讲诗。”

抗战带来的流亡，安逸校园的丧失，贫困生活的来临，并没有扰乱闻一多的内心。闻立鹏说：“虽然战争环境是很恶劣的，但他的心态还是很平常的。对我们来说，他还是尽量用他的那种境界来感染我们。所以，讲诗，在我们家里，是印象挺深的一件事。现在我们所能背的、还能记得的一些诗，差不多都是那时候学的。”家人耳濡目染，是最切近的领受者，尤其是未成年的子女们。这跟他的性格和思想是完全一致的。

次子闻立雕回忆，父亲休假时，曾带着全家人到晋宁乡下去：“刚好这一年轮到我父亲休假。在休假的时候，我们就搬走了，搬到晋宁去了，在晋宁住了一年的时间。我父亲就利用他的假期教我们唐诗，长的有《长恨歌》《琵琶行》……我们那个时候背了好多诗。”

在这之前不久，闻一多头部负伤，因日本飞机第一次轰炸昆明时，他出去寻找长子，被炮弹炸倒的墙砖击中头部，血流满面，惊吓了一家人。然而，这并不影响他“诗化生活”的理想。

“等我们玩儿得差不多了，他就把我们叫过来，有时候给我们讲远古的神话，有时候教我们背唐诗。我们一边背唐诗，一边在野外的环境中玩儿。昆明的天特别蓝，又高又蓝，白云在上面飘，远处是一片绿，我们就在那儿背唐诗。那时候虽然小，可是真觉得自己好像走到诗境里去了。所以，这对我们的心灵也是一种陶冶。”女儿闻铭说。

闻一多有种不易被打垮的坚毅个性。穿透雾霾与阴云，他总是在呼唤春天和明月。

闻铭说：“他也很喜欢在月夜里教我们背唐诗。我们在晋宁住的房子是在楼上，窗户很大，可以打开，挺亮的。到了晚上，月亮升起来的时候，把窗户打开，能散到整个屋里一片月光。在这个时候，在月光底下，他也教我们唐诗，让我们背，给我们讲。我记得《春江花月夜》就是这个时候学的，印象特别深。”

我们摄制组到龙院村拍摄过闻一多的故居，那是昆明典型的“一颗印”民居，从高空俯瞰，整个院落就像是一个典雅的印盒，中间的天井则是准备放置印章的空处。

住在如此规则甚至闭合的宅院里，却能够仰望天上的月亮，想象壮丽澄明的海上风光，以及徘徊惆怅的思妇和望月思归的游子，这是深厚的诗情和人间的博爱所致。

以个人身份“怒怼”暴政

在最后的那段白色恐怖中，闻一多受到“警告”威胁。闻一多的次子与三子已经随北回的师生启程离开昆明，长子闻立鹤陪伴父亲左右，家中唯余幼女弱妻，她们几乎每天都在胆战心惊中度过。

闻铭是那场悲剧的亲历者："外面枪声一响，我们心里面都明白，是父亲被暗杀了。我母亲、我、我妹妹，家里还有一个老赵妈，我们就往外跑。一出大门，就看到我父亲和我大哥一横一竖倒在血泊中。"

"我跟我妹妹叫：爸！爸！我们叫他的时候，他的眼睛已经闭上了，但是他的嘴唇微微动了一下。我们就抱着他。我母亲也抱着他，把他的头放到身上，血流了我母亲一身。"

闻立鹤躺在一边还睁着眼睛。闻铭说："大哥那个眼睛，我一辈子都忘不了，那真是充满了仇恨的眼睛。"

我问她："您那时候多大？"

闻铭说："我那时候 14 岁，我妹妹 9 岁多一点。"

何兆武曾回忆："刺杀闻一多是 1946 年夏天的事，李公朴先被刺，闻先生参加追悼会，上去骂了一顿特务，回家路上就被刺死了。当时联大师生陆续北返，大概已经走了一半的样子，我走得比较晚。"（《我经历的西南联大民主运动》，《炎黄春秋》2005 年第 10 期）

听到了枪声，何兆武跑出去，看到担架上抬着一个人过来，身上带血。后来才听说是闻一多遇刺，他赶到了医院：

> 人已经死了，尸体摆在院子里，周围有七八个人，后来陆陆续续来了一些人，神态凝重。云南大学的尚钺先生来了，哭得很伤心，边哭边说："一多，一多，何必呢？"不知他是指"你何必从事民主运动"呢，还是"你何必把生命都付出来"呢，我不太清楚，不过给我的印象很深。（同上）

尚先生的追问，我也一直在寻求答案。

回忆起那段日子，闻铭说："联大复员以后，形势急转直下。当时的白色恐怖已经很厉害了。内战全面爆发以后，昆明反动当局对民主运动镇压得更厉害了。学生作为民主力量的中坚，也一批批都走了。"

地下党组织的成员在遭到这样明目张胆的威胁时，也转移去保存实力了。民盟的同人们走的走，躲的躲。

"好多学生临走的时候到我家里来，跟我父亲说：外头传说，我们走了以后，民主力量受到影响，反动派就要下手了。"

在闻铭的回忆中："天刚蒙蒙亮的时候，他马上穿上衣服就走了。听我母亲说，他脸都没洗，起来就走了。到医院的时候，李公朴伯伯已经牺牲了。当时我们在家里都特别紧张。我母亲也在家等。他一回来，我母亲就知道，李公朴伯伯牺牲了。我父亲回来以后没说话，一句话也没说，就靠在那儿。"

闻一多最后几乎是自己选择了殉道之路。他忠于自己一贯的信念，在艰难时刻显现出理想的"士"之品格。

"可是这个时候，我父亲怎么能不出去？李公朴伯伯的尸首还停在医院里。所以，他还是冒着生命危险往外走。那几天他天天不在家，一早就出去，中午回来在家吃一顿饭，吃饭的时候也很少说话。我们只有在吃饭的时候才见到他，都感觉到空气特别恐怖和紧张。"闻铭说。

最后关头，闻一多践行了"士可杀，不可辱"的行为信条，成就了伟大的人格。

"这一次讲演以后，学生们不放心，就把他送回来了。他明知道这已经是面对面的冲突了，死亡离得更近了。但是下午《民主周刊》还要开一个记者招待会，由他来主持，他还是照常出去了。在记者招待会上，他对记者控诉法西斯的暴行，宣传民主运动。他就是在这个会结束回来的时候遇难的。”

大多数师生已经离开昆明，去迎接久盼的抗战胜利。闻一多是有资格享受这个凯旋的。然而，他似乎已经忘记了在北方清华园中等待着他的宁静书斋。

闻一多在最后时日是知道自己正在接近死亡的。周围的人们都意识到了，想阻止他，想让他回头，离开这险地与逼仄的环境。

“有时候她（母亲）也劝他说：你是不是不要出去了，你是不是少活动一点。我父亲就跟我母亲讲：现在就好像是一条船在海里遇到了大风浪，我们作为在船上的人需要掌好这个舵，船才有可能不翻，才有可能到达彼岸。如果我们也撒手不管了，任凭风浪吹这个船，那么这个船可能就要沉。在这种情况下，我不坚持不行。”

闻一多是诗人，诗人是定义于想象与比喻的。

大风浪中的一条船是什么意思？而他自己一定要留在船上，又是什么意思？

闻一多当时的行为有一个内在驱动，谁也阻拦不了，这就是他要对大局有所担当，为被害者拍案而起。当学校已撤离，凡事没有了支持，他是把自己作为一个收拾局面的人留下来的。

“在会场上，他看到李伯母悲愤交加，哭泣得都说不下去了，而特务一点人性也没有，在会场上还捣乱、吹口哨。我父亲实在气愤不过，拍案而起，上了讲台，发表了气壮山河的最后一次讲演。”

一个魅力四射的喜爱接近青年、指导青年的先生，他的遇害也引起了各方的震惊与愤怒。

吴征镒在回顾自己的政治抉择时，谈到吴韫珍先生——他贫病交加，四十几岁就过世了："过去我们一直以为'读书救国'，在西南联大大后方，在昆明这个地方，还可以继续工作下去。他这一死，我深深感觉到，这条路看样子走不下去了。这是一个很大的打击，是我思想转变的一个很重要的契机。"

而直接将吴征镒推向前去的，是闻一多的遇难："第二个大的刺激就是闻一多先生的死。闻一多先生因为敢说话、敢反抗，国民党对他下了毒手，可以说他是被乱枪打死的，身中十几枪，当场就没有办法挽救，也是四十几岁就英年早逝了。这两个刺激，使得我后来坚持跟着党走。"

2009 年秋我在台北采访当年的清华学子姚秀彦时，她指责国民党的特务政治，气愤地说："他们杀害闻一多，就失掉了人心，怎么会不失败呢？"

士子精神，不是只对某一个当权者、某一届政权而言的，乃是一种历经千秋万代，鼓发正义、催动世人、抗击暴虐、呵护弱者的铮铮铁骨。

"虽千万人，吾往矣！"

自戊戌变法到辛亥革命，多少仁人志士都有舍生取义、以死殉道的大无畏气概，如谭嗣同，如秋瑾，这二人都是可以一走了之的，却执意留下，以牺牲自我，昭示信仰。

对于闻一多，那个时代还不远。"正义是杀不完的，因为真理永远存在！”

闻一多“献祭式”的牺牲，与谭嗣同、秋瑾在历史上具有同等的分量和价值。

而当我面对闻一多子女的众多怀念时，不禁喟然感叹。

闻一多与那些早已经决心牺牲的斗士还不一样，他是一个情感丰富的人，一直生活在家庭的温馨与幸福中。彼时一群儿女皆未成年，相依膝下，妻子受恐怖熬煎，而先生却大义凛然，一去不归。

倘若闻一多踏上北归火车，不日即回到清华家园，别墅、高薪、仆人、秘书，重回战前教授的优裕生活，一家人亦团圆和乐。这个抗战胜利的成果，闻一多是最有资格享有的。

而他却被眼前学生与朋友的鲜血激怒，面对横暴，毅然舍生，表达了一种为追求真理与正义不惜牺牲生命的决绝。

十一，合起来就是“士”

2016年9月，我到成都会见马识途先生。

马老是作家，在联大时读文科。他思如泉涌，记忆点也与别人不一样。

马识途说：“闻一多当年想办一份报纸，叫《十一》，合起来就是‘士’。闻一多办这份报纸的目的就是想提醒和完善当时‘士人’的人格品行。”

我以为，这可能是研究闻一多生平的一个点睛之笔。

抗战时期是闻一多重塑自身人格的阶段，他的理想就是构建一个时代的“士”的内涵与价值。

“士”，一般是指服务于朝廷、诸侯与王族的一群人。到春秋战国时期，士人已形成一个社会阶层。

他们在文化上受过特殊的教习，具有高尚的人格修养和独特的批判精神。在过去先民奋斗的历史中，这群人——“士”，临难不屈，见危受命，牺牲小我以保全邦国，是中华民族的脊梁。

自五四以来，“士”的身份受到质疑，然而，中华文化尚贤重道的深远传统，依然会令新的知识分子们不断回顾“士”的自觉性与超越性，并以此自律。

作为新潮的具有西化倾向的文人代表，闻一多在联大时期重新高举“士”的人格理想，是一种回归。他意识到这些品格、德行在抗战时期依然是中华民族精神谱系的中流砥柱。

闻一多的思想从参加湘黔滇旅行团之后，明显有很大的转变。周围人能感觉到的是，他把自己的心性、才华和言行一下子都打开了，豁然开朗了。他和这个世界有了更广大、更主动的联系。他随时准备投入燃烧的心与博大的爱。

这个改变的起点是“国难”。

从七七事变，他弃家登船的那一刻起，就可以看出，他对时局的判断和一种“大舍弃”的决绝。他胸怀磊落，身系国家，并非只忧己私的仓皇难民。

七月十九号我离开了北平，在车站上仓皇中碰见了闻先生，他带着家眷和一点随身的东西。

“闻先生那些书籍呢？”

“只带了一点重要稿件。国家的土地一大片一大片的丢掉，几本破书算得了什么！”

他很感慨，我很难过。（臧克家《我的先生闻一多》，《怀人集》，上海文艺出版社，1980 年）

这时的闻一多已经在准备为国家承当更多的责任、更大的牺牲，并且视为己任。

到昆明后，为了躲避轰炸，当教授们搬迁到乡下去，房舍不够时，发生了“隔帘分读”的故事，显示出闻一多的气度不凡。

他慨然邀请找不到房子的华罗庚一家人同住。我认为，他对华罗庚的身体残疾具有更深的体恤。闻一多是有深切悲悯意识的人。他能够“动情”，这是大情。

我们的摄制组在龙院村时，老乡曾经回忆起“那个跛子”在村口因踩到牛粪滑倒，半天没有起来的事。

闻一多能够体贴到，以华罗庚的身体，在战争时期遇到的困难更大。

闻家与华家的子女至今相处甚好，可见当年同居一室的真挚情谊。

现在人们时常用这个故事来表现当年联大的历史，但这其实不能概括，它并不是普遍现象，大概只属“一例”。当时的师生也为房子发生过不愉快的纠葛。

“君子固穷”，这也是“士”的品格。闻一多的太太种菜，他治印。在他治印的广告上面，当时联大负责三青团等党务的陈雪屏也有署名。

这种“贫贱不移”的君子风范，不是用“左”或“右”的眼光可以考量的。那种认为他“因贫困而左倾”，或是“由诗人浪漫而爱走极端”的观点，皆是停留于表面的浮泛之论。

在闻一多解聘刘文典后，他大骂云南大学接纳刘文典是“藏污纳垢”，这已经不能用他与刘之间的私人关系解释了。他认为，刘文典吸鸦片的行为确是有损于“士”德的。

这两个人，针锋相对地闹过，但骨子里有很多相似之处。

刘文典一生最光彩的事迹，是在蒋介石 1928 年镇压共产党的一片血腥中，以安徽大学校长的身份，“怒怼”淫威。

闻一多在他的人生中追求一种信念与信仰的澄明。从“新月派”骂鲁迅，到说“鲁迅对，我们错了”；从国家主义，指责“西安事变”，到挺身而出，走在“反内战”的前列……他可以完全抛弃“旧日之我”，拥抱“今日之道”。

他有过一系列看似矛盾的表现：西安事变，他演讲指责张学良在战争紧要关头扣押“领袖”；在昆明时期，他对蒋家王朝深刻不满，丧失信任……他变来变去，但有一种东西没有变，这种不变的东西，我以为，就是闻一多对自己的定位。“士”，必须具有“朝闻道，夕死可矣”的精神，和“闻过则喜”“从善如流”的坦诚。

当年我的父亲去过闻一多家，是专程去看门楣上那闻名全城的题词的：“鸟兽不可与同群，吾非斯人之徒与而谁与？”

这是孔子的话。父亲非常赞赏这种态度，把这句话告诉了童年的我。

对于“士”的人格构想，闻一多选择了屈原作为原点。他要去除此后儒家思想对“士”的不断加持，回到天地间的大我、大仁、大义。

他喜爱神话，从中获得那种原始的发力，这也与屈原相类。

他喜爱的诗句是：望崦嵫而勿迫，恐鹈鴂之先鸣，哀民生之多艰，吾将上下而求索……他心目中的“士”是接近屈原那样的形象的，扈芷纫兰，峨冠博带，特立独行，视高洁重于生命，虽九死其犹未悔。

1945年8月10日，日本发出乞降照会。到11日中午，在司家营清华研究所的闻一多才看到了王瑶带去的报纸。王瑶（昭琛）回忆：

> 他听说便喜欢得跳起来，那种热情的样子，实在像一个热情的青年，便马上到镇上小理发馆，把八年来留着的长髯剃除了。过了几天北平研究院院长徐旭生先生等到所里，大家同庆胜利，说起建国的前途来，有人深忧有内战发生，闻先生很肯定地说：“不会的，绝不会的，大家都知道打不得了，还说打呢！”对国事前途寄予了最诚挚恳切的希望与信心。（昭琛《忆闻一多师》，《文汇报》1946年8月25日）

这两个细节，再度深刻地描述了闻一多那种贞朴善良的天性，虽历尽沧桑，依然天真。他为这个国家与人民遭受的磨难而痛心，便相信别人也有如此“不忍”的恻隐之心。所以，当内战不可避免，“屠杀无辜”摆在面前时，他怒了！他那股凛然正气，也是基于这种正义的立场的。

子曰：“岁寒，然后知松柏之后凋也。”闻一多是有“松柏”的品格的。“时穷节乃见，一一垂丹青。”在生命的最后关头，他践行了

“富贵不能淫，贫贱不能移，威武不能屈”的信条。

人性、宇宙、诗之纯粹

学生与子女都谈到，闻一多尤其欣赏《春江花月夜》这首唐代乐府诗。

《春江花月夜》是他在课堂上对学生屡次提到的，称之为“唐诗中最美的诗”。

唐诗是以李杜为首的，大美的旗帜也以这两位高悬。一个豪放，一个苍凉。其余诗句，则如满天星斗。而闻一多却独举出这位《全唐诗》中仅存两首的张若虚。

历史资料中关于张若虚的记载极少，《全唐诗》载：张若虚为“扬州人，兖州兵曹”，“吴中四士”之一。《明皇杂录》中记载，张若虚等“虽有文章盛名，俱流落不遇，恃才浮诞而然也”。他也许名扬天下，也许不见经传，也许是个兵曹，也许是名文士，或者就是一个专门制作乐府歌词的散漫艺人，除了合着音乐节拍倾诉人生诗情，一无所有……总之，一切俱不可考。

然而，正是如此，张若虚表现出最纯粹的诗人本质。

这首乐府诗，超出了靡丽温软的韵味，具备某些《天问》的气息：

江畔何人初见月？江月何年初照人？

人生代代无穷已，江月年年只相似。

张若虚提出了一个宇宙与时间的千古大问。这种穷天地而问之的精神，我只在《楚辞》里找到过。闻一多从蒙自回来给学生讲课，讲的就是《尔雅》《楚辞》，最先讲的，就是《天问》。

> （1938年）暑假过后，先生在联大讲授《尔雅》《楚辞》。在《楚辞》班上，先生首先讲的是《天问》。手里拿着《天问疏证》的稿子，说“这是四易稿”。先生逐句讲解，一学期只讲了一篇《天问》。（季镇淮编《闻一多先生年谱》）

他企图换一个路径走进中华文化，返本溯源，开始他的深入尝试。

> 只张若虚这态度不亢不卑，冲融和易才是最纯正的，“有限”与“无限”，“有情”与“无情”——诗人与“永恒”猝然相遇，一见如故，于是谈开了……对每一问题，他得到的仿佛是一个更神秘的更渊默的微笑，他更迷惘了，然而也满足了。（闻一多《唐诗杂论》，上海古籍出版社，2019年）

其次，《春江花月夜》里所言之情，并非某个人某段情，而是一种泛括古今天下男女之情，它使思妇离人之愁苦具备了哲学的意味，又将其以中国式的思维融化于夜色春景江流之中，实有“天人合一”之美：

> 这里一番神秘而又亲切的，如梦境的晤谈，有的是强烈的

> 宇宙意识，被宇宙意识升华过的纯洁的爱情，又由爱情辐射出来的同情心，这是诗中的诗，顶峰上的顶峰。（同上）

其三，李杜都是曾经仕宦的文人。杜甫背负沉重的儒家理想，所谓“杜工部”者也。李白则以道家的行为方式来掩饰他的仕途失意：“人生在世不称意，明朝散发弄扁舟。”

而张若虚非儒非道，完全回到了一个“人”本身与宇宙的关系中。人在世间的飘零之感，如闲潭落花；忧思漫漫不可解除，如月光卷不去拂还来。毕竟没有什么是永远属于我们的，而我们是属于这个宇宙的。

“更迥绝的宇宙意识！一个更深沉，更寥廓，更宁静的境界！”（闻一多语）这就是他欣赏《春江花月夜》的独特角度吧。

《春江花月夜》之美，汇集了中西色彩，又有画图之构想，合乎闻一多的美学追求：

> 春江潮水连海平，海上明月共潮生。
> 滟滟随波千万里，何处春江无月明！

这就像一幅壮观的油画，明月共潮，滟滟随波，光影的感觉如此强烈。这首乐府诗让学习西方美术的闻一多产生如此深刻强烈的美感，也就不奇怪了。

闻先生从西方的审美角度重新发现了这首诗，发现了中国人对大自然的传统审美视角之外的新领域。

曾在联大美术社的赵宝煦说，闻一多对中国画评价不高。我以为闻一多喜欢浓烈的意象，如《红烛》，这与他热烈的天性一致，也与他西方艺术的审美观念吻合。这个追索续接了他“新月派”诗人的路径，显示出他“无问西东”的开阔追求。

闻一多试图从《春江花月夜》把握一个新的起点，来评议唐诗。于是，一个完全不同于中文系出身的教授们的新视角、新观点出现了。可惜，战时环境与盛年而逝，没能让他形成一个全新的学派。

《诗经》新解：去探察民俗

闻一多的诸多肖像照中，以在石林叼着烟斗的那一幅最具个性和美。先生面含微笑，却因用牙叼住烟斗而没有展开，但一股自在和怡悦油然于姿态中。

石林是联大先生们爱去的地方，石笋壮观，时有当地彝族人民的歌舞随着民间节日举办。

先生听着联大学生们的诗歌朗诵，将这现代的青春和远古弥合起来，获得了一种社会学的多维思考空间。他似乎有了新的发现，于是笑而不答。

在同人眼中，闻一多是一个肯钻研的教授。郑天挺在《滇行记》中写道：

> 我和闻一多是邻居。他非常用功，除上课外从不出门。饭后大家都去散步，闻总不去。我劝他说，何妨一下楼呢？大家都

笑了起来，于是成了闻的一个典故，也是一个雅号，即“何妨一下楼主人”。后来闻下了楼，也常和大家一起散步。记得一次与闻及罗常培相偕散步，途中又遇汤用彤、钱穆、贺麟、容肇祖等人，大家一起畅谈中国文化史问题，互相切磋，极快慰。战时的大学教师生活，虽然较前大不相同，但大家同住一室，同桌共饭，彼此关系更加融洽。（北京大学等编《国立西南联合大学史料》，云南教育出版社，1998 年）

闻一多的精神源头与文化兴趣深深扎进了古籍与神话、原始宗教的土层里。

但一个才华横溢的诗人，又是关注现实的思考者，绝不会满足于“我注六经”，他终于走到了“六经注我”。这就是令当时学界瞠目，却令联大学生们追捧的《诗经》新说。

在采访中，我看到闻先生亲笔标注的《楚辞》原著，他是将其与南方的土话联系起来的。其实他对民歌方言的关注，在步行路上就已经体现出来了。他为南开学生刘兆吉的采风作品做指导并为其出版作序。他说：“你说这是原始，是野蛮。对了，如今我们需要的正是它。”

作为也曾参与湘黔滇旅行团的一名学子，任继愈曾对我说：“中国的文化在民间。”这个观点是他从岳麓山以及在整个湘黔滇路上发现的，形成他毕生从事中国哲学的支撑。

闻一多则直接突破，他将古人采风形成的《诗经》，那些已经宫廷化和文人化的作品，重新还原到它们的母土中去。南方民间留存的多神教的巫师歌舞，成为他解释《大雅》的一把钥匙。那些神秘的传说，便与这土地上世代延续的人民的生活合为一体了。

我的老师、北大中文系曾经的系主任费振刚先生著有《守望》一书，其中谈到闻一多对《诗经·大雅》中姜嫄传说的阐释。

《诗经·大雅·生民》讲述了姜嫄履巨人迹、上天降生后稷的神话：

> 厥初生民，时维姜嫄。生民如何？克禋克祀，以弗无子。履帝武敏歆，攸介攸止。载震载夙，载生载育。时维后稷，诞弥厥月，先生如达，不坼不副，无菑无害。以赫厥灵，上帝不宁，不康禋祀，居然生子。

闻一多考察南方的神巫活动后，认为这首诗讲的是祭祀活动，里面表现的是巫师的歌舞。而姜嫄追随巫师，一同跳舞，并在一种神附体的状态下，与之发生性关系，而后所诞之子，称为神所赐。

> 上云禋祀，下云履迹，是履迹乃祭祀仪式之一部分，疑即一种象征的舞蹈。所谓“帝”实即代表上帝之神尸。神尸舞于前，姜嫄尾随其后，践神尸之迹而舞，其事可乐，故曰“履帝武敏歆”，犹言与尸伴舞而心甚悦喜也。“攸介攸止”，介，林义光读为愒，息也，至确。盖舞毕而相携止息于幽闲之处，因而有孕也。（闻一多《姜嫄履大人迹考》，《神话与诗》，天津古籍出版社，2008 年）

此种风俗，在西南一些古老的少数民族地区可以见到。巫师一般都是部落中最强健的男性，以助于人口的繁衍。

费振刚老师赞赏闻一多先生的发现，认为这是开了一个先河，以后很多文章将姜嫄的受孕与熊图腾之类相联系，都是受到闻一多的启示。

闻一多留学，学美术，其实学到的是西方的艺术理念，即以科学的头脑来分析艺术，乃至文学，包括诗歌，求索其中的历史、社会、人物。中国文化讲“触类旁通”，这在他的身上充分表现出来了。先生若不是英年早逝，将为中国文学注入更多新鲜的思考和动力。

将人格与人性的力量倾注于治学与讲学中去，这也是闻一多对于“理想人格”的更深远的铸造吧。

刘文典：风骨与沉浮

引言

刘文典，这个名字我很早就从父亲口中得知。

当父亲带着我在金马碧鸡坊和翠湖流连时，他会带着满足的慨叹说起一些往事和名字，让我知道，他此生并不虚度，昆明这座小城亦非平庸无奇。

幼小的我，不知道西南联大的伟岸，亦不知世有诺贝尔奖，吸引我的是那些神奇的人物故事。

曾经，北来学人带着“科学与民主”的光芒，辉耀山城。父亲行事与判断时会引证这些教授的话。学者教授们在至公堂等处为民众开讲，在富滇银行供职的父亲会前往恭听。

潘光旦讲优生学，怎样才能生出聪明健康的后代，以使国民强大，国家强大。闻一多与吴晗讲时事，讲国土沦丧，悲痛至极，全场激愤。

而刘文典讲《红楼梦》尤为诡谲：元春省亲，看到贾宝玉给大观园各景所题匾额都点头称许，唯看到“蓼汀花溆”四字时笑道：“花溆”二字便好，何必“蓼汀”？贾政忙遵旨换了。元春为何如此？此乃她只喜欢薛宝钗，不喜欢林黛玉之故。因为“花溆”的“溆”其形似“钗”，其音似“薛”，而“蓼汀”反切一个“林”字。

此种议论，我闻所未闻。父亲有旧学基础，则可玩味。

父亲说，刘文典当时敢顶撞蒋介石，颇有些“民不畏死，奈何以死惧之？”的气概。他讲话喜欢挖苦人，挖苦的都是名流，文化人从不挖苦大众平民。

在我成长的岁月中，闻一多是经常被提到的，他是一颗星辰，处于崇高地位。潘光旦成为遥远的启蒙学者。吴晗在“文革”中被点名批判，令我的头脑发生了一次“历史的折叠”。而刘文典踪影杳杳——其实他就在云南大学。

当我着手做寻访西南联大的事情时，这个名字又出现了。刘文典鲜活的形象镌刻在那一代学子心中，他们怀着亲切与幽默，追忆他留下的无穷韵味。有位出版界的前辈，还从远方打电话来问刘文典后来的境遇。刘文典与文化人似有一种天然的情结。

从庚子到辛丑，经由云南媒体人温星热心牵线，我对刘文典哲嗣刘平章进行了两度采访。

西南联大现在已成为“流行文化”的最富资源。刘文典逸事被编得像折子戏那么精彩，对白、动作如戏台表演，以满足人们的某种趣味与想象。而真实的历史如何，似乎已经无人去关注。“演义”一类文体，历来存在着大众市场，但是它们不可以替代历史真相。最突出的，如刘文典，其人已经被遮蔽与扭曲了。

一个人也是一页文化史，还是有几分证据说几分话吧。

刘文典的故人，大多是我有过交往的西南联大师生。采访与查阅并行互证的方式，带给我一种喜悦，如隔帘看花、水中照影，有某种真切的感受。

在追溯中描画的，不是孤立的“个体”，而是“大时代人群中的一个”。

“怼蒋”：风骨毕现

研究一段逸闻，一定要读史，弄清楚当时的时代背景和事情的来龙去脉。

网上盛传刘文典“踢蒋”的各种版本，这件事发生于 1928 年 11 月。在刚过去的 1927 年，蒋介石发动了四一二政变，向曾经是同盟的共产党开了枪，猝不及防的革命者与进步青年大批倒在血泊中。

这是一个转折时刻，在全国，凡是揭露及抗议这场屠杀的进步人士均遭到残酷报复。郭沫若此前发表《请看今日之蒋介石》，为此付出了流亡日本十年的代价。

胡适在日记中写道：“上海的报纸都死了，被革命政府压死了。只有几个小报，偶然还说说老实话。”

4 月 28 日，郁达夫写道：“中华民族，现今在一种新的压迫之下，其苦闷比前更甚了。现在我们不但集会结社的自由没有，就是言论的自由，也被那些新军阀剥夺去了。”他说：“蒋介石头脑昏乱，封建思想未除。”并谴责其“高压政策”“虐杀政策”。（郁达夫《诉诸日本无产阶级文艺界同志》，日本《文艺战线》1927 年第 4 卷第 6 期）此文在日本左翼刊物《文艺战线》一发表，国民党军警即搜查创造社出版部，郁达夫幸早离去。（傅国涌《笔底波澜》，中华书局，2020 年）

这里提出了“新军阀”，正是刘文典后来当面“怼蒋”的用语。

连苦雨斋中闭门守闲的周作人也对“杀共党”看不下去了，在短文中斥其为“残酷贪淫的本性”，并对蔡元培、胡适就在上海而“视若无睹”表示强烈不满。（周作人《谈虎集·怎么说才好》）

1928 年 11 月，邹韬奋在答复一封读者来信时说：“没有气骨的人不配主持有价值的刊物。”（《生活》周刊 1928 年第 4 卷第 1 期）

也是在 1928 年 11 月，蒋介石巡视安徽。他出城游览菱湖，途经安徽大学，带随从入内，因安大领导未曾恭迎，无趣而返。回到住处，即有安徽省教育厅厅长韩安向他汇报近期安庆发生的学潮，并指控刘文典为此次学潮的后台。

蒋即召见刘文典，要他交出闹事学生与共产党。刘文典表示“内容复杂”，不肯惩办学生，冲突终于爆发。

在北大校史馆提供给我的资料中，有《香槟》报的报道，对话细节甚详。

《香槟》报 1928 年 11 月 12 日第一版头条《刘文典触怒蒋主席》中说：“皖安大校长刘文典，此次因该校学生捣毁女校事被押，实出于刘之自取。”

据报载，安徽大学学生因入场券发生喧闹，在晚上的跳舞活动中，有人逾墙进入女校。蒋借此事端，在会场上公开斥责刘文典，并将学生行为称为“暴动”，要求严惩。

刘驳斥：“当时学生甚多，何以独责我校？”

蒋乃问刘文典，曰：“今天游行，有贵校学生没有？”

> 曰："有，人家也有。"
>
> 蒋又曰："你能办你的学生么？"
>
> 刘曰："人家亦有，我不能办。"
>
> 蒋大怒，曰："汝见我尚且如是，可见汝平日目无官长，目无省府，你道我无办法，我今天就押你起来。"于是由士兵押往看管。

这是记者记录的当时场景。

再引一则材料，作者时任国民党安徽省党部指导委员会秘书，他转述在场的省党部委员们的话，应为事件中人所耳闻目睹：

> 蒋即骂："看你这样，简直像土豪劣绅。"刘大声反骂："看你这样，简直是新军阀！"蒋立时火气冲天地骂："看我能不能枪毙你！"刘把脚向地下一顿说："你就不敢！你凭什么枪毙我？"蒋更咆哮地说："把他扣押起来！"立即便有在门外的两个卫兵进来，把刘拖拉下去，就是这样的一幕。（石慧庐《记安徽大学校长刘文典被蒋介石扣押》，章玉政主编《印象刘文典》，合肥工业大学出版社，2017 年）

气氛剑拔弩张，二人各不相让。

蒋介石自以为手握生杀大权，开口就是"枪毙"，他手上血迹斑斑，不在乎多一个文人。而刘文典一顿足，质问其所凭，可谓"逆鳞"之举。

一份报纸，与一份知情人的回忆，两份资料互为表里，“怼蒋”的过程、原因已经清晰，不是孤证了。可见，在蒋与刘之间，并没有发生肢体冲突。

安徽大学筹备之时，省政府本打算请胡适来主持。但胡适因故不愿返皖。为此刘文典致信胡适：“对于本省的教育，似乎不能再漠视了。你自己成为了一位世界知名的学者，就尽看本省一般青年们不知道戴东原、王念孙、杜威、罗素是什么人，心里总有点不忍吧？”（《安徽大学校史》编委会编《安徽大学校史》，安徽大学出版社，2020 年）

安徽大学文学院开始招生的时候，“正值大革命失败后，流散在各地的共产党员、共青团员……都纷纷考入安徽大学”（同上）。他们利用安徽大学学生的身份掩护自己，在学校里秘密组织马克思主义研究会，趁着深夜用炭墨在学校的墙壁上书写革命标语，还经常散发、张贴一份名为《血光》的革命刊物。

对于这些活动，刘文典其实清楚，但没有采取禁止措施。在血雨腥风的年代，刘文典是有担当的。他保护青年，包容被迫害学生。

这也印证了《香槟》报载安徽大学“京都并未立案，又不赐名省管，乃一野鸡之学校”，“其中学生又杂有别校所摈斥之不良分子”等为污蔑之词。

北大校史馆所存《新闻报》1928 年 12 月 10 日有一条报道：《安大文学院主任刘文典恢复自由——蔡元培胡适力保无他、蒋主席电令省府释放》。

据报载，刘文典被拘押于省政府卫士室，省内各校校长保释未准。后来有各种记载，他拘留的场所实为省政府内的宾馆。可以理解为，在蒋介石发怒时，先是关卫士室，蒋离开后，转移至宾馆的。

石慧庐文章回忆："出事的第二天清晨，我尚未起床，叔雅爱人张淑琴（张秋华）即来我家，一见面就问：'叔雅昨天的事情你当然知道了，现在是什么情况？是不是家里须要送铺盖去？'我说：'我未参加现场开会，详情是参加开会的人回来向我说得很清楚。'我便把叔雅和蒋介石冲突互骂的经过告知她，并说：'我当晚已打听他在省府后乐轩居住，晚上秘书长徐炎东和委员张亚威，科长丁洽明，都去看他，并预备上好铺盖，又买了听大炮台烟来供给他。晚饭是丰盛的菜肴，只是他们不便陪他吃。后乐轩室外站有一个卫兵守着，是不能不做此形式，为瞒上不瞒下的办法，免蒋责备罢了。'"

"当刘被拘之次日，其夫人即乘轮赴京，谒监察院院长蔡元培氏，请求援救。同时在省各友亦电致教育部部长蒋梦麟，上海中国公学校长胡适，恳其电遂当局，请予保释，盖因蔡蒋胡三氏，与刘为北大旧日同事，且深知其为人也。"

蒋梦麟获悉后，即致电皖教育厅，问："刘主任现在何处？"关切之情现出。胡适向当局力呈刘的历史，力保其无他。蔡元培则直接面谒蒋介石："请念昔文字鼓吹革命之功绩（刘曾任《民立报》撰述），而恕其一时言语之唐突。并力保无他。"

这三位的救援行为，报上都一一明了。其中强调的"无他"，则是去除蒋介石心中最大疑虑的要言，他明显是将其与 1927 年开始的"清党"挂在一起了。这说明蒋最恨的并不是语言顶撞，而是刘文典同情共产党。

《新闻报》明显倾向于同情刘文典，并交代了事件结局："蒋主席乃电令，刘如果即日离皖，可准予保释。于是刘乃于五日晚恢复自由矣，刘出省府后，即返私宅整理行装，乘轮东下。"

刘文典态度如常，精神犹昔。他对送行的人们说，虽遭关押，而自己并没有罪。

用"离开"换取自由，是变相"被逐"。刘文典重回北平，却没有去救援他的北大，而是去了清华的国学门。

胡适在《人权与约法》中说："安徽大学的一个学长，因为语言上顶撞了蒋主席，遂被拘禁多少天。他的家人朋友只能到处奔走求情，决不能到任何法院去控告蒋主席。只能求情而不能控诉，这是人治，不是法治。"

鲁迅在《知难行难》中说："安徽大学校长刘文典教授，因为不称'主席'而关了好多天，好容易才交保出外。"

章太炎赠予刘文典一副对联："养生未羡嵇中散，疾恶真推祢正平。"用三国祢衡击鼓骂曹的典故，称赞刘文典面对淫威不退缩的风骨。

刘文典之"怼蒋"，在1928年绝不是一件逸闻趣事，而是在血雨腥风铺天盖地、淫威暴虐施于身前的傲然屹立，是良知与勇气的呐喊。

抗战初期周恩来曾对夏衍说："中国知识分子是有勇气，有骨气的，四一二事件之后，有两件事我一直不会忘记，一是胡愈之、郑振铎他们写的抗议信，二是郭沫若写的《请看今日之蒋介石》，这是中国正直知识分子的大无畏的壮举。"（傅国涌《笔底波澜》）

1956年，刘文典作为被毛主席邀请的23位专家之一，同毛主席见面谈话。毛主席问他:“你最近在研究什么?”他回答:“我在研究杜诗,研究完杜诗,再研究白居易。”(张友铭《刘文典教授见到了毛主席》,《印象刘文典》)可见毛主席对他有好的印象。

金克木是我熟悉的导师,我常去朗润园玩,听其隽语。金克木对刘文典的概述,见其筋骨:

> 他生于1889年,曾留学日本,参加同盟会,当过孙中山的秘书,《民立报》的翻译,参加过《新青年》的编辑工作。起先在北京大学教书,后来当安徽大学教授兼校长,不久就被免职。据说这是因为他得罪了蒋介石。那时蒋掌大权不久,想提高声望。这位刘校长“不识抬举”,竟拒绝请蒋到校“训话”,又不肯让师生在蒋参观时“迎送如仪”。那时流传他的一句名言是:“大学不是衙门。”(《刘教授文典》,《印象刘文典》)

大学不是衙门。

中国传统的教育体制,从某种意义上说,是封建社会统治阶层的政治工具,到近代依然留下太多科举制度的痼疾。辛亥革命松动了国情,现代大学应运而生。北京大学脱胎于科举旧习之地,蔡元培的改革也最为猛烈,他“兼容并包”,向潮流中揽取锐才。清华大学国学院陈寅恪是前朝“遗老”之后,却喊出了“独立之精神,自由之思想”。自此,中国大学不再只是产出“贾雨村”“范进”的衙门见习所。

刘文典在安大时期对抗蒋介石,是出自对大学的担当。他认为,大学是教书育人的地方,学生发表各种主张,也是一种言论自由;大学需要这种自由，这样，学生的头脑才不会被禁锢，学术才能自由。

历史上留下的精神光芒最强烈的文化印象，往往不是纸上挥毫，而是人的行为举止，如嵇康“打铁”、阮籍“白眼看鸡虫”、李白“天子呼来不上船”。

文化学统与道统的传承，很大程度上要靠有血有肉有担当的个人作为，其力量超越了道德文章。

刘文典不畏“枪毙”之威胁，为中国社会和教育界做出表率，真乃千古美谈！“人能弘道”，道亦能弘人。在刘文典身上凝聚了不畏强权的铮铮风骨，让士人找到真传。

“讽沈”“刺闻”：狷狂失敬

与“怼蒋”同时流传的段子，是刘文典在跑警报时对沈从文的讽刺。

很多人并不知道，刘文典与沈从文是姻亲。亲缘关系是由沈从文的太太张兆和这边联上的。张刘两家都是安徽的名门望族，刘文典的姑妈是嫁到张家的，到刘文典时，有两代姻亲关系。

刘文典的太太张秋华，曾在丈夫被蒋关押的时候，到北平去找蔡元培救援。这样的举止，显示出她是大家闺秀，经得起大事，有主意，有谋断，熟悉丈夫的人脉。

据吴进仁口述：

> 那时，我经常到先生家里请教学问，他也会跟我说一些日

> 常琐事。他曾跟我说，他请沈从文夫妇吃过一次饭，并说沈从文的夫人和师母有点关系。沈从文的夫人叫张兆和，而刘师母叫张秋华，又同是安徽合肥人，又同是姓张，好像在辈分上有些关系。事实上，当时一些像叔雅先生这样搞国学研究的教授将古籍、考据和国学视为学术生命，对新文学和作家并不是很接受。但我认为以先生的为人，他虽对新文学不是很感兴趣，但我想他不至于对一个晚辈会如此苛求。(《叔雅先生》,《印象刘文典》)

在他看来，刘文典对沈从文简直不可能说那样的话了。但我认识的西南联大文科圈子里的两位学子，都谈到了跑警报这事。

任继愈为当年的哲学研究生，他回忆：

> 有一次，刘先生躲警报，在后山遇到他平时很不喜欢的一位先生，他当面指责他："我躲飞机是为了保存中国文化，你怎么也来躲飞机？"那一位先生很有涵养，对刘先生也很尊重，没有和他争辩，换了一个地方，离得他远远的。(《刘文典先生》,《印象刘文典》)

赵宝煦为当年西南联大政治学系的本科生，他叙述："等沈先生来了，他（刘文典）就说：沈先生，你跑警报跑什么？沈从文不明白他说什么。刘文典说：我跑是跑我肚子里面这点东西，你跑什么？因为沈先生也不是会吵架的人，所以根本不理他，照样跑。"

任继愈与赵宝煦后来都是德高望重的学者。可断定，"讽沈"是有的。赵宝煦还说："有一回就有人问他（刘文典）：先生，有个巴金，您知道不知道？他说：巴金，没听说过。他不是不知道，他知道，但他说没听说过。待一会儿他说：燕子去了，有再来的时候，这是自然现象；春天里的秋天，秋天里的春天（巴金著译作品），狗屁不通——他就骂。……他上课还讲，他佩服陈寅恪。他说：陈先生讲课值四块钱，我讲课值两块钱……沈从文先生要讲课，给我四块钱我也不去。"

对于名作家进入大学中文系任教，至今存在不同意见。刘文典当年持排斥态度亦不奇怪。直到20世纪80年代，我进入北大中文系时，"小说创作"也不被中文系认可。我们新生入学训导在五院草坪上，得到的第一句正告就是："北大中文系不培养作家。"

刘文典以姻亲的身份，以资深国学教授的口吻，说出这番话来，表达了他"厚古薄今"的文化观。而沈从文明知这位姻亲嘴不饶人，对新文学有偏见，但是亲戚照样走动，刘文典请吃饭，他夫妇照来。

以沈从文对张家姻亲的尊重和他一贯低调的为人，刘文典随意的青白眼，并没有引起他的不快。这件事并没有让他们"结梁子"，是局外人把这事看得太重。

我最初听到这件事时，想到的是一个知识分子对生命价值的审视。我在心里琢磨，如果我在现场，那么我会被估值多少呢？国难当头，生死拷问，此间有深意。

然而，在西南联大那个环境里，并非都是沈从文这样好脾气的先生。

赵宝煦说，刘文典在西南联大的课，"也可能30个人选课，有六七十个人来听。听的人主要不是听课，就是愿意听他骂人……他也骂闻一多：我们文学院某教授，就不认识字”。

毕业于清华大学的王勉在《清华园感旧录》（上海古籍出版社，2002年）中说：

> 清华解聘了刘先生。此事在雨僧先生《吴宓日记》第九册有记载。……据我所听到是由于在一次课间休息，教授休息室中刘先生直指一位读错了古音的同事，这在学界自然会引起极大的反应。从某种意义上说，这是一种令人难堪的羞辱。由羞辱而积怨，终于导致报复，贤者在所不免。

闻一多是学美术出身的，他原是“新月派”诗人，才气很高，艺术天赋超群。他进入中文系后，首先是闭门攻读，以至于在蒙自时郑天挺送他外号“何妨一下楼主人”。但他思想鲜活，善于考察民间文化，从中获取研究古代文学的灵感。这些长处，当时也许传统国学的治学者不以为然，却为国学的整理与传承注入新鲜的血液，所以闻先生讲的课深受学生欢迎。

陈省身说过一段话：“大学在一起合作，如果对对方的朋友、同事没有一点敬重的心理，就很难稳固起来。一个小问题一下子就可以吵起来，就不能再合作了。西南联大能够有这样的成绩，就是教授和教授之间互相有尊敬的心理。大家觉得，不管对政治的意见、对社会的意见相同不相同，对对方的学问很多情况下都是有相当的尊敬的，所以学校就能维持下去。”

其实，敬重与不敬重，相容与不相容，在西南联大都是一种常态，并不永远都是和颜悦色的格局。今日之描述多为融洽之状，趋于一种校园式的“乌托邦”，并不符合历史真相。

刘文典虽经历了若干重大事件，却缺少大局观；饱读经书，而不知盈满之咎。为一字古音，就挖苦贬低别的教授，其语言偏狭，实为旧文人之局限，也为自己酿下了苦果。

被清华中文系“解聘”

1943 年初，刘文典应磨黑中学校长吴子良之邀前去讲学，同时为盐商张孟希之母撰写墓志铭，张承诺以丰厚的稿酬。他是利用自己的度假时间去的，不料雨季山路艰险，耽误返回。清华中文系遂以其“不能返校耽误课时”为由，将刘文典解聘。

我在滇南采访当年西南联大学子郑道津，他说：“联大教师当中，和我关系比较特殊的是刘文典。刘文典是安徽人。我父亲是民国初年的国会议员，在清末是留学日本的，又在日本参加了同盟会。”

刘文典和他的上一辈有关系。郑道津在联大又为地下党工作，所以他知道磨黑之行的内幕。“当时土司，看你弄得不好，不对，马上就杀了。我们要开展工作，要采取一定的措施。保护我们自己的人，把刘文典弄了过去，起一个双重的作用。刘文典他是一个烟民，真正的原因是满足他鸦片的嗜好。”

刘文典不知道去磨黑的背景是地下党为转移进步力量做掩护。但他曾对夫人张秋华说，那几个与他一家人同行的萧荻等人，是“共爷”。

据萧荻文章《关于刘叔雅先生磨黑之行》(《印象刘文典》）记叙：

> 对于是否请刘叔雅先生同去磨黑，我们和吴子良同志等曾有过不同意见，但最后吴子良同志分析：刘叔雅先生在联大属于“灰色教授”，在学术界则有较高名望，他到磨黑后，会整天躺在烟榻上吞云吐雾，对我们的办学工作不会多所干预。而我们初到磨黑的主要目的是“站稳脚跟，笼络士绅，深入工作（即办好学校），培养学生”，请他同行，并不违反党的十六字方针的要求，而且对我们的工作也能起一定的掩护作用。最后，我们才同意了这个意见。于是，在1943年初，刘叔雅先生夫妇及其幼子，便和吴子良、我、许冀闽、郑道津（连同留在磨黑的董大成共五人）一同乘汽车到玉溪，等候张孟希派来的大队马帮同往磨黑。
>
> 刘叔雅先生对我们这些联大学生不远千里到磨黑办学的目的，当然并非全无所知，但他并未作过什么干扰，有时也还在一些士绅中间对我们作些褒词。说他给我们作了“挡风墙”，除了他的到来给我们壮了“声威”之外，又给张孟希的母亲撰写了墓志铭，也使张孟希分外感到荣耀，有利于我们对他进行统战工作。

由于磨黑之行，靠拢中共的闻一多解聘了刘文典。

可见，乱世之下，各种力量错综复杂，个人的命运是难以把握的，偶然性很大。

“解聘”一事，对于当年的教授并不稀罕。查阅《郑天挺西南联大日记》，在相应时段没有找到对刘文典的记载，而在 1943 年 7 月 6 日的记载中有另一段：

> 再至东月楼，公宴龚祥瑞夫妇，祥瑞在系中与奚若不协，被清华解聘，吾人又不便言，前日以语端升，亦无结果，将以明日行矣……

因“与奚若不协”而被解聘，是为正常。此清华事，郑天挺不愿多言，或已含刘文典事。

刘文典擅长给人写墓志铭。冯友兰母亲的墓志铭就是刘文典撰写的。

> 我第一次见冯友兰先生是在叔雅先生的寓所。因为冯友兰先生跟叔雅先生的关系很不错，对先生的文章也很推崇，所以冯先生就请叔雅先生为他的母亲写墓志铭。我看过这篇文章，当时做这个文章很费心思……有一天，冯友兰和冯景兰兄弟二人来了，还提了一些东西作为谢礼，是在孙家，我在场，天达师叔也就是叔雅先生的六弟也在。那天，天达穿的是西服，但是上身只穿了一件背心，先生就让他把上衣穿起来，说这样很不礼貌。冯友兰和冯景兰很感激叔雅先生。冯友兰说现在文学就是叔雅了。先生很高兴。两个人谈得也很投机。（吴进仁《叔雅先生》）

燕南园冯宅，我曾多次造访，与冯家后人多有交往。

刘文典为冯母写墓志铭，每天只写几句，可谓绞尽脑汁。这与他在课堂上奔流如注、势不可挡的文思不一样，是两种表述状态。当对象就在眼前，如瀑布挂前川，倾诉则飞流直下，引发共鸣；当对象寄托于久远时，写作当如深水钟磬的回响，有泛音波长。

刘文典“用心”又能“用典”，故于此种文体很擅长，后来在云南也有豪富慕名求之。

> 叔雅先生是搞《庄子》校勘的，冯先生也搞《庄子》研究。但是两人研究的角度不一样，叔雅先生搞校勘研究，哪个字错了都有很多道理，冯先生是从哲学的角度作研究。我记得二人谈庄子的一些问题。叔雅先生说：“‘昔者庄周梦蝴蝶，栩栩然蝴蝶也，自喻适志与’中‘自喻适志与’这五个字隔断文义，仔细阅读语意，应该是后人考证《庄子》时插入正文中的。”又说：“庖丁解牛中‘始臣之解牛之时，所见无非全牛者。三年之后，未尝见全牛也’，‘全’字应为‘生’字的误写。”叔雅先生举了很多证据，冯先生很是折服。（同上）

闻一多解聘刘文典之事，曾征求冯友兰意见。

朱自清日记1943年8月11日记载：“晚冯（友兰）来，对叔雅被解聘表示不满，谓终不得不依从闻（一多）之主张。”（《朱自清全集》第10卷，江苏教育出版社，1998年）

冯友兰曾评说：“一多近乎狂，佩弦近乎狷。”（《三松堂全集》，河南人民出版社，2000年）朱自清细腻，重情，易伤感。他后来在日记中对此亦有不满。

冯友兰时任西南联大文学院院长，当他不太情愿地同意了系主任闻一多的决定后，梅贻琦校长在外亦不说话了。

而在清华中文系的教师群中，对刘文典被解聘，反应是不愉快、不以为然的。

王力在《我所知道闻一多先生的几件事》(《龙虫并雕斋琐语》，中国社会科学出版社，1982 年）中写道：

> 系里一位老教授应滇南某土司的邀请为他做寿文，一去半年不返校。闻先生就把他解聘了。我们几个同事去见闻先生，替那位老教授讲情。我们说这位老教授于北平沦陷后随校南迁，还是爱国的。闻先生发怒说："难道不当汉奸就可以擅离职守，不负教学责任吗？"

我在燕南园采访过王力夫人夏蔚霞，夏女士说起他们初次见面，王力寡言少语，但是非常坦诚地告诉她自己有过婚姻和孩子的事。王力是那种箭无虚发的人，只会讲"必须讲的"话。

《吴宓日记》记载："访铮，乃以典解聘事告铮，铮命宓速函请寅恪函梅校长留典。""铮"指西南联大外文系的林文铮教授，可见刘文典的去留，惊动的不只是中文系。

西南联大有章程："1939.6.13　第 110 次常委会决议：自 1939—1940 年度起，本校各学系教授会主席一律改称系主任。关于各学系设备及课程之支配，均由系主任主持。"(《国立西南联合大学校史》)

所以，闻一多可敲定此事，其他人难以驳回。

刘文典被人通知解聘后，于 1943 年 7 月 25 日写了一封长信致梅校长，由罗常培代转，可见北大教授方面的同情：

> 典往岁浮海南奔，实抱有牺牲性命之决心；辛苦危险，皆非所计，六七年来亦可谓备尝艰苦矣。自前岁寓所被炸，避居乡村，每次入城，徒行数里，苦况尤非楮墨之所能详。两兄既先后病殁湘西，先母又弃养于故里。典近年日在贫病交迫之中，无力以营丧葬。（吴学昭《陈寅恪、吴宓与刘文典》，《印象刘文典》）

刘文典因夫人生病，没有随清华一起走，后来因日本方面纠缠，毅然卖掉在北平的二进院子，自费辗转到昆明来投奔学校。

于抗战中饱受惊险和贫困之苦，坚持教学，当年教授们皆然。而刘文典素体孱弱，年岁偏高，旧文人习气重，比他人更为吃力。

因为躲避轰炸，住到官渡西庄的六谷墩，须步行到滇越铁路火车站，乘坐一段火车方可进城，下车后又要走一段路，才到联大，所以，刘文典的课都是下午上。他表示：“我宁可被炸死，也不能缺课。”

其到磨黑后，遇雨天，有险路不能返回，故无法按时到校，实非有意旷课。

> 不意近得某君来“半官式”信，云学校已经解聘。又云，纵有聘书亦必须退还。又云昆明物价涨十数倍……切不可再回学校，长为磨黑盐井人可也。其他离奇之语，令人百思不解。典此

行纵罪在不可赦，学校尽可以正式解聘。既发聘书，何以又讽令退还？（同上）

梅贻琦在一个月后，才简复之：

关于下年聘约一节，盖自琦三月下旬赴渝，六月中方得返昆，始知尊驾亦已于春间离校，则上学期联大课业不无困难，且闻磨黑往来亦殊匪易，故为调整下年计划，以便系中处理计，尊处暂未致聘。事非得已，想承鉴原。（同上）

比之刘文典的长信，此回信很短。事态已成，梅知道，多说无益。

抗日战争时期，大后方物价飞涨，民不聊生。工薪收入者日子过得十分拮据。闻一多靠治印（刻图章），联大教授在中学教书，借以贴补家用的，大有人在。刘先生的文名早为滇人熟知，在昆明期间，滇省富绅多以请他撰写碑铭、墓志为荣。润笔丰厚，远过教中学，对经济困难的刘先生不失为一种经济生活的重要补充。（任继愈《刘文典先生》）

当时身为研究生的任继愈，在这段文字中暗存比对与同情心。他并不认为刘文典写墓志铭挣钱有什么不对。收“瓜子金”（压制成瓜子形状的金子）还是钞票，性质都是“润格”。

> 刘先生魏晋风度太多了，太任性了，联大结束迁回北京的那一年（1946），他应云南绅士的邀请，去滇西一个县里为人撰写墓志，对方盛情挽留，请他游山玩水以助文思，一住四个星期。学校对他不按规定上课，长期请假缺课，提出了批评。三校迁回北平时，他没有随同大家北返，留在云南，应聘为云南大学教授。云南大学能请到刘先生，喜出望外，求之不得。从此，我再未见到刘先生。（同上）

任继愈先生是我有着深度交往的导师，他在西南联大毕业、读研、留校，可谓资深，对细节与人际一定是了解的。他文章写得洒脱，是“存大体”，为尊者讳。哲人风范，大而化之。

赵宝煦是追随闻一多先生的，他从沦陷区跑来投考西南联大，欲改“化工”为“中文”，闻一多劝他，学“社会科学”。后来办诗社、美术社以闻一多为导师，常到闻先生家吃饭，开朗诵会。

赵宝煦说：“刘文典是联大很少有的被‘开除’的教授。西南联大是教授治校，不是说谁拍板就能决定的。所有这种重大事情，都是全体教授投票。为什么‘开除’呢？就是他给云南的土司写墓志铭，人家送他两个烟土，两个（金）瓜子。大学教授写墓志铭，人家给你点钱还不要紧，送你两个烟土，这成何体统？后来就给‘开除’了。”

这段话，细审不确切，要写墓志铭的人不是“土司”，是盐商，开明人士，是地下党争取的对象。“解聘”也说不上“开除”，对教授没有“开除”这种说法，此说法是为谬传。

刘文典被清华大学中文系解聘，由于事发突然，没有沟通，梅校长当时在外，是后知的。

按西南联大章程，“参加联大工作的三校教职员，除由各校仍发给该校的聘书外，另由联大加聘”。所以，清华中文系在解聘刘文典后，通知联大不再“加聘”，也是符合程序的。

优哉游哉的刘文典岂能想到，安徽大学时期脱逃牢狱之灾的他，有蔡、蒋、胡三大名士保驾，而在战时的颠沛流离中，突然被清华中文系解聘，竟无还手之力，陷于一时惊惶。

文人生存之脆弱，实不堪一击也。

落脚云南大学

解聘一月后，经陈寅恪推荐，云南大学校长熊庆来盛情致函刘文典，邀请他到云大任教席：

> 尝思欲于学术之讲求开一新风气，必赖大师。有大师而未能久，则影响亦必不深。贤者怀抱绝学，倘能在此初立基础之学府作一较长时间之讲授，则必于西南文化上成光灿之一页。（刘兴育《熊庆来高薪礼聘刘文典》，《云南政协报》2008 年 7 月 9 日）

此函恳切殷重，且待遇远高于清华，见出熊庆来校长对云大的苦心经营，与对刘文典的期待器重。这使漂泊无着的刘文典得其所哉，于学校，于落魄学者，皆是大德之举。

我曾采访熊庆来先生的公子熊秉明，他回忆了其父当年毅然离开清华算学系，举家返乡主持云南大学的往事。先贤对乡土的担当，如今是少见了。

在云南大学讲课，刘文典有一段奇特的开场白：

“今天先跟你们讲讲怎样翻书。”开始我还怀疑“翻书”这两个字是不是听错了，后来的讲解证明他讲的确实是“翻书”。

“有些读书人，书读了不少却连翻书都不会，有的用指甲把书页掐起来，有的用手指舔着口水去沾，简直是对书籍的糟蹋，哪像个读书人的样子。要读书，首先要学会翻书。”说着他拿起那本线装书，书脊向下用手扶着直立在讲桌上，边讲边作示范。（郑千《听刘文典先生讲版本校勘学》，《印象刘文典》）

他说的这些“乱翻书”的习惯，与边地生活的粗陋有关，学生或出自下层人民。

刘文典出身于名门望族，任教于北大清华，是象牙塔中人，却对寒门子弟没有丝毫嫌弃，谆谆以教，诲人不倦，要把他们培养成读书人。这里面有对青年的爱，也有对书籍的爱，体现出刘文典“有教无类”的教育观。

曾有报人采访时问我：“什么是大师？”我答曰：“爱青年，爱所有的青年，无分良莠。”

当时的研究生陈红映在读报时发生口误：“记得读‘束缚（fù）’一词时，我不自觉地露出了我的湖北方言，读成了‘束缚（bó）’。正当汤鹤逸先生纠正我时，先生笑着说：‘那是唐音。’及时替我解了

围。”（陈红映《我所认识的刘文典先生》，《印象刘文典》）

面对典籍与学生，刘文典自带一股清平之气。

那个时候投考大学，注重导师的门楣，不像现在一味只认名校，所以他门下有云南弟子，也有远来的外地学生。惜乎当今这种以“大师门楣”立校的风气渐失，一些名校其实已盛名难副。

云大在李广田治下，对刘文典亦厚待，安排枇杷园中唯一坐北朝南的三间平房给他居住。刘文典曾说，其时唯他与陈寅恪可以安静做学问，并大赞陈寅恪的“诗史互证”方法。

> 很多北大的老学生说如果叔雅先生留在北大不到清华去的话，他学问还可以往上走。他到清华后在学术上已开始走下坡路了。在云大任教时，他曾和我说在云南应该搞少数民族语言研究。遗憾之情，溢于言表。（吴进仁《叔雅先生》）

从安徽再度来北平，为何没有去北大，而去了清华？北大方面刚刚救援过他。我们不知其里。

50年代初，当全国铺天盖地的“批胡适”狂潮涌来时，可以想见刘文典心中的惊恐。而听到杨振宁、李政道获诺贝尔奖时，他眉飞色舞、神情激昂，为西南联大培养出高水平的人才而自豪。他并没有为当年“解聘”之事挂怀。

1956年春，他参加全国政协会议，在离开了19年后重新回到北京。他说：“下了火车，我立刻到天安门前，看见那两个华表，感动得竟使我这个生平不易落泪的人落下泪来。”（张友铭《刘文典教授见到了毛主席》）这个“落泪”，除了阔别，更有深层的辛酸，藏在他的诗句里了：“而今不卖《长门赋》，且向昆明写《洛神》。”

1957年“反右”运动，刘文典被冲击，但没有“划右”。1958年“交心”运动，刘文典被定为“反动学术权威”，同年病逝于昆明，后迁葬安庆。夫人张秋华遂归故里终老。

“爱国、激进”与“颓废、复古”的混合体

刘文典具有明暗相间的性格，两者对比非常强烈。这颓废与怪异的性格，与他曾经激昂的革命阅历和后来受到的各种打击有关。

一个大时代在急剧震荡的时候，给予他奋发与刺激。各种起伏跌宕，在他身上留下深深的精神烙印。敏感的他有反击，也有退避。被蒋介石从安徽大学革职，只是那个大背景下之一幕。

> 由他的一生可见，尽管一遭挫折就意志消沉，又生活颓废，脾气古怪，但到晚年仍掩不住跟随孙中山和参加新文化运动时的少年豪气。在过去时代的文人学者中，这样的先例并不算少。今日看来的矛盾，当时人并不那么感觉而另有想法。这也是读古书所需要的常识吧？（金克木《刘教授文典》）

我从北大校史馆查阅到：

《新青年》（初名《青年杂志》）

第一卷第三号（1915.11.15）

北大撰稿人：陈独秀、高一涵、刘文典

第一卷第四号（1915.12.15）

北大撰稿人：陈独秀、高一涵、刘文典

第一卷第五号（1916.1.1）

北大撰稿人：陈独秀、高一涵、刘文典

第一卷第六号（1916.2.15）

北大撰稿人：陈独秀、高一涵、刘文典

第二卷第三号（1916.11.6）

北大撰稿人：陈独秀、刘半农、刘文典

第六卷第二号（1919.2.15）

北大撰稿人：周作人、胡适、刘文典、李大钊、陈独秀、杨亦曾、袁振英、黄凌霜、鲁迅、钱玄同

刘文典是早期《新青年》的重要撰述人，元老级人物，后来却被遮蔽、被曲解了。

他参与《新青年》和进入北大，皆是由于陈独秀的关系，他们是同乡，亦同道。1917 年，蔡元培聘请陈独秀为北大文科学长。参与创办《新青年》的刘文典，也由陈独秀引荐到北大做预科教授。

陈独秀在 1917 年 2 月的《新青年》杂志第二卷第六号上发表《文学革命论》，提出“三大主义”：“推倒雕琢的阿谀的贵族文学，建设平易的抒情的国民文学；推倒陈腐的铺张的古典文学，建设新鲜的立诚的写实文学；推倒迂晦的艰涩的山林文学，建设明了的通俗的社会文学。”主张改文言文为白话文，文章内容也要趋向实际。

《新青年》与新文化运动的这一批先锋们后来分化了，各奔东西，

但是探求救国之道的信念贯穿他们个人的终生。

“爱国、忧国”是刘文典思想人格的一根主线。他对于日寇入侵反应非常强烈，以至于学生认为他是“清华园中最爱国的教师”了。在爱国之大节上，刘文典不输于人。他不是从众式的表达，他的思想、感情、行为都尤为激烈和鲜明。据《张宗和日记》（第一卷，浙江大学出版社，2018 年）载：

> 1932 年 11 月 23 日
>
> 晚上刘文典的国文，他又说日本怎样怎样了，差不多都没有讲课。有同学说学校里怕是他最爱国了。
>
> 1933 年 1 月 3 日
>
> 听见的都是不好的消息，念书是念不下去了。现在只有两条路可走：要么去参军，和日本打；要么就逃。除了这两条，别无他法。
>
> 1933 年 1 月 4 日
>
> 上国文，本不想去，但想听听刘文典讲讲日本的事，于是就去了。果然一个钟头他讲的都是日本的事，还讲了一个天皇之死的笑话。亏好今天女学生今晚没有来，否则他大概也不会讲这么粗的笑话。
>
> 1933 年 1 月 5 日
>
> 消息一时比一时不好，居然有一个消息说天津已经打起来了，平津车已经不通了。不知这消息确否。
>
> 国文课刘文典又讲日本，他要我们去做一点事，虽然不能

上前线的打仗，在后方救护伤病或是干一点别的事总比在学校里读书强。是的，我们的确应当做一点事，无论怎样，这是我们民族存在的生死关头。

在他家居住的乳母之子何晋有文章回忆，周作人曾经到家里来劝刘文典出任伪职，被刘文典拒绝。

胡适从伦敦以“臧晖先生”的名字给周作人写了一首八行诗，劝他到昆明去：“天南万里岂不太辛苦？只为智者识得重与轻。”周作人和诗却以“庵里住的好些老小”做推脱之语。

刘文典听了很生气，愤愤地说：“连我这个吸鸦片的‘二云居士’都来了，他读过不少的书，怎么那样不爱惜羽毛呀！”（吴晓铃《忆刘叔雅先生数事》，《印象刘文典》）

在抗战全面爆发后，他不断在报刊上发表文章，介绍他所知的日本方面的情形。然而，在西南联大，刘文典被视为“守旧派”，属于“厚古薄今”、对抗“新文学”的一类人。在课堂上，他对沈从文和巴金的轻蔑菲薄，与《新青年》时期的精神悖逆。

刘文典讲课时，同样是守旧派人物的吴宓也会前去听讲，而且总是坐在最后一排。刘教授闭目讲课，每讲到得意处，便抬头张目向后排望，然后问道：“雨僧兄以为如何？”每当这时，吴教授照例起立，恭恭敬敬地一面点头一面回答：“高见甚是。高见甚是。”两位名教授一问一答之状，惹得全场为之暗笑。（徐百柯《民国那些人》，中央编译出版社，2007 年）

新文化运动发轫时，吴宓提出："今欲造成中国之新文化，自当兼取中西文明之精华，而熔铸之，贯通之。"（《论新文化运动》，《学衡》1922年第4期）吴宓与哈佛同学创办《学衡》刊物，他认为，五四运动提倡新文化的那批人，既没有弄清楚中国文化，也没有搞明白外国文化，就喊出一些激烈的口号。

作为《新青年》最早的撰述人之一，后期的刘文典却与《学衡》派吴宓认同了。也许，他们认为，他们并不是在反对"新文化"，而是眼前这些人肤浅，没有达到他们理想中的高度吧。

《吴宓日记》1944年7月10日记载：

> 3:00雨。至清华，赴吴俊升邀集三大学文法学院主任教授，讨论《部颁课目表》如何修改……其间奚发言最多，痛诋政府。又闻一多发言，痛斥各大学之国学教法，为风花雪月、作诗作赋等恶劣不堪之情形，独联大翘然特异，已由革新求今时代云云。又盛夸其功，谓幸得将恶劣之某教授（典）排挤出校，而专收烂货、藏垢纳污之云大则反视为奇珍而聘请之。云云。云大在座者姜寅清无言。徐嘉瑞圆转其词以答，未敢对闻一多辩争。
>
> 9:00吴俊升请宴。总引宓上坐。梅公出极佳之黄酒。宓因闻一多等暴厉之言行，心中深为痛愤……故以酒浇愁，痛饮多杯。

吴宓称闻一多所为是"暴厉之言行"，表现出对刘文典的同情心，这里潜藏着教授们在文化信念与追求上的分野。而"藏垢纳污"这四个字，在刘文典身上，唯有吸鸦片一事可以对上。

那么，他被解聘的原因，耽误课时是名，而吸鸦片是未点明之实。

在一个现代大学里能不能容忍吸鸦片的行为？

闻一多作为激进的新派人物，为大学计，为青年计，看不惯这种行为。他是那个时代的高光人物，高举理想主义大旗。他憎恶“死水”，讴歌“红烛”，呼唤奋发和担当的精神。当然，他对刘文典的生活习性是排斥的。

吸鸦片，在那个时代曾经是风气、风雅，如陆小曼吸鸦片，依然受到文士追捧。鸦片在云南便宜，所以更普遍。省政府在五华山设有吸鸦片的吸烟室，来上班的官员们论事前都要躺下吸一阵，是为提神。

刘文典的长子刘成章就读于辅仁大学，1931 年 2 月参加抗日学运卧轨请愿，肺疾而逝。因失子，刘文典甚至要去出家，亲戚遂教夫人，让他吸食鸦片，缓解悲痛。

> 陶光是先生的得意门生。先生为什么喜欢陶光呢？我认为有两点吧。其一，陶光跟成章（刘成章，先生长子，1931 年因参与反日游行患病早亡）是同年的，看到陶光就会想到成章。因为先生对成章寄予厚望，对他要求很严格。罗师母（罗庸夫人）跟我说过：“他对成章很严厉，连新衣服都不给他穿。对平章就没有这样，成章死了后他想通了。”成章的去世给先生的打击很大，可能是爱屋及乌吧，对陶光要求也很严。（吴进仁《叔雅先生》）

刘文典的颓唐，应早在此前就开始了。

还有一个潜在的却不可忽略的影响着刘文典的线索，陈独秀。刘文典与陈独秀关系甚深，陈独秀出狱后曾在刘文典家隐藏过，这些都有史料为据。

世所皆知陈独秀由李大钊乔装掩护出北平，却不知陈独秀是从刘文典家动身的。

> 中国共产党领袖陈独秀自上海来，住东城脚下福建司胡同刘叔雅家。一日晚饭后，余忽得有捕独秀讯，且期在今晚。自余家至福建司胡同，可十余里，急切无以相告，乃借电话机语沈士远。士远时寓什方院，距叔雅家较近，然无以措词，仓卒语以告前文科学长速离叔雅所，盖不得披露独秀姓名也。时余与士远皆任北京大学教授，而独秀曾任文学院院长。故士远往告独秀，即时逸避。翌晨由李守常乔装乡老，独秀为病者，乘骡马出德胜门离平。（马叙伦《刘文典营救陈独秀》，《印象刘文典》）

陈独秀是新文化运动的重要旗手，因落拓不羁而离开北大。大革命失败后，陈独秀从中共内隐退，他对国民党反感，对当时的苏联有超前的批评，认同"托派"，后来死于贫病交加。陈独秀是影响刘文典人生的重要人物，他的悲剧结局，对刘文典必是一个隐性的创伤。

在曹禺的话剧《北京人》中，吸鸦片是孱弱无奈的文化人"苦闷的象征"，用以排遣无法驱散的悲伤。刘文典之病态，属于这一类，并非一味颓废，实有忧国忧民之愤。

刘文典不修边幅，嗜鸦片，言语散漫，后人文章中多说他有"魏晋风度"。其实他并没有魏晋名士们那样深的城府，那样诡诞的心思。

魏晋名士都是佯狂，装的，为了逃避司马氏残酷的政治争斗。刘文典没有“用心”，他是真放纵。

偏执的“厚古薄今”和对同人的不敬，他最终为自己的狷狂与颓废付出了代价。

1944年，联大中文系部分同学组织了一个讨论会，请了闻一多和几位进步教授。

闻一多来到会场门口，“听说那个给土财主写墓志铭不务正业的‘老朋友’也来参加，脸色一变，立即就往回转。大伙拦着他，连忙问怎么回事？他说：‘你们知道我讨厌这样的人，话怎么说的到一块儿！’主席实在没有办法，只好说：‘闻先生，这样不好！要是彼此都逗起气来把会弄垮了该多糟！再说，今天的会还有“外面的人”参加，影响也不好！’”（王康《闻一多传》，湖北人民出版社，1979年）

“外面的人”，是指昆明地下党方面的人。闻一多一听此，即平静下来，进入会场。

后来，有的同志对闻一多说：“给土财主捧场，教书不负责任，甚至还吃鸦片烟，这当然都是坏事，我和你一样坚决反对。不过，这只是这个人的一个方面，还有另一面：他过去骂过蒋介石，现在他也不去跑重庆，巴结国民党，还同情民主运动，对这样的人，虽然有问题，能够争取还是尽力的争取。争取了他，也就好争取同他有关的更多的人。”闻一多先生被说得口服心服，他承认：“我错了。”（同上）

从爱国，从文化本质的追求，甚至从政治倾向上讲，刘文典与闻一多并无实质性的对抗。其实两位先生都是性情中人也。闻一多拍案而起，与刘文典“怼蒋”，都是一样的精神风骨。

据云南省档案馆资料，在闻一多遇难后，以刘文典为首的云南大学教授致电云南警备总司令，营救为闻一多最后一次讲演做记录的女学生。

刘文典为他与闻一多的公案画上了圆满的句号，足见其本性淳厚。

授课奇才、纵横八极

金克木说："当时我们青年人对他的书不如对他的人有兴趣。"（《刘教授文典》）这里说的"人"，就包括讲课这一生动的表达。著述只是"术"，而"人"及其活动是"道"的载体，所蕴含的内容更其恢宏。

刘文典无疑是一位授课奇才，学生对他的课非常推崇，多年不能忘怀。他授业的思维方式切近西学，有现代教育理念。他的自由跳荡和有现实观照的授课，没有提纲，有时不受课时限制，随教学内容改变时空安排，其实就是一种"传道"。

课堂是他最重要的人生舞台，学生则是他的流水知音。他活跃于脑海中的各种情思、灵感，毕生的学问、心得，都在学生面前完美地展现与奉献了。

先生中等个儿，穿一件半新蓝布长衫，一头也许只是用手指向后稍稍梳理过一下的黑发。容颜清瘦，上唇留着两撇黑黝黝的胡子，端正的鼻梁上架着一副紫檀色玳瑁边眼镜，几乎是不知不觉便进了教室。（王彦铭《刘文典先生的一堂课》，《印象刘

文典》）

他安详随和，并不在意来听课的学生有多少，在教桌旁一把“火腿椅”上坐下，点燃一只烟，就边抽边讲起来了。在诸多学子的回忆中，刘文典简洁儒雅，并非传闻中的那种邋遢之徒。

任继愈回忆刘文典上课的情形：

> 刘先生欣赏称赞南北朝时已提出的关于“诗”的定义，他在黑板上写了“诗缘情而绮靡”，认为超过后人的任何定义。他还讲，文学作品贵在以正写反，以实衬虚，用华丽的词藻写荒凉，以欢快的词藻写悲哀。杜甫《秋兴》八首中就用了这种方法，十分成功。讲晚唐温李诗时，咏牡丹，不用那些常用的香艳纷华字样，把牡丹的神态写活了，非一等手笔办不到。
>
> 他还讲，中国古典文学经常利用汉字象形的特点，引发读者的想象，从而增强了读者的想象力。《海赋》中用“髣髴”二字（而不用“仿佛”），好像海怪蓬头乱发在水中出没，可以增加大海的神秘气势。（《刘文典先生》）

从学子们对刘文典讲课的片段回忆看，他不仅博学，更有对学问独到的化出化入，创造了一个又一个课堂奇观。

> 当他解说《海赋》时，不但形容大海的惊涛骇浪，汹涌如山，而且叫我们特别要注意到讲义上的文字，留神一看，果然满

篇文字多半都是水旁的字。叔雅师说，姑不论文章好坏，光是看这一篇许多水旁的字，就可令人感到波涛澎湃瀚海无涯，宛如置身海上一般。有一天他老先生才上了半小时的课，讲完了上一课未完的文章，他突然宣布道：今天提早下课，改在下星期三（农历五月十五日正值月满之期）晚饭后七时半继续上课。届时在校园内摆下一圈座位，听他老人家坐在中间讲解《月赋》，那是距离人类登陆月球四十多年前的事情，大家想象中的月宫是何等的美丽，所以老先生当着一轮皓月大讲其《月赋》，讲解的精辟和如此别开生面而风趣的讲学，此情此景在笔者一生中还是第一次经历到的。待学期结束后，文法学院也就迁往昆明上课，这种月下花间讲解《月赋》的情景，再也不可能旧梦重温了。（宋廷琛《忆刘文典师二三事》，《印象刘文典》）

刘文典把对中国文学传统的深挚热爱传递给了学生，连同他在学术兴趣中强烈地表现出来的对自由的追求，以及他冲破世俗与权势约束的高傲的文化个性。

他讲唐诗兴盛的原因，温李诗在唐诗中的地位。他没有讲稿，但讲得条理清楚，分析精辟，而且越讲越有精神……这天是讲李义山的《锦瑟》，刘先生先讲了瑟是一种什么乐器，是二十五弦还是五十弦。然后讲李义山这首诗是以锦瑟起兴，不是咏锦瑟。并对种种旧说一一加以分析，认为都不可信。刘先生认为这是一首“无题”诗，是诗人李义山的晚年回忆，是自述感

慨。（马兴荣《怀念刘文典师》，《印象刘文典》）

他讲课的神采，他迂阔的古风，自有一种出离于世的品格。他在学问阐述中的只言片语，常具有经久不衰的魅力。

吴进仁说："先生真正的学问是骈文。他认为学骈文主要就是学习《昭明文选》。他说为什么要叫骈文啊？你看王勃的《滕王阁序》，'落霞与孤鹜齐飞，秋水共长天一色'，每个字都一一对应，平仄押韵，这就是骈文。并打比方说，骈文，就像一条链子，一个环扣着一个环，铿锵作响。"（《叔雅先生》）

哲学系的郑敏曾说，当年的老师都像几百年的陈酒，自己就是一本书，随时都在思考那些终极的哲学问题。他们讲课很自由，让学生跟随自己一起去怀疑，去漫游，没有结论。

刘文典正是百年陈酒一类的教师。

讲课的内容，初听时好像"扯"得很远。第一篇《劝学》，并不像我们读中学时，老师逐章、逐句地解释。而是举出其中一句、一字，旁征博引，随意发挥，远到《尚书》《春秋》《左传》，近到章实斋的《文史通义》，清儒经学，实际上包括了先秦诸子及古书辨伪、考据、训诂、注疏等治学方法在内。例如有次说到孔子作《春秋》尚有一番大义，一个"义"字就讲了一节课。（吴棠《刘文典先生授课记》，《印象刘文典》）

其到晚年，学子回忆：

上课多由我去接先生，先生病脚，走得很慢。在藤椅上坐定后，缓缓打开用蓝丝绸印花包袱包的《文选》，没有讲稿。自先生在北大开这门课以来，已是三四十年了，自是烂熟于心了……记得在讲《洛神赋》前做李善的背景介绍时，先生据当时礼法制度，直斥其伪，使我第一次具体认识到什么是不能“尽信书”。（陈红映《我所认识的刘文典先生》）

先生讲课，潜移默化，启人心智，非徒空言，全凭真知灼见，始悟昏昏者，焉能使人昭昭。他尤喜欢能够提出问题的学生。

一次，我问先生：“您说：‘《洛神赋》是曹植的《离骚》。’我还不懂。”……我的话音刚落，先生眉宇间露出欣喜的神色，吸了一口烟，慢慢说道：“你看《离骚》里的香草美人，不是屈原追求‘美政’的象征吗？曹植‘足往神留’之洛神，不就是他心中的‘美政’理想吗？”先生见我若有所思，进而言曰：“这是《风》《骚》以来的比兴传统，对李商隐的一些诗，也应作如是观。”（同上）

刘文典讲课，点拨一些亮点，激起听者的兴趣，让他们自己去思索、发现，启发学生的主动精神。看书与听课是一样的道理，都是要启发作为主体的人。书不会强迫人要读完它，你可以读到沉思处就停下来，做思想的漫游。讲课却常常会形成一种强迫灌入的方式。

这样的讲课，在西南联大的理科很盛行，叫作“开窗户”。物理学系沈克琦回忆，当年吴大猷、王竹溪上课，都会给学生留下很多书目，指定好读哪一章节。同一个理念，必须去看大师们的著述，从不同的角度切入。

任继愈的回忆文章说，刘文典先生经常讲文学造诣与人格修养不可分，为人与为文是一回事。他驳斥周作人的主张。周作人说，读者读作家的作品，不必了解作家是什么人。周作人打比方，说看作品等于吃包子，不必去了解厨师是否强奸过他的嫂子。

> 刘先生接着说："文学作品是高级精神产品，不同于制作包子。一个强奸过他嫂子的人能做出'采菊东篱下，悠然见南山'的诗来吗？"
>
> 刘先生精考订，哲学、文学修养也很高。他曾赴云南西部滇缅战线慰劳前线将士。刘先生回来，在课堂上说起在宋希濂军部，即席赋诗祝捷。他吟诵其中的二首。他习惯于叼着香烟讲话，有些字句听不清，有句云：
>
> 春风绝塞吹芳草，落日荒城照大旗。
>
> 海外忽传收澳北，天兵已报过泸西。
>
> 刘先生讲，杜甫有"落日照大旗"句，这里古典今用，写出了军营气势。他得意地念了两遍，所以记住了。（任继愈《刘文典先生》）

悠悠诗情，呈现出一个秉古传今、爱国深沉的国学教授形象。这种意气风发的讲授，20 世纪 80 年代我在北大上学时，只在林庚先生的大课中有所领略。

惜乎！那些令学生们沉醉如百年陈酒的课堂讲授，洋洋洒洒，如今只留下断章片语，先生自己也说“教案在脑中”（傅来苏《刘文典先生教学琐忆》）。

他于校勘、训诂、音韵与古典文学中自由穿梭，显示了学问与人文精神本来一体。像刘文典那样的授课，“生命形式的文化，文化形态的生命”，可能是百年不遇的。

一介书生，穿越中国大变革大动荡的时代，有热烈的爱国心，追随过革命，抗逆过暴政，坚守民族气节，不拘小节，流落边城，不记宿怨，安身立命于典籍和学生中，是为“质本洁来还洁去”也。

费孝通：钻石品质

我曾两度采访费孝通，一次在北京他的家中，一次在昆明震庄宾馆。

他对我说过一些特别的话，如“我是思想上的马帮”，云南人的性格“像山茶花一样美好”。他那浓重的江苏口音，像一种深刻的烙印，带着动情的慨叹，至今萦绕耳畔。

这是一个执着的灵魂，在一生的奔走和波折过后，用絮絮的语言，向我传达他最后的眷恋。

费老的行政头衔很多，2000 年 8 月他应邀来云南参会，当晚中央电视台《新闻联播》就上了他的镜头。但在那次采访中，他谈话的起点、重点，那无限眷恋的，仍然是他的社会学，是那些调查、研究与方法：“认识旧的中国，人们生活得怎么样，这是我的一个主要课题。我的目的，是了解工业没有发达的时候，中国农民的生活是怎样的。这是我的研究主题，云南给了我一个很好的条件，因为比较偏僻。”

这个课题，这个方法，他从青年时做到 90 岁。“现在还在做。我一共做了几十年，从我的家乡江苏开始，后来抗战，我在云南做了七年。”

在战争中建立“中国的社会学”

2000年夏，费孝通回到昆明近郊的呈贡魁阁。他看到燕子依然在阁上做巢，悦耳地鸣叫，有恍若隔世之慨叹。

那个时候还没有发起对这些文化遗址的修缮，蒙尘的日阁宛然还是那个昔日的研究中心。“我的学术生涯、学术生命，可以说是从云南开始的”，“1938年毕业了，完成了学业，从英国回来，我开始创造我自己的学术生命。从云南开始，具体是魁阁，我组织了一个研究中心”。这个研究中心隶属于云南大学，是由吴文藻发起与支持的。

> 我的几个老师当中，第一个影响我的是吴文藻先生，第二个是潘光旦先生，然后是三个外国人。（张冠生记录整理《费孝通晚年谈话录（1981—2000）》，生活·读书·新知三联书店，2019年）

在呈贡魁阁附近叫古城的村子里，费孝通的女儿出生。他们居住在农户家，“下面是猪，楼上是我们这家人”。

他的语气忽而幽默，忽而气愤：“我们那时候的苦，现在讲起来人家不相信。我女儿出生之后，我的夫人奶不够，吃得不够。我们没地方买牛奶，奶粉又买不起。后来我写文章赚钱，用稿费买了一罐奶粉，可是当时的人诚信不好，奶粉是坏的，不是真的奶粉。”战争时期，奶粉是走私货，发“国难财”的商人让百姓生活雪上加霜。“后来小孩子哭了，奶都没有。在这样的情况下，我们坚持下去了。”

20 世纪 40 年代，费孝通挣稿费负担家庭，写通俗文章向大众普及社会学。他说：“我认识到我有义务经常把我的观点让广大群众知道，使他们受到教益。”

“这一段对于我个人来讲很重要，是很值得留恋的历史。”1938 年，费孝通从英国回来直接就到了昆明，先进入云南大学，后来转到西南联大。

“我们重视、注重实地调查，这些人家还不大懂，我就带回来，开始实际地同人民接触，从实际生活里出理论，从实际里得到知识，从知识里提炼出理论，来帮助人民改变自己的生活。”

他要把在英国大学里学到的社会学方法带回来，在中国开始实践。到昆明两个星期后，他就直接到禄丰去了。那里有一个老同学，帮助他找到一个农户人家。

“我住在他们家里，他完全地帮助我。我问什么，他就说什么。我们相处在一起，像一家人一样。同他谈谈，等于请教了一个老师！谈的我就记下来，带回去看对不对。我出题目给他，他回答我，这样持续了一两年”，“我就把它整理出来，撰写成一本书，叫《禄村农田》”。

这种住到农户家里去的调查，以个体生动感性的方式，纳入社会学的分析，当然，也是因为战争的局限，大面积铺开搞统计不大可能，于是形成一个特色。

“后来我从这里开始，到了易村，易门，根据我的实践发展，逐步逐步地，一直到玉溪。我看到中国原来的传统经济怎么发展到当时最先进的工业化时期，看到这个构成是怎么变的。”

抗战中，费孝通在魁阁完成了他平生至关重要的工作与学术。那是费孝通三十出头的年纪，正是实地考察的好岁月。“人很年轻。当时，我们用两条腿走着去调查”，“滇池附近我都去走了，就住在庙里面。破庙里面搭个床，睁开眼睛看见一个大的佛……大的菩萨。在菩萨身边睡觉，这很有意思，我到现在还记得”。

对于这段时间的工作，费孝通认为在学术之外还有更大的意义：“人家总说中国人是‘一盘散沙’，可是我们证明，西南联大的精神与之完全相反。我们知识分子同样能够团结起来，为一个目标努力。这是忘我的精神、团结的精神。”

由于导师的支持，费孝通的文章连续在英国刊载，很快出了书。“我觉得值得纪念的是，在这段历史里面，我认识了一个主要问题。我在研究农村，写了一部书，英文的，叫 *Earthbound China*，翻译出来是：被旧的传统经济束缚住的中国。那时还没有发展，还是在旧的传统经济之下的云南农村。”

费孝通在云南的研究当时就在国际上出版了，为中国社会学的创立带来很好的影响和奠基。“这本书一直到 1987 年才有了中文本，不是翻译，叫作《云南三村》。我学术上的主要成就，在云南这一段，以这本书为代表。”其中拖延的岁月，是社会学在中国中断的时期。

“我创立了新的社会调查方法，引起了国际上的注意，也给我了很好的奖励。现在我还是搞这些东西，我已经 90 岁了，还在跑！”

在个人的创痛中崛起

费孝通是那一代知识分子中经受苦难考验甚多的一个，是特殊和令人钦佩的一个。

苦难过早来临，使他的人生成为一个背负十字架的沉重之旅。

> 一生中，三次失落资料。第一次是在瑶山，当时都不想活了。资料一点都没有了。第二次是在昆明，被国民党特务追踪，带着小女儿跑了出来，只提了一个箱子……第三次是“文革”，家里资料被抄光了。(《费孝通晚年谈话录（1981—2000）》)

费孝通回忆的第二次，发生在昆明的“一二·一”运动中。

> 还有三次可以死。一次是摔到瑶山虎阱里，爬出来，爬了一天……第二次是在云南大学，参加演讲会，反对内战……子弹从耳边呼呼过去……第三次是“文革”。把我们集中排在操场上，说是罪大恶极。(同上)

这第一次，隐含着他到山区调查遇险，妻子不幸身亡的悲惨经历。

1935 年，费孝通清华大学毕业，携新婚妻子王同惠去广西瑶山进行社会调查。

山路崎岖，他不幸落入猎户所设的陷阱中。为了去找人营救他，王同惠独自摸索于山林。后来费孝通获救，妻子却坠崖身亡。在瑶山人的帮助下，身负重伤的费孝通偕妻子灵柩而还。

私己的痛苦是难以消解的。“从此我再没有快乐……”这是费孝通在回忆这段伤感往事时所说的话，平淡而悲哀到极致。

事发的当时都有偶因，偶然的时刻，偶然的遭遇和失算。可是在一个将生命视为一种钻探的学者那里，每一个偶然又无不与自己专注于事业有关。

面对崇高的事业，牺牲的应该是自己，而不是爱人。可是身处险境的费孝通幸存了下来，而爱人却先于自己牺牲。

最痛苦的深渊还不是鲜血，而是鲜血中的自责。这使得我在几次面对九十高龄的费老时，不敢张口提及这件往事。

在这一点上，我大概不够“专业”，经常在触到那些老校友最伤情的时刻不忍“挖掘”，事后被摄制组成员责备，说“最感人的镜头没有拿下”。

对这位开创了中国社会学并为之付出青春乃至一生的先驱者，我心怀深沉的敬重。

如果再来一次采访，我依然会这样做，因为任何创作都不能侵犯人的尊严，不能轻易揭开人内心深处难以触碰的不幸与悲痛。

挚爱已逝，长歌当哭。而对社会学的执着与热爱，使费孝通在对江村的调查中重新站立起来。

一个人在经历重大的灾难后，不是沉沦颓废，就是凭借理性与理想的召唤找到新的精神支点，用对事业、对国家的责任感填补巨大的人生空缺，创造出一番伟业来。

凡重新站起的人就不会轻易倒下。这种“情”“智”与意志的平衡，塑成了他坚强的人格构架，使费孝通在若干年后，在一次次逆旅中傲然屹立。

钻石品质

近代中国自“维新”、五四启蒙后，一批批学人怀着拳拳爱国之心，跨国求学后返回祖国实践，为中华民族造就了具有本土特色的世界级新学科。

同是西南联大的人文学者，费孝通与陈寅恪属两代人，学科有别，但也有其共性。

与传统文人比较，他们是新一类学人，摆脱了梁启超所批评的“党人之风”和纸上“谈玄”。他们都重视社会具体情况，从各自的学科史料和现实调查出发，鄙视“空头主义”之类，不提倡玄学。

费孝通注重民间调查，陈寅恪则在经史中考察社会制度。据说，后者曾经将中国的汉唐与希腊罗马进行比较，认为中国在人文方面是走在世界前列的，而世界对中国的了解还远远不够。

社会学的目的是改良社会，研究历史的目的是“经世治国”。他们都认为对具体经验的总结是最重要的。这二位也都留学西方，与国际学术界有广泛接触和联系。

战时学人和学术机构的西南迁移，使昆明一时间拥有了从天而降的各科各类人才。他们屈于一时，只得暂且着手西南的素材，例如郑天挺从书摊购得云南地方志的资料，开始对照他的明清史研究。而罗常培下大理，指导当地编写地方志。清华研究所发起了对昆明周边水利情况的调查和人口普查。

《乡土中国》是费孝通的代表作，取自他20世纪40年代后期在西南联大和云南大学所讲的“乡村社会学”一课的内容，应当时《世纪评论》之约分期连载为14篇文章。

在抗战中，大学与学者们从都市转移到未沦陷的领土，从象牙塔走到广袤大地上。这时候的费孝通提出“乡土中国”这个概念，具有非常的意义。这些内容帮助师生们理解中国社会的底层，并且找回民族的自信。

“我们大家是熟人，打个招呼就是了，还用得着多说么？”——这类的话已经成了我们现代社会的阻碍。现代社会是个陌生人组成的社会，各人不知道各人的底细，所以得讲个明白；还要怕口说无凭，画个押，签个字。这样才发生法律。在乡土社会中法律是无从发生的。“这不是见外了么？”乡土社会里从熟悉得到信任。这信任并非没有根据的，其实最可靠也没有了，因为这是规矩。西洋的商人到现在还时常说中国人的信用是天生的。类于神话的故事真多：说是某人接到了大批瓷器，还是他祖父在中国时订的货，一文不要地交了来，还说着许多不能及早寄出的抱歉话。——乡土社会的信用并不是对契约的重视，而是发生于对一种行为的规矩熟悉到不假思索时的可靠性。（《乡土中国》，青岛出版社，2019年，下同）

他指出，中国传统的礼俗社会在三纲五常的伦理基础上构建出了生而与俱的信用和规矩。这是君子之约，不必写在纸上，甚至也不必说，大家心里有。

正是在这样淳厚的传统之中，乡土有了田园的安乐和令人向往的归宿感。这是东方的魅力、民族的凝聚力之所在，是中国独特的生存空间和经久不衰的生存文化。

而且中国传统的治理，与西方的体制，也不是毫无相通之处的。

> 普通常有以“人治”和“法治”相对称，而且认为西洋是“法治”的社会，我们是“人治”的社会。其实这个对称的说法并不很清楚的。法治的意思并不是说法律本身能统治，能维持社会秩序，而是说社会上人和人的关系是根据法律来维持的。法律还得靠权力来支持，还得靠人来执行，法治其实是“人依法而治”，并非没有人的因素。

接着他点出我们传统中的缺陷，和必然要走向理性法治契约的发展道路，饱含他对这个民族的理解与感情、自省和信心。

当封闭的社会被打开，地缘关系就从商业里发展出来。血缘是身份社会的基础，而地缘却是契约社会的基础。

> 契约是指陌生人中所作的约定。在订定契约时，各人有选择的自由，在契约进行中，一方面有信用，一方面有法律。法律需要一个同意的权力去支持。契约的完成是权利义务的清算，须

要精密的计算，确当的单位，可靠的媒介。在这里是冷静的考虑，不是感情，于是理性支配着人们的活动——这一切是现代社会的特性，也正是乡土社会所缺的。

中国的这种熟人社会，在后来的改革开放中，延伸出很多弊病。例如以“家族”为核心的贪腐，正是建立在这样传统的关系社会上的。这一点，在费孝通的《乡土中国》里也有提示：

以“己”为中心，像石子一般投入水中，和别人所联系成的社会关系，不像团体中的分子一般大家立在一个平面上的，而是像水的波纹一般，一圈圈推出去，愈推愈远，也愈推愈薄。在这里我们遇到了中国社会结构的基本特性了。

在这种对中国社会锲而不舍的剖析与探索中，费孝通倾注了他对这个国家与民族深厚的责任感。

就是这种关心中国社会的民族情绪和企图减轻中国人民痛苦的愿望，促使费孝通学习社会学。（大卫·阿古什著、董天民译《费孝通传》，时事出版社，1985 年）

胜利后的北回复员，有如风卷残云，兴盛了八年的昆明一时间“飞鸟各投林”。一切都重新回到了它们原来的位置。而与云南结下不解之缘的只有两门学科：一门是吴征镒重返创建的以云南为核心的中国植物学考察，一门就是费孝通的社会学研究。

> 我这一生，主要还是学术。主要成就是学术成就。一个人，一生中偶然因素很多，说不了什么时候有什么事情……但有一条是一定的，就是每一步都要走踏实，最后要搞出成果来。（《费孝通晚年谈话录（1981—2000）》，下同）

当一个时代发生巨变，学术的方向与方式可能会被外力改变，甚至被取消，但是学人们探究钻研的精神不会因为挫折和痛苦而消失。

> 在中国文化的变迁当中，知识分子里边有好几种态度。一种是陈寅恪的态度，一种是金岳霖的态度，还有冯友兰的态度、钱穆的态度，都不一样。

沈从文放弃文学创作而致力于古代服饰研究，陈寅恪把对“秦淮八艳”之一柳如是身世命运的考辨提升到了兴亡之叹，未尝不是一种文化寄托。

经由抗战锻炼的这一批知识分子具备一种应时而生的本领。

费孝通被停止了社会学研究后，顺应潮流，去整理和发掘中国边地的少数民族资源。正如他当年从新婚丧妻之痛中回到江村姐姐家疗伤，写出了堪于国际学术界立足的《江村经济》一样。学科的旗号没有了，但调查社会、研究中国的脚步没有停下。

2000 年 8 月，在昆明佳华酒店“建设云南民族文化大省”大会开幕式上，费老发言。

回到故地，他分外激动。当费老谈起自己在“运动”中的遭遇，声音哽咽了。他泪眼婆娑，哭着说了一大串话。会场一下凝住了。

这时，有人来让我上去劝止费老，我拒绝了。我告诉他们，不要阻止，让他畅快地说完他想说的话。这是费老“用膝盖亲吻”过的土地，他有资格在这里动情地说说真心话，因为他回家了。

会场上的人们就这样等待着费老。他慢慢地平息下来，话题又回到了现在。

在费孝通的学术生涯中，最突出的是一种攻坚品质。

> 我心里边有个中心，一定要从学术上打出去。这个学术要对老百姓有好处。

这品质有如钻石。它总被安放在人类向大自然和自身进取、发现的尖端上，寄托着探索者的勇气和锋锐，开发着希望。

在费老辞世若干年后，我读到《费孝通晚年谈话录（1981—2000）》。这本厚重的书令我感受到的是他漫长的“韧”性，对费孝通的思考和理解还在继续。

> “天人之际”，这个题目不是哪一个人要讲，而是人文世界发展的需要。无论经济、科技怎么发展，还是要回来的，回到“天人之际”的问题上来。

1982 年，社会学研究已经复出。费孝通惊叹云南农民依然在用当年的工具收割：

> 我最近到云南昆明……去看看我在抗战时期住的地方……村子里的人现在还认识我。我一去，很多老太太说：“哎呀！我记得你在这儿问我的小女儿多大啦。你看她现在这么大，她已经有了女儿啦！”我印象最深的是，他们还在那儿用老办法打谷子……为什么我们解放三十多年了，机器还用不进去？这是问题啦！

在 1993 年，费孝通就提出了中国今天面临的问题：“全球性的经济系统已经出来了，全球性的伦理体系还没有出来。人与人，民族与民族，国家与国家怎么相处还是个问题。”

他认为世界还没有准备好接受一个强大起来的中国：“好好把国内市场发展起来，一旦国际上有动荡，我们就有比较大的回旋余地，就有比较强的应变能力。”

作为了解国外社会学状态的资深学者，他的预见是及时的。

“人文世界在发生大变化，快得连语言都跟不上。”“要表现这个社会现实，很苦的。有些东西很难抓住，一下子就滑过去了。”“过去有过‘化外之民’的说法，现在则到了一个想做‘化外之民’而不得的时代。”“改革是不可逆转的，是个历史过程。”在那本《谈话录》中，这已经是一个他必须在“不死的时间”说完的话题。

季羡林在纪念邓广铭的时候，曾经“发明”了一个词叫“后死者”，表达自己与逝者是同道的，并负有继续承担道义的责任。

“我常常想到，应当在还活着，还能进行脑力劳动的日子里，赶紧把过去已经写下的东西多看看，反思反思，结结账。”“利用还有几年不死的时间，再多跑跑、看看，就是我说的‘行行重行行’，还是要继续做下去。”费孝通在晚年也不回避“死”的事情，还在做积极的准备。这是令我感动的。凡是能够这样坦然对待“死”的人，都是到达彻悟的。

费孝通是幸运的，他看见社会学、人类学在中国大地上成为广泛的学科，甚至热门。

而未来，一个亟待发展的民族仍然需要攻坚的“钻石”。

任继愈："士子志节"的深度考量

看一个人对什么事情重视、投入，可以知道这个人的信念和价值观。

摄制纪录片《西南联大启示录》，工程浩繁。从1998年开始拍摄，到2003年春天在央视播出，其间我三次率摄制组采访任继愈先生。他从来没有说过："为什么不准备周全了，一次问完？"其实他是有理由这么说的。

任继愈以睿智、宽容引导着我。先生其实是这部片子不署名的顾问，他提纲挈领的哲思、洞彻历史的见地、谈笑风生的潇洒，使我在《西南联大启示录》构思、定位诸方面获得了最直接的指引。

第一次采访从他参加湘黔滇旅行团的一段经历开始。第二次是讲释冯友兰的西南联大纪念碑碑文。第三次采访，是在央视10频道《探索·发现》栏目播出前，当时紧急改版，需增加当年"师生撤离"的细节。我只得央求任先生"临阵填空"，因为有"北平学历"的学生所剩无几。

那天在办公室里，他特意为我们找出一本珍稀画册，是当年日军和同盟国友军在中国拍摄的战争照片。北平沦陷时期日军在城门口荷枪实弹、强迫中国人对太阳旗鞠躬的照片，我用在片子里了。人们都说"没见过"。

先生从没有以“大人物”自居，他把自己当作西南联大的一砖一瓦，随时可以添上。

从此，开启了我与先生密切联系的11年。在他南沙沟住宅静谧的客厅里，我们有过许多长谈。

为主持《中华大藏经》的编纂工作，他将自己的著述搁置了。但他对现实社会的关注并没有停下，对我带来的信息、提出的问题，他很有兴趣。

一进门，坐下，茶水还没有沏上，我的问题就倾泻而出——与先生似乎无需寒暄客套，这里仿佛我天天踏入的邻家。这遥远而温馨的相知，从不被时空所阻隔。

任继愈的一生经历过军阀混战、抗日战争、国共内战和诸多政治“运动”。他的哲思一直伴随着中国的历史之路、现实之路的行进。这样漫长而深刻的思考，对我而言，具有巨大的魅力。

我珍惜和渴望与先生的每一次交谈。

走过忧患之路

任继愈感叹，三校复员后，条件大好，但精神反不如前，少了一种东西：“抗战胜利后，日本投降，西南联大解散。三校各回原址办学，生活条件、教学条件都有了显著改善。三校分开后各立门户，日子过得还不错，总感到似乎还缺少点什么。西南联大的形象长期留在人们的记忆里，历久弥新。”

任继愈代表着那一代“生于忧患”的学人。在西南联大，他前半段是学生，后半段是教员，与这所大学相始终、共命运。“七七事变的时候是暑假……我家在山东，回不来了。报纸上有个广告，说是北大、清华的大学生到长沙去集合，这样我们就到南边去了。”

在长沙开学后，爆发了是上前线还是继续读书的激烈争论。争论由钱穆做了总结，要为国家保住读书的种子，用上前线的激情来读书，“学习也是救国”。

住在南岳寺庙里，夜间，任继愈听见虎啸，早上出门，看见了寺院外树枝上的虎毛。

在这半壁山河里，他兴致盎然地考察儒道释同居一山的景观。

当时离毕业还有一年，他正在考虑自己在哲学中的研究方向。

日本飞机轰炸长沙校舍，对学校大有跟踪歼灭之意。长沙临大的大批师生及家属从香港绕越南去昆明，同时学校组织了一批志愿者步行转移。

这是一个悲壮的故事。当局认为，如果全体人员都从海外转移，将是一种耻辱，必须有一支人马代表学校，从还存在着的国土上走过去。这个信息在《浦薛凤回忆录》中透露过。

在湘黔滇旅行团中，有的人是因为走海路费用不足而加入进来，而任继愈的步行，是志之所向。他是将门之子，不存在路费的问题，投身到本土文化的大海中去，正是一种选择前的考量。

这一点很像吴征镒。吴当年是助教，他利用步行这个难得的机会，沿途收集植物标本，做一些植物学的研究。虽然路上标本都烂掉了，但最终他发现了滇南的植物王国，将其作为自己终生事业的基地。

任先生拿出一张到达昆明时拍摄的纪念照片给我们看。上面是一个穿着军服的青年，那套服装是当年旅行团离开长沙奔赴昆明的时候张治中将军送给他们的。很多学子一直保存着，舍不得丢掉。

在采访中我发现，很多抱负远大、性格坚毅的学长都选择了步行。也许是步行练就了他们的坚定和刚毅，也许他们本来就与众不同。

任继愈回忆："这是一个终生难忘的教育。因为我一直念书，在城市里长大和学习，真正的农村基层没有接触过。（全面）抗战一开始，我们从湖南长沙到常德，到湘西，这么过去，到现在的张家界，一直到贵州。到了贵阳，再往西走，有一段路跟长征的路线是重合的。古代的《徐霞客游记》也提到过一些路线，就是这么一个路线。这次步行对我的教育很大，真正看见了最基层的农民是怎么生活的，感触还是很大的。"

湘黔滇旅行团走过贵州，一路上见到人民生活贫困落后，但他们

任继愈随湘黔滇旅行团到达云南

积极支持抗战。“中国的这种民气始终不衰，穷困是穷困，但人穷志不穷。”“所以骂人‘当汉奸’是骂得最重的一个词，比骂他祖宗什么的都还重。”

在一个偏僻的小县城，县长贴出布告，称这些路过的大学生是“振兴民族的领导者”，要求当地人为他们提供干净的住处。而一位保长在集市上敲锣，传令乡民们不能涨价，因为有学生老师要路过和购买。

当年国弱，而民气依然不可被征服，这是当时鼓舞和支撑师生们的一个精神源泉。

联大历史学系吴晗教授在《说士》一文中写道：

> 几千年以来的文士和武士，轰轰烈烈，为国家为民族而斗争，而流血，而牺牲，不屈不挠，前仆后继，悲壮勇决的事迹，史不绝书。布衣白丁，匹妇老妪，补锅匠，卖菜佣，乞丐，妓女，一些未受教育的平民百姓，在国家危急时，也宁愿破家杀身，不肯为敌人所凌辱。这种忠于国家，忠于民族，几千年来的一贯信念，是我中华民族始终昂然永存，历经无数次外患而永不屈服，终能独立自主的优良传统。（《吴晗文集》第三卷，北京出版社，1988 年）

士子的气节，自古以来与社会底层的民气是相呼应的。

大学南迁之旅，使一个民族的文化走出了象牙塔，士大夫之气节与百姓之民气相遇相激，是一次民族精神的再造。

在与我的多次谈话中，任继愈都提到“民气”这个话题。只要“民气不衰”，他认为就有希望。

一个青年学子，在民族危亡之际，希求以学业回报他的人民，维护这个民族独特的文化与尊严：“那时候，我就感觉中华民族的文化是渗透在穷乡僻壤的，不光是上层。所以，从那以后我就专攻中国哲学史。过去我在大学学外国哲学多一点。”

任继愈对这个苦难中的民族产生了深刻的理解与信心。在日寇宣称灭亡中华民族的战火中，他反而对中国文化有了坚定的认同。他的思想志向、治学精神、人生底蕴，都是在这几年中完成定位的。

这样志存高远的学人在那个时代并不罕见。他们成为中华民族复兴之路的中坚。

到20世纪90年代，任继愈主持“中国文化史知识丛书”，在100多个面向青少年的文化选题中，他自任《墨子与墨家》一书作者。

在任继愈看来，墨子和他专攻的老子有一个共同点，那就是替弱者说话。而他之所以选中墨子，还因为这是一个产生于手工业阶层的学派：

> 到春秋时，一部分工官失去职位（不止工官，如祝、巫、史和乐官也都流散到各地），一部分工奴得到解放，加入本来就有的独立的小生产者的阶层。《论语·子张》中说“百工居肆以成其事”，就说明了这一情况。（任继愈《墨子与墨家》，北京出版社，2012年）

墨子最著名的思想是“兼爱”与“非攻”。任继愈在分析古代思想的时候进行了现代的阐述，颇有深意：

> 罪恶的战争，对多数国家，对多数人民都是有害的。墨子曾用一个生动的比喻来说明战争的害处。他把战争比作医病，说比如有一种药，一万人吃了，只好了四五个人，这种药就是无效而有害的。战争的结果如果只便宜了荆吴之王、齐晋之君，这就肯定战争是极端有害的。（同上）

在这本书里，任继愈介绍了墨子关于“节用”“节葬”，反对“厉民以自养”，反对剥削和过分享受的生活，主张自食其力，提倡增加人口、发展生产与科技等进步主张。

我想，任继愈在他的研究方向中是注入了他的民间考察与忧患之心的。那个时代的博学鸿儒，因为战乱，而对边地和民间具有深刻的理解与同情。战争结束之后，他们依然持重踏实，目光开阔，将现实所需投向历史研究，这就是“接地气”。

先生曾告诉我：“做那些社会需要你做的事情。”

是这样的，历史文化，瀚若烟海，我们只能抢先打捞那些与现实最急迫相关的东西。

气节与统一

气节，在抗日战争时期是头等大事。

周作人因为“附逆”，学界讽之为“卿本佳人，奈何作贼”，一世清名扫地。

抗战胜利后，任北大代校长的傅斯年宣布：“伪北大之教职员均系伪组织之公职人员，应在附逆之列，将来不可担任教职”，“无论现在将来，北大均不容伪校伪组织人士插足其间”。

这个界限是有普遍意义的。对于“二战”中归附法西斯的国奸，尤其是知识分子，各国都有严厉的标准。

任继愈在采访中重点讲了贯穿中国历史的两大要义：一是统一，一是气节。凡时局动荡、朝代变迁，各家都是力图统一天下的。只有统一，才能发展。对中华民族而言，统一是正常的，不统一则不正常。在这些动荡中，气节又是中国人特别重视的。

他尤其惋惜地谈到北师大的刘盼遂先生，当年留在北平，靠卖书为生，不去日寇的学校上课，后来却殁于非命。

“中国文化是一个民族共同体，一个整体，提倡的是，是中国人就聚在一起。后来学历史这些年来，我就反复地考虑，这个东西很得益于秦汉的统一。咱们念历史都知道，春秋战国，百家争鸣，学术繁荣。百家争鸣争什么？都是争如何统一。”任先生说。

在“统一”这个信念上，历代是没有歧义的。但是，用什么思想来统一，如何治理才能统一，却一直是争端颇大的问题。

“孔子讲要以周为统一的核心；孟子讲用王道统一天下；韩非、荀子主张用武力统一天下；老庄，你看他不主张统一，其实也是主张统一的，他说圣人治天下，他的原则是无为，不要扰民。无为，还是要统一天下，不是永远分散的。”

而在文化与气节的关系中，始终存在一种精神价值的取向。王国维曾说过：屈、陶、杜、苏四人，即使没有文学天才，凭他们的人品也足以立世而惊天动地。

吴晗曾写过严嵩和文天祥，任先生在采访时亦重点谈到秦桧和文天祥。吴晗说：

> 失败者如文天祥。他二十岁中状元，是一个文人。政府里坏人当权，等到元军距离杭州三十里时，才被任命为宰相。……后在江西永丰被俘，妻子儿子也被俘了，他没有屈服，又跑掉了，再战。……崖山之役，陆秀夫、张世杰均死难，降臣张弘范趁机劝降，他拒绝。赋诗说："人生自古谁无死，留取丹心照汗青。"……忽必烈说，你到底要求什么呢？文说，只求一死。第二天就被杀。(《旧史新谈》，北京出版社，2018 年）

任继愈则更加正面地肯定了气节的穿透力，不以成败论英雄。他说："文天祥也不是战功多么好，多么能打仗。治国、平天下他都没有施展，他就气节这点站住了，有正气，保持着他的正气。他当丞相的时候，半壁山河已经沦陷，国家快完了。"

吴晗在《论历史人物》中说：

> 历史上很多人业务好，政治也好，如唐朝的颜真卿，字写得好，又是忠臣，是统一的，是肯定的历史人物。也有不统一的，如严嵩——京剧里就有《打严嵩》，他的字写得不错，传说

> “西鹤年堂”“六必居”的招牌都是他写的。诗文也不错，有《钤山堂集》，但是个汉奸。如何处理？应该区别开来。政治上是奸臣，字是写得好的，诗文在当时也是好的，不能因为是奸臣，字也不好了。（同上）

而任继愈的言辞来得更加激烈、严厉：“秦桧这个人，大家都知道他是卖国贼，害死岳飞。但秦桧考过状元，状元当然是第一名，拔尖的。秦桧字写得很好，求他写字的也不少。可是我们国家这么大，没有发现秦桧留下来的字迹，没有一幅。我很注意收集，没有。人们不愿意保存，就是因为爱国主义思想。大是大非他站错了，站那边去了，所以不齿于人类。”

在访谈中，任继愈谈到的观点、思路显然有吴晗打下的底子，应该说是淬炼和提升。

这里有一个“交集”，时间就是西南联大阶段，吴晗在报刊上发表了相关文章，并且在课堂上也讲过这些内容。把秦桧和文天祥放一起谈，还就是他们师生二位。中间隔了这么多年，我认为很有意义。

任先生还谈到更近的事情：“20 世纪 80 年代，外国人有一个‘寻根热’。秦桧有一个后裔在加拿大，是个驻北京的记者，后来在香港。这个人是无锡人，寻根就寻到老家了，查来查去，原来他是秦桧的后裔。他不敢承认，他只说：我是秦少游的后裔——秦观之后，也姓秦。其实他是秦桧的后裔。”

在抗战中成长的这一代学人，比起书斋论史的前后文人，对气节的认识要来得更加清晰、切身和不容妥协。作为士人，气节才是首要的，要为这个“不愿做奴隶”的民族保存一片精神的天空。才能、业绩可以退至其次。

先生有一句话理当成为名言：“要做一个健全的学者，我认为，首先要爱国，这是个基础。”

“根”是不能断的，断了就没法说明自己，说服别人。

一个内在虚弱的学者，从事精神文化工作，必然缺乏自证的力量。

淡泊、忧国

先生对我说：“你到北京，就到家里来。”

某高官托我请先生吃饭，先生摇摇头，说：“你一个人来。”

有一次我带了一袋绿茶给他，见面时他却生气了，说：“这么多茶，我一年都喝不完！”

我也生气了：“茶就是在家对门买的，也不是什么珍品，只是新鲜。”

先生遂蔼然。

我这云南人的率性对上了他那山东人的耿直。

我将自己的书送先生，他说：“你的笔很野。”

我一愣。他却说：“这很好，别人想野还野不了呢！”

我写自己家世的《中国布衣》，先生在一家人读完后交给了国家图书馆收藏。

先生说：“中国的文化在民间。”

这话坚定了我对家乡云南的自信。历史上中原几经离乱，都有士大夫成批转移至滇黔。

1940年，陈寅恪作《陈垣明季滇黔佛教考序》云：

> 即就先生是书所述者言之，明末永历之世，滇黔实当日之畿辅，而神州正朔之所在也。故值艰危扰攘之际，以边徼一隅之地，犹略能萃集禹域文化之精英者，盖由于此。及明社既屋，其地之学人端士，相率遁逃于禅，以全其志节。今日追述当时政治之变迁，以考其人之出处本末，虽曰宗教史，未尝不可作政治史读也。(《金明馆丛稿二编》，生活·读书·新知三联书店，2001年)

写这篇序的时候，陈寅恪已经有过战乱中流离西南的阅历，并在滇长住，吟过“景物居然似旧京”的诗句。他所说的“禹域文化之精英者”在滇地得到收容与庇护，其文脉散于大泽，不为中心地带的强势所改。故边土之士人，古风犹存，能与悠悠传统对接。所以我中华文明，不仅是“满天星斗”，更有异军突起于边陲。我的家族和我自己，也在这轮回中。

黄昏，我从昆明打电话过去，小保姆说，爷爷散步回来，正躺在沙发上休息。

我说，等会儿再打吧。先生却已经从沙发上起来，接过电话，和我谈起他新注的《道德经》。

一周后，先生亲笔题字的新书就寄到了我手上。

先生终其一生研究老子。他的态度及语气却是“节节退后”，越到晚年，越觉其难解。每出一本新书，都会说自己原来的理解还要商榷。这种治学的精神，今世还有几人？

老子说，道是“无状之状，无物之象”。这个意思包含了世界的变化，顺势而成的规律，不拘一格的思考。老子理念已渗透中国文化，诸如盈满则亏、祸福相随、大巧若拙、否极泰来等。在西方的哲学里，是找不到对应语汇的。

院子里玉兰开了，清茶相对，坐在客厅里，周围是国图的那些大书柜。

我信口说：道是大智慧。诸子都是思想，是方法论。思想是受道所统领的。所以孔子求教于老子，诸子百家不与老子辩论。

无论是个体生命，还是世事沉浮，天下归属，宇宙万物，无不与道有关。

曹操、韩愈，诗文大气磅礴，是与道家相通的。陶潜的诗受人喜爱，因他有“纵浪大化中”的理念。禅宗，也有道家的影子。

我还是在文学的世界里追逐天道，用一点书斋的敏慧和想象。先生则是高屋建瓴，经世致用。他悲天悯人，关注与同情社会的下层。

他说：“如果没有道家，中国政权更迭的历史会更加残酷。是道家的理念，给了社会、人民与文化休养生息的空间。”

我说：“我是离不开山水和自由的。”

先生笑云：“这就是道啊！”

冬天的昆明，我在翠湖畔，举着手机，让在京城的先生听海鸥的鸣叫。

夏雨飘落，我在信中寄上缅桂和茉莉的小花。先生告诉我：“花还没干，还有香味。”

先生说："我们有缘，是深缘。"

窗外玉兰花开，竹影摇曳，不觉春秋已过。

先生哲嗣任重说："你每次来，他都特别高兴。他喜欢跟你谈话。你们的思想是一样的。"

任重是看出了一些端倪的。我是后来方觉察出的。我信中医，自幼吃中药，后来学习过，也有临床的实践。而先生亦行医，曾经在五七干校时给老乡们看过病。我们的交谈有许多迫在眉睫的话题，来不及谈中医，可思维自会体现出一种对生与死的看法。中医就是从道家中出来的。

我与先生确实是未曾谋面而先有缘了。

先生谈到联大导师对他的影响有二：一是要看到世界，二是文理不能分割。

他认为，现在大学的学科越分越细，有弊病。学生出了那个圈子后不会思维，不会联系。"要看到世界，对文理不要那么分割……古与今，中与外……因为文化本身是个综合体。为了教学方便，分了这个系那个系，讲起来方便，但对真正接受的具体的人、培养的对象来说，是各方面凑合到一个人的脑子里面，凑成这么一个整体。"

先生对学问的这个看法，与我的成长相吻合，使我有洋洋自得之感。

我父亲是银行业中人，然他兴趣广泛，天文地理数学历史书法诗词皆喜爱，博览而时有深究。那一年他来京时，学界中人称他"杂家"。受父亲培养，我也不分学科，后来下乡插队，逮书就看，如饥似渴，囫囵吞下。入北大也不安分，时常跑哲学系、历史系去听课。

兴趣才是未知之途中的真正动力。

毕业时我拒绝考研，一心当作家。后来又跳槽做起了影视。其实都在一个大底盘中。不在乎那些学科之别，和与之同来的名缰利锁，连头衔也不需要。

在我与先生的接触中，从来没有听到过他袭用古人的名言来说自己的观点。他总是说大白话，最浅显的话，就像《菜根谭》。这是他已经形成的文化风格，使我想到老子的“大音希声”。

我体味，有如下深意：

一是学术上的身份清晰。他是现代人，是研究者，不是重复者。

二是自信。他认为以自己的语言完全可以表述今天的观点。

三是区分。他认为古今有别，古人的意思不可完全套在现代事物上。

关于语言与时代的一致性，吴宓早在西南联大的英文文学课里就表述过。他认为翻译也要注意时代衔接，不能以现代语译古英文。

四是重“现在”。他认为，活生生的现实正在发展之中，现代人应当使自己处于一种不断探索与发现的状况下，而不是抱守陈调。

先生的“内养”达到了举重若轻的境界。他不用那些张扬的语言，也从不给别人以紧张感，总是淡淡的，轻言细语，时而颔首，表达一种会意。

中国古人以“气”论“道”。先生正是一个打通了“气脉”的知识分子。这股“气”贯穿他的学术生涯，支撑他的多舛人生。

书斋潜著，看似豪气内敛，而先生那种耿直刚正若隐若现。他有一种大格局。

似乎有一种无法摆脱的困扰，只能靠一代一代的消磨渐变。他在教我超脱地、冷静地看这个世界，看自己的历史。

我曾问先生：为何现在“道德滑坡”？

先生说：“文革”的遗害，还有一段时间。

大多数人回忆“文革”，重在所遭受的磨难和非人待遇，先生则考虑：中国哪里出了问题?

以儒学为核心的中国传统文化对中国几千年的发展起到过至关重要的作用，其中很多东西值得今天去继承、研究，但要看到，历史上的儒家思想符合的是封建社会小农经济的基础和封建帝王的要求。

他认为：“中国宗教势力太大，又和政治结合在一起。从朱熹以后，教皇和皇帝就是一个人，政权可以转移，但宗教没法消灭，可随着皇权的颠覆，儒教也就垮掉了。但它的影响还在，我们的困难也就在这里。”（《南方周末》2009 年 7 月 16 日）

任重回忆，父亲病重期间还对“儒学治国”的类似说法颇感忧虑。

> 历史事实已经告诉人们，儒教带给我们的是灾难，是桎梏，是毒瘤，而不是优良传统。它是封建宗法专制主义的精神支柱，它是使中国人民长期愚昧落后、思想僵化的总根源。（任继愈主编《儒教问题争论集》，宗教文化出版社，2000 年）

任继愈深谙进退之道。他以高龄之身主持编纂巨型经典。为保持宁静的环境，他大量地精简各种事务，采取了“无为而无不为”的智者生活方式。

他对我说：秦始皇“焚书坑儒”，可是有人将所焚之书的内容背了下来，口口相传。这就是“诗书丧，犹有舌”。《尚书》，就是这么来的。

以史为据，他点明了知识分子对一个民族所应负的责任，那就是创造和传播文化。

任先生曾对我讲：你不要带学生，也不要进大学去，那样就被绊住了。你就像现在这样，做你想做的事情。

自由价更高，这是先生为我指出的方向，砥砺着我的学业与修养。

他为我题写了两本书名：《西南联大行思录》和《西南联大往事》。

他认为：年轻人，有个饭碗，就可以专心做学问，不要陷入追名逐利中去。

我问先生：“我可以算是您的弟子吗？”

先生欣然道：“你是入室弟子。”

我提出，为先生编撰“对话录”，如狄德罗与弟子之著，而中国早有《论语》。

先生欣然应允，说：“你可以住到家里来。”

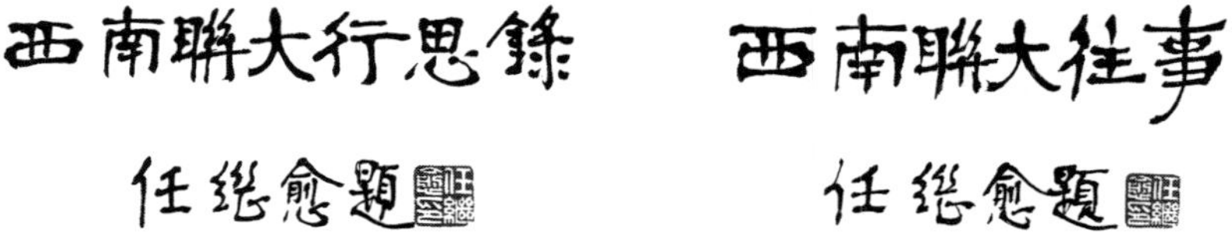

任继愈为张曼菱题《西南联大行思录》和《西南联大往事》

可接着我患了眼疾，蹉跎时日，不胜郁闷！

先生致信宽慰，发来了古色古香的贺年片。当时冯钟芸先生说了一句趣语：“同病相怜”。

随后冯先生去世，我惴惴打电话吊唁。先生平静地说：“年纪大了。”一句话，表明了他对生死的“平常心”。

后来闻知，先生在休息两天后，依然每日编书。

“对话录”的事情放下了，再无机会。每思之，痛惜不已。

叮嘱：存史

任继愈注重内在传承和知音交流，类于古风。先生貌和神谦，内藏铁骨铮铮。他是将信念贯穿于学术与人生的。

先生给我他写的评论文章《〈西南联大启示录〉观后感》，却又告诉我：“不发表，是给你看的。”在文章中，他以历史“见证人”的身份表扬这部纪录片，说它真实，不张扬，是“集腋成裘”之作。

一直到先生逝世，我才把他的这篇文章收入书中。

他说我是“靠着西南联大的精神制作这部作品”的，勉励有加，却没有直接批评不足，而是提供大量史实补充了西南联大的文科成就，如商务印书馆一批人皆是联大班底。这一面至今为人们所忽视，也是片子的不足之处。

2003年秋，《西南联大启示录》在北大勺园会议厅开研讨会，名家云集，大家都等着任继愈先生来做首席发言。电话里，任先生说，因夫人有恙，不能出门。

后来，《西南联大启示录》突然受到质疑，情势严峻。寒风凛冽中，任先生出现在北大图书馆的石阶前。他一手拄杖，点路前行。他不要我上前搀扶，一磴一磴地以杖引路，走进会议厅，参加西南联大北京校友会的理事扩大会。

沈克琦先生告诉我，任先生一般都不参加校友会的会议。

会上，任先生第一个发言。凛然而来，开口却和顺。他说："《启示录》是很有意义的好片子，不应该受疑，应该大力宣扬。"

先生使我知道，如何用不张扬的语言，讲出那种"有骨头"的话来。

我回到昆明，先生打来电话："咱们的《启示录》怎么样了？"他把这部作品称作"咱们的"，给了我勇气和温暖。

在诸多老校友的努力下，《西南联大启示录》重获生机，获得中宣部"五个一工程"奖。终于可以传递下去，留给后人了。

2007 年 11 月，我至南沙沟，坐定捧茶，先生说"等一下"，起身出了客厅。

先生再来，手心中捧着东西。展至桌上，是国立西南联合大学的两枚校徽，颜色有别，分为学生和教师所佩戴。

随我同去的记者上前拍摄。我也拍了几张。

当众人拍摄毕，任先生将两枚校徽拿到手上，拉起我的手，将校徽放到我手中。

他说："昨晚接到你的电话，我把它们找出来了。就等着今天你来，送给你。"

他还说："这两件东西，送给你是最合适的，因为你有这个感情。

联大校徽

一枚是我当学生时的，一枚是毕业后我留校任教的。背后的号码就是我当年在国立西南联合大学的身份号码。这都记载入档的，在联大档案中能查到。”

简洁的三角形带着一种纯正的力量。先生说，那后面的小铁杠，可以扣在当年人们的大布衫的前襟布扣上。如果穿西服，就直接用别针。

先生说：“西南联大只有八年，像我这样上完了学又留下任教的不多，所以这两枚校徽也很难得了。”

后来，他对女儿说：“那两个校徽我给张曼菱了，我觉得给她最合适。”

次日，在“纪念西南联大建校七十周年”的大会上，有人交给我一个信封，上写的是“张曼菱学友——任继愈 2007.11.27”。打开是一小札：

西南联大七十年世称办学的奇迹。这奇迹无非是“五四”

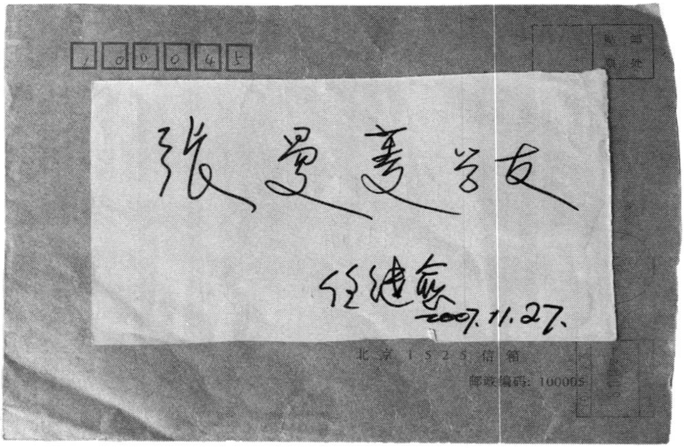

任继愈托人交给张曼菱的信封

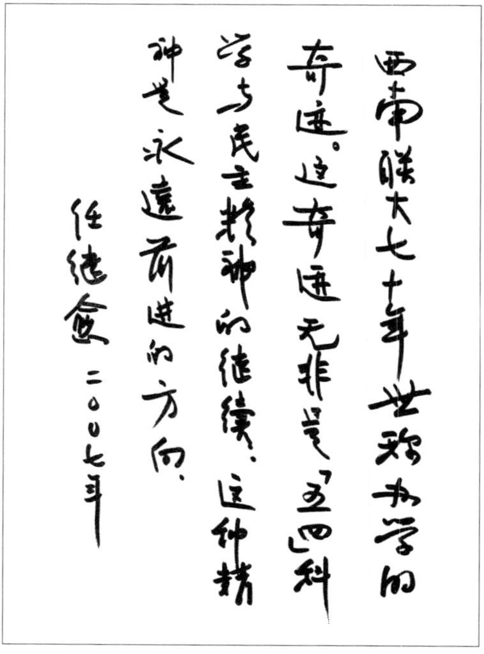
西南联大七十年世称办学的
奇迹。这奇迹无非是「五四」科
学与民主精神的继续，这种精
神是永远前进的方向。
任继愈 二〇〇七年

任继愈写给张曼菱的手札

科学与民主精神的继续。这种精神是永远前进的方向。

任继愈二〇〇七年

校徽与手札，是先生对我的加持。

先生叮嘱我："这批资料不能分散，只有集中才能显出价值。"多年来，凡欲重金购买我资料者，免谈。

2008年北京大学校庆时，我将采访这批西南联大学子的原始磁带交由北大图书馆保存，杜绝商业用途，并择其主要，转为数据化资料。电话禀告先生，他甚欣慰。

到2018年母校北京大学120年大庆，我与中华书局合作制成数据库。现在由商务印书馆出文字版。

"诗书丧，犹有舌"，文人的使命，归根结底是传递文化，承接前史。

临终前的严厉

任先生曾对我说，台湾的重大水利工程和港口建设，都是清华学子做的。

2008年两岸"破冰"，我立即申报项目——到台湾去采访联大故人。先生鼓励我：一定能成行。

2009年4月，我电话禀告先生，计划批准。他却告诉我，他要住院去，"小毛病，就是感冒"。

到京后，我从任重处才知道，先生病得不轻。

在北京医院一间僻静的病房里，病中的任继愈艰难地写下当年几位校长的名字，交给我，去台湾代他一一祭扫。他写了梅贻琦、胡适、傅斯年，却没有写蒋梦麟。

“我佩服梅贻琦，我不佩服蒋梦麟。”这是任继愈在生命的最后阶段对我说的。他说这话的时候，依然很有力度，神情坚毅。

先生温文尔雅，说话一般只用肯定语，言外之意让你自己领会。然而，此时他却用了一个强烈的对比，对自己曾经的校长提出了指责，语气刚直。

这令我想起了那句名言，鲁迅去世前不久说：“让他们怨恨去，我也一个都不宽恕。”

这是一个永不妥协的灵魂的判决。

任继愈最后时刻的严厉蕴含着对战时大学艰难玉成的体验，及他终其一生对志节的追求。

那天我走后，先生对任重说：“她现在做的这件事情很有意义。”

7月，先生辞世。我来京，同时为季羡林先生和任继愈先生送行。两度八宝山，景况各异，感触良多。季羡林的告别仪式人潮汹涌，如赶庙会，几无肃穆，令我欲哭无泪。在任继愈的灵前告别那天，早晨大雨，人们神情黯然。来人都是学院、研究所、图书馆这几个圈子的，规模得体。

9月，我到台湾采访。

在台北见冯钟豫学长，原来他早收到我的《西南联大启示录》光盘，是任先生寄到台湾的。冯学长看得潸然泪下。

在任继愈的心中，一直有这片土地和这群人。

仲秋时节，我一一祭扫诸校长墓地。

阳明山上，邂逅一位余先生。他说，因为读了蒋梦麟的《西潮》而为他的爱国情怀与学识所感动，进而崇拜，所以自愿看守他的陵墓。可见《西潮》具有一种凝聚人心的力量。

但我多次通读《西潮》，发现它几乎没有涉及当时联大教职员工在昆明的生活困境，诸如北大住房的安置、资金的安排。似乎蒋梦麟校长擅长宏观方面的观察与描写，而于“衣食住行”并不在意。

其实《西潮》中这个内容的缺失，正是蒋梦麟作为北大校长职责的一份“缺失”。

抗日战争是一场国难，任继愈最后的话针对的是两位校长在忧患中不同的担当和态度。

从东三省沦陷，梅贻琦已觉中国与日本一战不可避免。他清醒而迅捷，提前转移清华设备与物资，将预备建校的工程款放到长沙去盖楼，为后来的南迁提供了战时教学的可能。

梅贻琦是最早到达长沙的校长，也从此肩负起北大、清华、南开三大名校的存亡之责。

联大学人普遍对梅校长怀有深刻感情，这份感情是不分三校之界限的。梅校长既有“所谓大学者，非谓有大楼之谓也，有大师之谓也”的浩然之气，又有九年“不弃不离”的职责坚守。

蒋梦麟初则笃信当局，以为日本不过是“蚕食”，反应迟钝，故北大面对七七事变猝不及防。及至长沙，面对简陋的校舍，他又缺乏信心，将长沙临大称为“由混杂水手操纵的危舟”（《西潮》）。

此时长沙局面非常混乱，主要是人心不稳，很多学子去从军了。

任继愈印象很深："同学们在长沙很不稳定，因为前方打仗打得很吃紧。长沙离上海很近，离南京也很近。战况节节败退，同学们急于上前线。"

蒋梦麟以他对战争格局的估量和对国情的了解，为学校择址昆明，并直接获得了最高层的认准。这是高屋建瓴的贡献。

但在转移到昆明后，他实际上已经离开了这条惊涛骇浪中的船。他有着超乎其他校长的行政才具，却缺乏与师生共情的襟怀。

阳明山墓地一片荒芜，如果不是有人带路，蒋梦麟的墓地很难寻到。

一行人放好花篮，礼毕，我捡起了墓地前的一颗石子，带回北大，掷入未名湖中。

之前，我在台北街头的"土地改革纪念馆"中没有看到蒋梦麟的名字，他所创办的"农复会"却有。蒋梦麟为台湾农业所做的贡献，我只能从北大、清华的学长们口中得知。台湾的历史记录在有意消陨事实。

蒋梦麟自 1919 年起多次受蔡元培委托代管北大，1930 年正式出任北大校长，于乱世之中，建立了学校的教研秩序，做出过奠基性的贡献。在南迁中，他为三校选址昆明，其功亦不可没。

而任继愈先生在生命的最后时刻表达的这种不原谅，促使我突破藩篱，继续探究。北大精神，不应存在"家丑不外扬"这种陋见。

2012 年中华书局出版何炳棣的《读史阅世六十年》，杨振宁作推荐语："这是一本有分量的书，因为著者是有大成就的近代历史学者，也因为这位学者在书中无保留地讲了真心话。"

在该书第十一章“师友丛忆”（下同）中，所谈内容就有一般人避讳的先贤之瑕疵：

> 1939 年秋到昆明以后与清华办事处的几位“故人”偶尔谈及联大人事时，发现清华的人对北大校长蒋梦麟、教务长樊际昌皆不无微词，独对秘书长郑天挺的学问、做人、办事才干和负责精神都很倾服。

清华、北大虽有两校之分，然同处昆明一城中，联合交往，人心口碑，自有记载。

> 1940 年因日机频频来袭，北大在东北郊离城五公里多的岗头村盖了一所平房，为蒋梦麟校长疏散之用。此外在阶下另一大院里盖了七间平房，另加一大厅及小间房以备紧急时北大同仁暂避之用。吴大猷先生对北大岗头村这所大院在空袭频仍岁月里，拥挤、紧张和教授多家之间时或不能避免的“摩擦”有极生动的回忆。

战争时期，蒋梦麟以公款为自己修建阔屋，而诸位教授拥挤于另处，此种安排，难服众人。

> 我返昆后，日本空袭频率大减，美国“飞虎”空军大队扬威，人心大定。想象中岗头村的北大大院应远不如初期那样拥

挤。可是人事方面摩擦仍是不免。盛传蒋梦麟夫人陶曾谷女士与北大同仁及家属不睦，与周炳琳个性上冲突尤烈。因此双方都向秘书长（郑先生始终是北大秘书长，在联大是总务长）抱怨，要求大院与蒋寓之间筑一高墙，互相隔绝，永避冲突。郑先生一再调解无效，最后只好同意搭墙；墙确是搭了，但只搭到一尺多高便停工了。无论双方如何施压，郑先生也不把墙搭高。不到半月，双方羞愧难当，不谋而合地又要求秘书长把这道碍眼的矮墙拆除了。

蒋太太不顾国难与学校之艰辛，而享特权，给北大内务管理增添了巨大麻烦。

《郑天挺西南联大日记》透露，学校为安置蒋梦麟太太花费了大量物力人力，并引发校内纷争。

在 1941 年 3 月 30 日的日记中，郑天挺记述了岗头村蒋太太的司机与教授冲突一事。其司机与某家女仆发生口角，“来往叫嚣，历数分钟不停”，并“不服树人（饶毓泰）制止，反报以恶声”，“且有动武之意”，“激动公愤”。

郑天挺的态度鲜明：“汽车司机固难得，而教授尤为学校之主干，教授与职员争，余向主右教授而抑职员，况教授之主去一车夫乎。然余雅不欲对此辈小人作操切之举，拟荐之他去，以免有轨外行动。”

而蒋梦麟为此事于 4 月 3 日写长信指令郑天挺：“司机暂避，工资等应照发，外面可说已走了。弟非惜一司机，实在找人不易。一两月后再回来，同人气已消。”留下司机，是为了蒋太太战时的超标享受。蒋并以“离去”威逼:“如彼时再相迫，则弟可挂冠以去。德薄能鲜，学校不能办矣。”

1942 年 2 月 12 日，郑天挺给蒋梦麟算了一笔账:

> 良以北大年费六万四千五百元，月合五千三百七十五元，照一月支出：计校长公费三百元，汽车司机工资四百元，汽油六百二十元，汽车修理费一百五十元，电话一百元，以上校长用一千五百七十元。才盛巷房租一千元，工资二百元，电灯一百五十元，炭五百元，以上才盛巷用一千八百五十元。岗头村电灯一百十元，薪俸、车费九百元……法律、政治研究室各二百元，文科、理科研究所及行政费尚不在内，已需四千八百三十元，若以才盛巷费用三分之一归之校长，公舍外院二十三间为宿舍，内院十三间为校长住宅，则校长所用占全经费百分之四十三矣，此数虽无多，然占百分比太大，恐同人必有藉为口实者，故余主商由联大支付汽车费一千一百七十元，俾北大支出稍减而校长所用百分比不致太大，师亦韪之，然已舌敝唇焦矣。

为遮盖蒋梦麟占用北大经费过高的事实，郑天挺想出让联大替蒋出汽车费的主意。无疑这是不可能的。这一笔明账，蒋梦麟自己也忌讳，企图借郑天挺而搪塞之。

郑天挺为蒋梦麟百般袒护，是希望他能够留在北大。但是，这最后的底线也被打破了。郑天挺 1940 年 12 月 20 日的日记中曾记载:

昨日孟真致书孟邻（蒋梦麟）师，谓王雪艇欲以国民参政会秘书长让之师，其事繁琐而易开罪于人，孟真亦不主之，师意尤坚决。今日复一书，谓抗战期内不离联大，抗战后不离北大。

原来蒋梦麟的承诺是虚，他不过是在选择官职与时机。郑天挺1945年5月28日的日记又载：

枚荪言重庆消息，宋子文将请孟邻师为行政院秘书长，师已允之。余疑其不确。果有此事，未免辱人太甚，不惟个人之耻，抑亦学校之耻。师果允之，则一生在教育界之地位全丧失无遗矣。

郑天挺对蒋梦麟的选择深以为耻。1945年6月30日的日记载：

校长就任行政院秘书长，予学校以很大波动，同人如有意见，七月三日往渝可以转达。之椿首先发言，谓行政与教育不应混而为一，原则上校长不应由行政官兼任，传统上北大无此先例，且反对此种办法最久，表示坚绝反对。之椿谈后，沉寂者一二分钟。

据傅斯年转达，蒋梦麟知晓北大同人要他辞职，甚伤心，彻夜难眠。这说明其仍想跨在两头。

仕宦之途为蒋之谋求，于学校则随时有“放弃”之意，遮遮掩掩，终于去做官了，然又不如意，而北大终不能再回矣。

既然心在仕宦，可以早些坦诚相告，这不仅是责任，也关乎人品。蒋梦麟这样漫长的出尔反尔，使郑天挺及北大同人在抗战结束时遭受重创。郑天挺提出辞去北大秘书长之职。

蒋的人生一直存在两个世界：一个是为民族、国家以及教育事业担当的公的世界，一个是为个人感情所支配的私的世界。

在从前的治校中，蒋素孚众望，因此人们也对他在国难中的担当提出更高要求。然而，在眷属不淑之际，身为校长，却不能秉公，反而挟权以迫下属。此种表现，令北大师生齿冷心寒。

郑天挺曾坦言，自己以蒋校长的家庭为鉴，杜绝续弦——可见其消极影响。

从蔡元培到胡适，一直坚持大学校长不可为官，这是北大的传统，是对社会的示范。

蒋梦麟却跌破了这个“底线”。在昆明的艰难时期，作为校长，占用学校经费，使家属享受安逸，所作所为无异于官僚。

郑天挺与蒋梦麟的这段关系亦被其扭曲，导致后来郑与教授们也失去了融洽的关系，对北大内部的凝聚力造成了一定的破坏。

任继愈在临终之际直言对蒋梦麟的不认可，亦在告诫我：对历史人物不可笼而统之，要落到实处分析。抗战时期，民族矛盾下掩盖了很多东西，研究者要步步厘清是非。尤其不能以校为界，混淆历史褒贬之大义。

与毛主席的谈话记录忽现

被毛主席接见，无论是过去还是现在看，都是莫大殊荣。不仅个人荣光，就是亲友、单位、地区也与有荣焉。

任继愈曾被毛主席接见谈话，原因是主席读了他的哲学文章，尤其是佛教、禅宗的文章，甚为认同。这个经历在那一辈学人当中曾经是备受关注的。

> 有人说任继愈的诸多经历中，最受人们关注的还不是哲学史、宗教学研究，而是他与毛泽东的交往。
>
> 他对这个谈话三缄其口，原因是他做人的准则。他特别喜欢竹子“未出土时先有节，到凌云处尚虚心”的风格，大概这是长期受中国传统文化熏陶的结果。（任远、任重《一份谈话记录和半个世纪的演绎》，《中华读书报》2016年4月6日，下同）

先生认为，这不过是工作。多少年来他不愿意向同人及学生提及此事。我与先生交往多年，谈论海阔天空，也从来没有听他提起过曾经凌晨入中南海聊哲学的事情。

先生称我为“入室弟子”，其意重在神交。先生留言时又呼我为“小友”，乐在案头繁忙中有一份“清流”之聚。先生喜见我自由任性，从来不严厉呵责。

在我心目中，先生就是一个地地道道的学问人，国图内，寒窗下，冷冷清清编纂巨著，思想深远而不喧哗。他也是这样教导我的。他从来不对我谈这件事，其实就是一种“身教”。

2012年，任远、任重在整理父亲遗物时发现了这份题为《毛主席接见任继愈谈话经过》的当年记录。

后来任重将这份记录的电子版转给我。再见先生的笔迹，泛黄的稿纸透出岁月的沉香。

当时任继愈43岁，是一位中年哲学教师。

先生在最后的附注说明里写道：“毛主席鼓励个人的话觉得没有必要写在这里，未记录在其中。”

这简单的一句话，省略掉了当年毛泽东对他的好评。比起那些“见高帽子就戴上”的世俗之徒，这是何等纯净的心灵境界。

> 毛泽东接见谈话的时间是1959年10月13日凌晨4点半到7点半；地点是中南海毛泽东同志家里；当时在座者除了毛泽东同志和父亲外，还有陈伯达、胡绳和毛泽东秘书林克。

毛主席见面就说：“今天晚上不打算睡，想找你来谈谈。你写的全部文章我都看过了。”

在谈话中，有一串北大人的名字自毛主席口中依次说出，他问了一下他们的情况，这些人当年都已被“划右”。

如果任继愈将领袖的原话传出，在当时的情形下，必然发生“加码效应”，给这些人带来再度伤害。

父亲一辈子学哲学，教哲学，研究哲学，对个人荣辱之类的事物看得比较透，比较淡。他看不上有的人借着领袖的威望树立自己形象。所以这次谈话，他完全是按照一项非常重要工作任务来看待的，不但没有大肆张扬，甚至从未自己主动提及。他的同事、学生也都不太清楚谈话的过程，即便是我们问起来，他也是只言片语，从不多说。他去世后这几年，我们完全遵循他的一贯态度，他自己不说的，我们也不多讲。

任继愈对这次谈话三缄其口，我以为，除了自慎，还有同情与保护别人的恻隐之心。

任重后来问过父亲，他和毛泽东谈哲学、宗教问题的感觉是什么。他说也没太想到，作为政治领袖，他在哲学、宗教方面书读过很多，而且真看透了，记忆也很准确，谈话中准确引经据典来加强对观点的支持。他说毛泽东视野宽，掌握社会情况，有自己独到的见解但并不偏颇，交流中谈话轻松而且深刻。

这份记录并未详说毛泽东如何讲解，在林克的书中写道："慧能自幼辛劳勤奋，在建立南宗禅时与北宗禅对峙，历尽磨难的经历，他不屈尊于至高无上的偶像，敢于否定传统的规范教条，勇于创新精神，以及把外来的宗教中国化，使之符合中国国情，为大众所接受等特征。在这方面与毛泽东一生追求变革、把马克思主义原理同中国革命实践相结合的性格、思想、行为，颇多相通之处。所以为毛泽东称道。毛泽东言谈幽默诙谐，有些话含蕴颇深，值得回味，不能说与禅宗全然无涉。”（林克《我所知道的毛泽东——林克谈话录》，中央文献出版社，2000 年）

这个观点先生是反复讲的，他认为：慧能只是一个碓房的舂米僧，却被传授衣钵，成为禅宗六祖，其贡献在玄奘之上。因为他有创立，“直指人心，见性成佛”的法门，提倡以心向佛，打通了形式的门槛，让世人能够顿悟而走进佛学。玄奘西行求取外来佛经，更多的是一个大翻译家。

反复讲，意在激励后人，要创新，创新是以人为本的，个人的体验非常重要，不要只图“搬运”。

我想，先生已经看到学界弥漫着一种以“搬运”为能事的风气。往往一篇并不太长的文章，触目皆是那些从国外“搬运”来的标签，仿佛用自己的语言就不能说明问题。这种文章就像方程式，一大堆外来词语的加加减减，不接地气，不见人气，没有生气。

他的评价与毛主席对慧能的推崇是吻合的。二人谈得相契。而毛主席也表现了礼贤下士的风范、宽广的视野和独到的见地。从谈话记录看，两个人的风度都很好，是学术谈论的气氛，可为后世垂范。

这份讨论记录，里面有些内容让我发生强烈共鸣。这就是毛主席和任继愈都认为：对一种历史或哲学，如果你迷信它，就不能研究好它。

毛泽东说，“研究宗教非外行不行，宗教徒搞不清楚”，“因为他们对它有了迷信”。（任远、任重《一份谈话记录和半个世纪的演绎》，下同）

比如，人站在神像前，能看到神像整体的完美，跪在神像前，只能看到神像脚的一个部分。

这个观点，体现了毛主席具有学者的科学精神与智慧，使任继愈感到振奋。于是这次谈话产生了一个成果，毛主席批示成立世界宗教研究所。

任继愈抓住了机会——在当时的条件下，取得领袖的认可至关重要。1964 年，任继愈负责筹建我国第一个宗教研究机构——中国科学院世界宗教研究所，并任所长。

宗教研究能够成立研究所，本身就是一种宽容与尊重学术的态度，为后来社会的包容性打下了基础。

有些大事具有偶然性。费孝通也曾要求“留下社会学”，可叹没有遇到好的时机，以至于社会学到 80 年代才得以恢复与重建，留下太多的空白与遗憾。

关于对任何事物，凡沉溺于其中，必不利于真实地了解与研究的思想，毛主席还推及蒋介石的思维缺陷上。毛主席说：“××搞阿拉伯哲学史怕不行吧，因他相信那一套。我们对旧中国没有迷信，我们就研究得透，蒋介石对旧中国有迷信，到死也没有办法。”

我多次去台湾，对此深有感触。的确是这样，蒋翻来覆去都只能以我们传统的伦理逻辑来治理台湾，对台湾也缺乏深入了解和创新，只有“土改”尚可一提。蒋介石在思想领域始终没有找到制高点。

任远告诉我，她听到父母晚年最常讲的两个字就是“寂寞”。我明白，这是“同道者稀”。

以前住平房，后来住楼房一层，他都会在自己窗前种上竹子，长到最茂盛的时候有几百棵，俨然是个小竹林，晚上群鸟栖息，白天阳光透过竹林照进窗户，室内一片淡绿。父亲去世后，竹子就开花、枯萎，一片竹林现在活着的竹子已寥寥无几，这是个巧合么？

文中有一段话，令人掩卷沉吟：

人渐行渐远，凡事早该尘埃落定，时间改变着一切。但是有时候正相反，过去不注意，没有深入考虑的事情，随着时间的推移，在回忆过程中，倒是觉得线索明晰了。消失已久的1959年在毛主席家谈话记录最近被发现，让我们联想起很多过去的事情，也对这几十年父亲的思想和为人有了深入的了解。

先生人走了，却还在给这个世界注入清新隽永的启示，这就是魂魄不灭吧。

邓稼先与杨振宁：
从“功臣的小屋”到清华园畅谈

有的人，前面加什么样的缀饰，都不如直呼其名，更具千钧之力，显其伟岸巍峨。

简单的三个字——邓稼先，在国人心中，在中华民族历史上，有着“力拔山兮气盖世”的改变山河的霹雳光照。

2001 年夏，我带摄制组走进邓稼先家。邓夫人许鹿希说，这是她首次接受采访拍摄。

2001 年 10 月，我采访杨振宁，这位科学巨子侃侃而谈，但当说到邓稼先时，神情立刻变得凝峻。

2021 年 9 月 22 日，杨振宁发表了百岁生日演讲，其中以恳切的深情向国人提起他于 1971 年第一次访问新中国时收到的邓稼先的一封信：

> ……在这个信的最后他这样给了我一个期望，是“但愿人长久”，他把“千里共婵娟”改了一下，变成“千里共同途”，当时我看了信以后没有看懂这句话。“千里共同途”是什么意思呢？我后来想了想，知道这是一个很深的意思。最近这个信发表了以后，仔细看了以后，我觉得今天五十年以后，我可以跟邓稼

先说：稼先，我懂你“共同途”的意思，我可以很自信地跟你说，我这以后五十年是符合你“共同途”的瞩望，我相信你也会满意的。再见！

“你也会满意的”，这位科学巨子的灵魂里有着一座圣坛，让人们更加理解了他。

这对旷世之友的最后一张合影是在医院病房的走廊上，离邓稼先去世没多久，杨振宁带了花束去探望。邓稼先对妻子讲：“这是西方的风俗，振宁是来送我的。”

照片上身患绝症的邓稼先嘴角渗血，但他依然微笑着。

邓稼先嘱咐夫人将家中一块古砚送给杨振宁，说：“他对我的帮助和情谊太大了。”

1986 年 7 月 29 日，邓稼先与世长辞，留下遗言：我死而无憾。

1986 年，邓稼先（左）逝世前与杨振宁在医院合影

杨振宁在给许鹿希的信上说：“稼先去世的消息使我想起了他和我半个世纪的友情。我知道我将永远珍惜这些回忆。希望你在此沉痛的日子里多从长远的历史角度去看稼先和你的一生，只有真正永恒的才是有价值的。”

访“功臣的小屋”

现代人说“极简”是一种健康的生活方式，可是每听到这个词，我却总是想起邓稼先的家。

那个家，在许鹿希的北大医学部职工宿舍楼里。一所平民大院，进大门毫无遮拦，院子里有小孩在玩石头，有老太太买菜回来。这完全不符合我们对这位“两弹一星”功臣住所的想象。

上楼，是那种老的单元房。房间毫无修饰，卧室贴着简单的壁纸。

许鹿希女士，高个子，短发，戴眼镜，像老北京人一样，穿着朴素的夏装，令我想起“荆钗布裙”这样的传统。她说：“你们拍吧，这个屋子的东西都没有动，还和邓稼先生前一样。”

那天，她特意在那张双人床上铺上了邓稼先亲自挑选的床单，上面印有白底蓝花的“首都十大建筑”图案。这是邓稼先为欢迎杨振宁到家里来，专程与妻子到百货大楼买的。“首都十大建筑”，曾经是令中国人民自豪的成就。在自己清寒的宿舍里，接待国外来的老友，这就是一种表达：虽家徒四壁，国强已为慰。

在床的旁边，一张圆桌上，有一部老式电话。许女士说，安装这部电话，当年是为邓稼先回到家里时方便指挥罗布泊那边的工作。有一次他刚回家，那边就出了事情。邓稼先就通过这部电话镇定地告诉人们，关哪里，开哪里，读什么数据，从而避免了一次事故。

邓稼先用过的眼镜、笔筒、茶杯，一一摆在了我们面前，都是有些破损的，像某个中学教师案上的寻常物件。笔筒是竹节的；茶杯是玻璃的，用塑料线编的套子套着，那时的人们都这样用。许鹿希说，邓稼先带着这个杯子在基地和家之间来来回回。

在客厅的另一面还放了几把镀镍的折叠椅，与沙发相对，围成一圈。许女士说，当年邓稼先的同事们来了，就是在这里开小会，研究工作。

许鹿希回忆起邓稼先接受任务后与她彻夜倾谈的事。

1958 年，邓稼先 34 岁。任务是秘密的，他对妻子交代：我要调动工作了，今后恐怕照顾不了这个家了，以后这个家就全靠你了。他坚定地说："我今后的生命就交给今后的工作了，我要干好这件事，就是为它死了也值得。"

那一晚，邓稼先再次对她提及昆明。在那个鸣炮报时的古朴之城，西南联大学子邓稼先曾亲身经历了日本飞机轰炸时的惨状。当时中国毫无防空之力，人民任人宰割。这使许鹿希意识到，这个任务与国防有关。小家庭的甜蜜岁月从此结束。

20 世纪 70 年代的一次核试验中，发生过一个偶然的事故，核弹头没有爆炸。为了迅速查找出事故的原因，邓稼先坚持亲自进入试验现场，并且禁止同行者跟随。他只身走进了辐射密集区。

"我不能走！"这是每次遇到危险时，邓稼先的话。

在许鹿希的相册里，存有两个身穿白色防护服的人在荒芜的戈壁上的照片，左边，高大的就是邓稼先。

直到离开人世，他也没有疗养过一天。

1964年夏，一张“母病危”的电报发来，但当时没有交给邓稼先，因为核试验马上就要开始。

爆炸成功了，这时电报送到他手上，一辆吉普车已经停在门口，送他上飞机，飞往北京。

北京已经沸腾，大街小巷都在争抢那张《我国第一颗原子弹爆炸成功》的《人民日报》号外，蘑菇云高高升起的图片，激动着国人的心。

当走进母亲的病房，看到床旁放着一张报纸，邓稼先知道，家人已经明白他所承担的秘密任务是什么了。

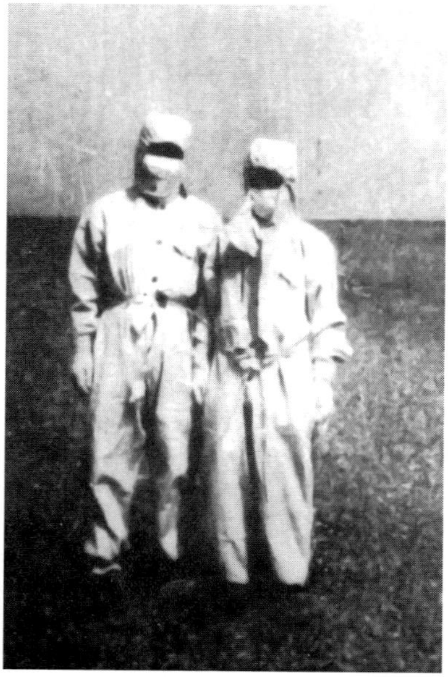

邓稼先（左）与赵敬璞在核试验基地

听到这些讲述，摄制组肃然起敬。小屋里回荡着一股浩然之气，民族魂魄，如明镜高悬，可以照见人心。那天的每一个在场者都泪如雨下，这是一次精神的净化。

拍摄结束后，我给摄制组雇用的司机结算费用，他突然激动地说：“不，我不要钱！”第二天他又说：“让我去呀！我替邓稼先去死，让他活着。”

邓稼先的伟烈气概，高尚无华，可以折服世俗的每一个人，只要他有一颗中国心。

清华园忘情时光

2001 年，我终于要与杨振宁见面，在清华园一幢优雅的别墅里。

在访谈中，杨振宁贡献的内容太多了，从童年时的清华园讲起，到他的导师，到美国教育。而邓稼先，无疑是他讲述中最动情的部分：“邓稼先比我小两岁。我是 1922 年出生的，他是 1924 年出生的。他父亲跟我父亲都是清华大学的教授。不过，小时候在清华园，我不记得我见过他……在 1936 年到 1937 年，我在崇德中学——当时的崇德中学现在还在，叫北京市三十一中，在绒线胡同——我在那里念高一的时候，他也来了。他比我低两个年级，他是初二。他来了以后，我们很快就变得非常熟。当时在崇德中学，他是我最熟的几个朋友之一。”

依照他的回忆，我们摄制组到绒线胡同，拍摄了那幢老的紧邻围墙的教学楼。他和邓稼先经常在大考前爬到高高的窗台上，用脚顶着对面的墙看书。

“七七事变以后，我们家搬到昆明去了，我刚才讲了。邓稼先没有立刻去昆明，1941 年他来了，他也进了西南联大。所以，我们在昆明又当了一些时候的同学。我们当然立刻就又非常之熟。”杨振宁说。

他们先后都到美国去留学，邓稼先念得很快：1948 年去，1950 年取得了博士学位，就回国了。许鹿希说，在美国时，邓稼先曾得到杨振宁的资助。

看年轻时候的合影，邓稼先是一个高大挺拔、英气勃勃的青年。他们后来又有了另一些合影。这时候的邓稼先看起来仿佛是一位老者，白发苍苍，面有病容，显得行动有些吃力。为了祖国不再受人欺辱，为了自己的信仰与使命，邓稼先严重透支着自己的身体与生命。

那天在清华园的采访，有很多话题回应了许鹿希的介绍。我已胸有成竹：许鹿希讲了一半的故事，须得由杨振宁来讲那“另一半”。

1971 年，邓家的小客厅里摆着两只单人沙发，也只能够摆两只。那是为杨振宁来访增添的。几十年阔别，老友跨洋而来，重逢就在这里。他们相对倾谈。

最为激动的是杨振宁，他说在 1964 年中国试爆了原子弹以后，他立刻在美国的报纸上看到了邓稼先的名字。

“1971 年我来中国的时候，到了上海的飞机场……那时候，我父亲在医院里面，我母亲跟我弟弟妹妹接了我。在机场贵宾室里面，有一个统战部接待我的人问我：杨教授，你这回来中国探亲访问，想要见什么人？我就开了一个名单，其中当然就有邓稼先。”杨振宁说。

终于见面了，原来老朋友住在这么一个狭小简陋的地方，只比上海的亭子间略大一些，和很多普通人住在一栋楼一个院里。

当杨振宁坐在这简易的沙发上时，他知道这种简朴生活的分量。为了一个从贫穷“挨打”中站起来的民族，邓稼先什么都愿意承受。

杨振宁与邓稼先的因缘跨越时空延续着：“那以后，我每次来都看见他。当然，渐渐地，我就知道，他不只是对最早的原子弹的设计，后来对最早的氢弹的设计，也有重大的贡献。而且中国几次试爆原子弹、氢弹，有不止一半，都是他亲自在试爆的地方主持的。”

杨振宁是这样评价的：“邓稼先他们的贡献，改变了世界地图。”

两位老友的初次重逢中，有一个重要情节，就是杨振宁的一问，与邓稼先的一封回信。“我 1971 年到北京来，看见邓稼先，起先没跟他谈这件事。我知道这是秘密，不能够随便乱谈的。最后要离开北京的时候，我忍不住了，快上飞机时我回过头来问邓稼先：中国造原子弹，有没有外国人帮忙？他说他的印象里没有。不过，他说，这个组织很大，他不能百分之百地确定。他说，他去了解一下再告诉我。”

一个明知“不当问”而忍不住，一个深知此问并非一般的好奇，乃是一名华夏子孙的叩问，一个华人科学家的关切所系。

杨振宁回忆：“我就离开了北京，到了上海。在离开上海飞回巴黎的前夕，上海市委领导请我吃饭，吃饭的时候，忽然有人送了一封信来，这封信就是邓稼先写的。他回去研究了一下以后，给我写了封信。”

邓稼先郑重对待，请示了周恩来总理后，及时回答了杨振宁，并由专人乘机送到上海——这就是本文开头提到的那封信。

“他说，他已经向有关当局问了，说中国的原子弹除了最早有苏联的少数的帮助以外，没有任何外国人参加。我是突然收到这封信的，这给了我一个感情上很大的激动，所以我当时忍不住泪流满面。”

作为宴会的主宾，杨振宁突然泪流满面。他赶紧离席，到洗手间平复心情。激动之余，他应该也感动于老友与祖国对他的坦诚与信任。他满载而归。

这第一次归国的“交锋”，使杨振宁与邓稼先之间敞开心扉，进入了最深层的交流。从此，他们的默契，铸成后半生情谊的相互支持。

古语曰：英雄惜英雄。像这样的知心与体贴之情，也只有杨振宁能够写出：

> “粗估”参数的时候，要有物理直觉；筹划昼夜不断的计算时，要有数学见地；决定方案时，要有勇进的胆识，又要有稳健的判断。可是理论是否够准确永远是一个问题。不知稼先在关键性的方案上签字的时候，手有没有颤抖。（杨振宁《邓稼先》）

多年后再次登门，杨振宁的心中克制着情感的风暴。他又来到这间小屋时，友人走了，人去楼空。他手执张爱萍将军所书的“两弹元勋邓稼先”的白布，站在小屋的中间，留下了一张照片，倾注了他的崇敬与追思。

为什么杨振宁要这样执着地思念并不断地来到老友身边？

杨振宁的父亲杨武之先生是一直在期待儿子归国的，而在父亲之外，邓稼先成为他与祖国联系的重要纽带、精神津梁与归途指引。“邓稼先是中国几千年传统文化所孕育出来的有最高奉献精神的儿子。”杨振宁的赞誉是发自深心的，邓稼先也成为杨振宁用来要求自己的楷模。

那次在清华园的采访，大大地延时了。采访从9点开始，到中午12点时，杨振宁说：“我打个电话，让太太不要等我吃饭。”

结束时，已经是中午1点了。杨振宁与我们摄制组的成员一一合影——显然，他心情畅快。

对于这次采访，他自己也很满意，曾通过西南联大北京校友会会长沈克琦转达，让我在整理出采访内容后，给他一个备份。

以上的故事情节，我都编入了纪录片《西南联大启示录》，于2003年4月在央视《探索·发现》栏目播出，反响强烈。

通过沈先生，我寄了《西南联大启示录》光盘到美国。杨振宁复信：

克琦兄：

感谢寄来关于西南联大的电视片，是很好的，有意义的纪录片。会有正面影响。

匆祝

近好

振宁

2003年5月16日

中兴业，须人杰

“人杰”这个词，因李清照《夏日绝句》而流传：“生当作人杰，死亦为鬼雄。”溯其源，有几个出处。《文子·上礼》：“行可以为仪表，智足以决嫌疑，信可以守约，廉可以使分财，作事可法，出言可道，人杰也。”《史记·高祖本纪》称张良、萧何、韩信“此三者，皆人杰也”。

“生当作人杰”，李清照气贯长虹的一句诗，照耀中华千古史，激励世代英雄才。

1937 年夏，日寇进北平。一代文化“托命人”陈寅恪的父亲，为抗国耻，绝粒而亡，“死亦为鬼雄”。屈原辞赋中有“魂魄毅兮为鬼雄”的名句。古人认为，一种坚强的精神是不会消亡的，它将以另一种方式存在下去、传递下去。

众多大学教员则怀着“国破誓不苟安”的决心，告别静谧的校园与家庭，义无反顾地撤出北平，南下建校。撤至昆明后，西南联大一面弦歌不辍，一面又选择了四川边地上的一个穷乡僻壤——叙永，作为撤离地。这表明了联大人与日寇不共戴天的气概，和“不肯过江东”的志节。

联大校歌唱出了“千秋耻，终当雪；中兴业，须人杰”，从此将“人杰”定位于能够洗雪国耻、振兴中华的具有雄才大略的人。

人杰是行动者，他们有轰轰烈烈的、改变历史与无数人命运的大作为。对于人杰，无论过去、现在，我们都非常渴切。西南联大的人杰观，是在中华民族最危急的时候、在渴望用现代化拯救中国的战火耕读生活中形成的。因此，强大的行动力与民族生存的紧迫感，是人杰的又一品格。

华人物理学家任之恭在抗日战争期间担任清华大学无线电研究所所长，由于战争的影响，研究成就甚微。他写道："我常常为没有获得直接的成功而沮丧，然而，由于看到昆明经历了战争的青年科学家的力量和潜能，我觉得有一种难以用语言表达的丰富经验和深深的极大满足。"这一段话，预见到了在日寇欺凌下的中国战时大学必定会培育出一代新人、强者，必将会使这段悲惨历史化作一股强国的力量。

1999 年 9 月，中共中央、国务院、中央军委发出通知，表彰 23 位对"两弹一星"事业做出杰出贡献者。在这 23 名"两弹一星"功勋奖章获得者中，有 8 位出自西南联大。

在日本人狂轰滥炸昆明的 20 多年后，新中国第一颗原子弹爆炸成功。而在爆炸原子弹的命令书上签字的，就是当年在昆明跑警报的联大学子邓稼先。

说起跑警报，火箭专家王希季曾回忆："跑完警报照样上课，照样工作。跑警报那个地方，课是不上的，回来补。自己跑警报，你带的东西可以做作业。我们那个时候，整个的爱国热情是很高的。上学，就是为了要打赢日本人。因为中国的弱，被日本人一炸——云南挨炸的惨象你们可能根本不清楚——简直非常惨，所以就加强学习，要自强。那个时候跑警报，电灯也没有，有时就断电，但是学习不间断。"

父亲曾经对我说过昆明被日机轰炸的悲惨情景：一开始，昆明的老百姓没有见过飞机，人们扶老携幼，仰头观望。天空传来狰狞笑声，飞行员拉开舱盖，点射人群。

父亲惨痛地说：“就像打苍蝇一样啊！”

一声声痛叫，一个个倒下，血流遍地，人们惊恐万分地散去。但飞机低飞，追逐人群，甚至追逐个人，在惊呼惨叫声中不断射击。日军把射杀中国人当作游戏，发出得意忘形、疯狂邪恶的笑声。直到“玩”累了，才拉高飞起，去完成投弹任务。

大街小巷，躺满了死去和受伤的人们，一家家亲人围绕哭泣，凄惨无比。

父亲说，凄惨的不只是人死了，而是死得如此可怜，在日本人面前真如蝼蚁一般。痛恨啊！凡是看见过这个场面的中国人，无不痛恨得咬牙切齿。痛恨的不只是日本人夺去同胞性命，更是不拿中国人当人，在屠杀之前要把你捉弄够侮辱够，要灭绝一个民族反抗的斗志。

抗日战争的惨烈，给西南联大的学子留下了终身影响，从而奠定了他们毕生的志向。为什么而读书？为什么去奋斗？这种志向是那一代学子身上最珍贵的品质，使他们成为这个民族可以依靠的栋梁。

杨振宁说：“如果稼先再次选择他的途径的话，他仍会走他已走过的道路。这是他的性格与品质。”

在 1986 年之前国家进行的 32 次核试验中，邓稼先亲自在现场主持过 15 次。为了追赶时间，让中国获得强大的国防实力，以邓稼先为代表的科学家们舍其一生，这才有了杨振宁在《邓稼先》一文中写到的那些改变民族历史的时刻：

1964 年 10 月 16 日中国爆炸了第一颗原子弹。

1967 年 6 月 17 日中国爆炸了第一颗氢弹。

这些日子是中华民族五千年历史上的重要日子，是中华民族完全摆脱任人宰割时代的新生日子！

在邓稼先那间小屋里，我看到过一张照片，是邓稼先出差杭州时站在“尽忠报国”的古墙前拍的。许鹿希说，邓稼先一向不喜欢拍照，可这张照片却是他主动拉着同事去拍的。站在那古意盎然、元气淋漓的四字前的邓稼先，显得苍老甚至有些龙钟。他的青春与智慧、理想与生命都融入了这四个字——“尽忠报国”。

中华民族的存在与发展，是与它的精神凝聚力密不可分的。它是

邓稼先（左）与同事摄于杭州岳王庙

靠着历代人们对这个民族的挚爱和信念，自觉的付出与献身，来维持前行的。

杨振宁比较过中美两国的“原子弹之父”：

> 我认识奥本海默时，他已40多岁了，已经是家喻户晓的人物了，打断别人的报告，使演讲者难堪的事仍然不时出现，不过比起以前要较少出现一些。……佩服他、仰慕他的人很多，不喜欢他的人也不少。
>
> 邓稼先则是一个最不要引人注目的人物。和他谈话几分钟就看出他是忠厚平实的人。他诚真坦白，从不骄人。他没有小心眼儿，一生喜欢“纯”字所代表的品格。在我所认识的知识分子当中，包括中国人和外国人，他是最有中国农民的朴实气质的人。
>
> 我想邓稼先的气质和品格是他所以能成功地领导各阶层许许多多工作者为中华民族做了历史性贡献的原因：人们知道他没有私心，人们绝对相信他。（杨振宁《邓稼先》）

“人才”与“人杰”之间，有很大差距。“人才”，有可与市场接轨的价值，有一技之长，或数技之能；而“人杰”须有顶天立地的人格、百折不回的气概、宠辱不惊的品质、洞察时代穿透历史的慧眼，更须有“虽千万人吾往矣”的铮铮铁骨。

苦难的中国，是人杰辈出的国度。这不是用金钱可以换来的。

邓稼先所代表的，是整整一代人，那一代人不会想到向国家索取什么条件。在20世纪70年代那个非常时期，从事核试验，意味着没有任何科学研究成果的个人记载，意味着从科学界中长时间“消失”；意味着不能与家人团圆，不能与亲友联系；意味着最彻底的奉献。但是，只要允许他们为这个民族完成伟大复兴的心愿，他们就会满足，就会感到得其所哉。

金风送爽，蓝天是如此美丽澄明，看着蓝天下儿童们欢乐地嬉戏，人们是否能想起邓稼先那一代英杰的大爱？

作为生活在和平环境下的中国人，我们的每一天，都是与那些伟大的献身者们联系在一起的。

李政道：流光容易把人抛

流光容易把人抛。红了樱桃，绿了芭蕉。

——蒋捷《一剪梅·舟过吴江》

2000 年 8 月，我在中国高等科学技术中心采访李政道先生。李政道说，因为喜欢这两句词，特意请吴冠中先生画下来："这张画要表示很复杂也很简单的意思。我请他画出时间的观念。中国的画，每一笔都有先后，每一笔都可以把它的先后找出来。"

那幅画用线条构成"时间"理念，红与绿的色块表示樱桃、芭蕉在时光里的模糊映象。

李政道说："这两句词跟现在的白话一样——所以，我们的文化隔了一千年，还是一样新。"

他和我讨论起"流光"："我们把时间叫'光阴'，为什么光阴是时间？因为没有变就没有时间的观念。光阴有光跟阴，光阴是要有变化的，变化就是时间……流光就是光阴在流淌。"

我请他题词，发现他有一张特别的办公桌。一旁的沈克琦先生说，这是李政道夫人秦惠䇹女士根据他的工作习惯设计的。

不久，我在报上读到一则消息：李政道手捧骨灰盒，将夫人安葬在苏州李家墓园。

此行归国，他在京五天，前一天在北戴河，与其他科学家一道，接受江泽民同志的会见。

这一趟回国，他来往于跨度如此大的时空，但是那天在他面上看不出悲欢之色，一如禅者般充满定慧。他身着丁香色衬衣，感觉很年轻。

“流光容易把人抛”，此种心境，既有逝者如斯的感叹，又有举重若轻的洒脱。这是中华文化里最常见的人生态度，一种令我熟悉的气质。

中国文人有一个比拟：光阴如“白驹过隙”。那是无声无形的一匹白马，或者说很多匹白马，从那缝隙间穿越，奔跑不见了，所以“去日不可追”。

有一个人的“流光”，还有一个国家的“流光”。中国文化表达出的深挚与旷达，包含“天下”“千秋”的宏大理想，和故土、乡愁的细腻情怀。

知道我从昆明来，李政道说：“我回去过一次，是 1979 年，还到联大的那个校址去看了，那个时候还保存了餐厅的一部分和一所房子。”

回忆在昆明的生活，茶馆让他记忆犹新：“茶馆也是很特殊的，也表示昆明是民风好的地方。……这样养成了一个学风，可以说是‘茶馆学风’。这更像人们日常讲到的 19 世纪巴黎的咖啡馆，当时很多文学家、艺术家在巴黎的咖啡馆。昆明茶馆的这个风气，我在中国别的地方没有看见过，我觉得对当时的学生鼓励是很大的，可以说这是昆明人民支持的。”

坦言与“不言”

我们去的那天，李博士正和同人们一起布置在中国高等科学技术中心的办公室。他告诉我们，刚刚搬过来。

中心里没有什么“小姐秘书”之类，都是科学工作者、严肃的中年人，接待我们的有一位是著名科学家的后代。总体气氛是学术研究式的，理科型的。

趁摄像师去察看房间、布光，我将采访提纲递给李政道过目。他拿起铅笔，一面看，一面划，然后递给我说：“前面两个问题没有必要，否则你的时间会不够的。”

这种随手圈阅、谆谆嘱咐的态度，使我感到他很像我的指导老师、学长。

谈到西南联大的教育宗旨，他一语道破：“它是以培养人为中心的。每一个都要创新，要创新是比较特殊的，要跟那个人的性格匹配起来。启发作用是有的，培养作用更有，但更重要的是他不是一个模子出来的，而出来的结果他们也并不能预料，我也不能预料。就像一颗新的种子，他们很注意要培养得好。这样的注意，这样的培养精神，我觉得联大是非常可贵的。”

类似看法，陈省身也对我谈过。他说不要给学生划定方向：“开放式教育很要紧。西南联大一向不教学生该怎么想，而是让他们自己发展。因为许多人共同地合作、讨论，他们自然而然就走上了一个正确的方向。”

这都是资深人士对教育的真知灼见，一派“回家”的关切。

李政道很了解中国高校这些年的情况，他认为这个人口大国必须做普及的工作：“中国这么大，它面临的问题，一个是要‘精’，一个是要‘普’。这两个都要。因为中国占据了世界人口的四分之一，所以中国的普遍教育的问题，是全世界人民都要面向的，中国面向的同样是一个不简单的问题。我觉得国家对这方面很注意。‘科教兴国’，‘科’当然是科学，‘教’就是教育，国家非常注重。……我觉得中国现在办教育的方向是很对的，布局也不错。普及的教育当然应该做得更广一点。”

但他也担心，忽略了“精”的精神：“当把每个大学都扩大，就必须考虑到怎么使它‘精’。”

李政道曾在1972年“文革”中回国，他看到了当时国内的混乱，但他拒绝对“文革”发言，不愿意从自己的嘴里说出祖国正在经历的阴晦时刻，同时对海外“反华”势力的敌意也持有戒备。

政道教授从国内返美后，很多记者要采访他对国内“文革”的看法，他一概拒绝。他曾和我说：“我当然不赞成‘文革’，不能接受把科学教育搞成这样子，但是我又不能在他们面前骂祖国，所以不见、不说，最简单。”（柳怀祖《李政道的CUSPEA：他改变了中国一代精英的命运》，赛先生公众号，2021年10月31日，下同）

此种立场的选择，颇具中国人“含蓄”的传统。

CUSPEA 项目：帮助中国精英人才走出断层

“要帮助祖国做点事”的信念，李政道一直是很坚定的。

陪同我去采访的沈克琦先生，那天重点介绍了李政道的 CUSPEA 工程。

1979 年，李政道创立了“中美联合招考物理研究生项目”（China-United States Physics Examination and Application，简称 CUSPEA），由美国大学提供全额奖学金，培养中国留学生，学成后回国效力。

李政道先是通过老同学朱光亚，将一份《参观复旦大学后的一些感想》转给周总理，然后报给毛主席。他提醒了中国最高层领导一个有关民族、国家生存的关注点：

> 应重视基础科学研究和基础科学人才的培养。因为基础科学人员的培养，必须经过一段相当长时期的、连续性的培养，另外基础科学人员发挥效力的最高峰，往往是在年纪相当轻的时候，大约 20—30 岁之间。

在行动之前经过一系列的高层铺垫，显示出李政道对国情的理解与尊重。

1974 年 5 月 24 日，周总理在人民大会堂接见了李政道。在这次见面中，李政道对中国科技的关注与建议，给邓小平留下深刻印象。

1974 年 5 月 30 日，毛主席接见了李政道，并接受了他的这个建议。教育部就把这个建议给了中国科技大学。

当年整个科学界为这个信息感到震动、兴奋，这意味着国家开始考虑基础科研人才的培养问题。

1979 年 5 月 17 日，李政道在受到华国锋主席接见时提出了关于创设 CUSPEA 的建议：组织美国著名大学在常规的研究生招收计划之外，在中国联合招考研究生，由美国大学出全额奖学金，学生学成后回国。领导人都十分赞成这个建议。

> 当时中国根本没有 GRE 和 TOEFL 考试，中国学生也根本不知道美国研究院和大学招生的手续和规矩。在这种情况下，普通中国人想要出国留学堪比登天，其难度是现今的年轻人所不能想象的。针对这种情形，政道教授花了很多时间，专门创造设计了一种独特的、暂时的、公正有效的留学渠道—— CUSPEA 项目。

李政道决定在国内大批选拔学生送往美国留学，他委托北大的沈克琦等负责物理学方面的试卷、考核和举荐，中国科技大学的李佩先生负责英语考核。

沈克琦曾说："为了让教育发生'断层'的中国尽快派出留学生，李先生写了 300 多封推荐信，都是他与夫人亲自寄出的。"

> 李夫人负责装信封、贴邮票等杂事，政道教授和秘书 Irene 就把这些信用小车推到附近的邮筒去邮寄。由于这些信多得把邮

筒都堵上了，遭到了邮局的抗议，他们就只好推着小车到较远的邮局去寄。

这些信寄往美国的多所大学，李政道以自己的名望推荐他们入学。

正当李政道教授忙于安排落实 1980 年 CUSPEA 研究生招收工作的时候，海外几位很有影响力的华裔科学家对 CUSPEA 提出了非议。他们写信给国内有关领导，用“文革”时“扣帽子”的方式，指责 CUSPEA 是“丧权辱国”，“比 19 世纪末 20 世纪初半殖民地都不如”。

李政道急忙回国，去见最高层，解释这一切。这个风波，他在采访中却只字未提。

在 CUSPEA 实施的十年中，政道教授为这近千位 CUSPEA 同学争取到在得到博士学位前在美的全部费用总额达近亿美元。政道教授向我和李佩教授的助手华光等都说过，在那十年里，CUSPEA 每年都要用去他三分之一的时间和精力。

沈克琦说：“那些孩子在国外不适应，一点小事就去找李先生，李政道也耐心接待，帮助他们，勉励他们完成学业。”

“为年轻人创造机会”是政道教授一贯的愿望。他曾对我讲过很多次他的这个心愿，包括后来他与我讨论博士后、箬政基金等时，都说过这句话。他是从自己的成长过程中深深地感到，要帮助年轻人，就是要给年轻人创造机遇。

柳怀祖在文章中说，CUSPEA 计划“改变了中国一代精英的命运”。通过 CUSPEA 考试出国的有近千位，后来大都成为国内与国际上活跃的科技骨干。

回报之情

“我要回报。”说这话的时候，李政道的声音不大，温煦的江苏口音，凝视人的目光如三春天气。他把两手摊开，表示他获得的很多，应当做的也很多：“我的一个出发点是很简单的，因为假如当初没有联大跟浙大老师们的保护和他们给我的机会，我就没有现在的成就。所以，每一个年轻人、每一个学生的成就，跟当时可以吸收到的营养、阳光都有关系，人才就是这样培养出来的。有时候我甚至觉得，我很想把自己的努力也培养转移到下一代。”

他在联大的学习像“聚光照射”：“我在西南联大的时候，虽然说是二年级的学生，不过学校答应我——主要是吴大猷先生跟叶企孙先生，叶企孙先生是我们高等科技中心叶铭汉先生的叔叔，他那时候是管理学院的——他们答应我选二年级的课，加一点三年级的。……这个集中性是很强的，而且有伸缩性。”

由于这种破格的培养，“实际上，我把大学里所有的物理和有关的数学的科目都念了，所以我到美国去就可以进研究院”。

采访的时候，李政道对我说：“礼拜一在香港中文大学举行了全球华人物理大会。我们饮水思源，想念吴大猷老师。”

沈克琦先生补充说，当时李先生在会场亲自播放了他制作的吴大猷生平幻灯片。

在暗室里，我看了幻灯片的放映。幻灯片是从吴大猷 3 岁开始的，末了有一张照片是李政道推着吴大猷的轮椅，师生一起返回中国大陆，他们笑容灿烂。李政道欢呼雀跃，如同少年。

李政道身上有一种浓厚的人文气息和强烈的回报心，无论对恩师，还是对祖国。他说，他从自己的成才之路中得到启示，希望中国建立完善的人才制度。

记得我们摄制组在龙院村拍摄时，一个戴着蓝帕头的农妇问起当年住在她家的一位学人。摄制组告诉她：“现在他是全世界都知道的大名人！”

农妇镇定地问道：“那他有没有给我们中国做过什么事？”

无论东方还是西方，都将“感恩”视为人类道德伦理的最高境界之一。而母土和师恩，中国人犹重之。

李政道的价值观，与这位农妇是一致的，这是中国传统。

日月山、超导与《宇宙之谜》

采访结束，李先生起身说：“我带你们到中国高等科学技术中心稍微看一下。”

我原以为，这是一个关于物理学的高端理论著作展厅，没想到却发现了艺术与科学交融的宏大之美。

一本杂志的封面上有一个貌似石雕的东西，上面是很清晰的三个图形：日、月、山。

我以为是远古图腾，或者是象形字。

李政道说："它不是，它就是日、月、山。……6000年前我们还没有文字，所以只能猜测。这个日、月、山，它整体配起来是跟人一样的，象征着中华民族文化的发源，这个发源跟天然有关系。而且天然合起来，就跟人的样子一样。"

这个"日、月、山"的组合，令人感觉我们的"来路"是那样神秘。远古，可能并不像我们所认定的那样混沌不开。这种灵光一现的物件，像一种节奏，在提醒我们，先民的智慧也许是超乎我们想象的。

正是这些未解之谜，令我们对历史与宇宙存有不可全知的敬畏心。

橱窗里有很多著作，由知名画家李可染、黄胄等做了封面，将物理学理念与中国式的意象结合在一起。李政道还用了中国古人"格物致知"的理念。

"这个更有意思的是华君武的漫画，上面写着'双结生翅成超导，单行苦奔遇阻力'。下面这个是碳60（C_{60}）。他讲要两个电子合起来，才可以变超导。一个电子是有阻力的，两个电子就笑眯眯的，就长了翅膀，所以是双结生翅就变成超导。他那是艺术家的想象了。"李政道说。

李可染的画是两只牛在对顶，表达了核子对撞可以产生新的能量。还有一幅画是一个孩子在看超新星，表达了同步辐射的观念，而最早的超新星是中国宋朝人发现的。还用汉朝的朱雀，表达表面物理的概念，展示多维的观察。

李政道与艺术家们的友谊，渗透了他“天人合一”的中国式理想。他的整个人也渗透了一种冲和精神。他的“融通”是因为万物皆相通，这是道家的思维。

我听过李先生对科学界的一个大型讲座，他把屈原《天问》中对“九天”的阐述和现代科学中对宇宙结构的看法进行比对，认为中国古人对天的分层与现代科学对大气层的看法有重合之处，并且《天问》引证了天是圆的，地也是圆的。

后来我发现，李政道这种思路是有“师承”的。

近日见到《上海文化》2021 年第 8 期刊出马文飞的《“科学的风味”——物理学家束星北早期诗剧〈宇宙之谜〉出版、创作及影响》。从新发现的材料获知，束星北生前还鲜为人知地进行过戏剧创作，而且作品获得出版。他在序言里说：

> 如读者愿意从真实的方面了解这书上所论的，请看下列诸书：
>
> 一，生物学。
>
> 二，天演论——进化论。
>
> 三，论理学。
>
> 四，数学及物理学。
>
> 五，老子，庄子，太戈尔之著作等。
>
> 六，生命之不可思议——刘文典译。
>
> 七，妖怪学讲义——蔡元培译。

束星北为科学诗剧所作的这个序言，可以说是科学启蒙的一个书单。

东方与西方都有一些杰出、敏感的心灵，他们对世间的荣华与争斗没有兴趣，而是一心思索着宇宙与人类的来由、奇妙和合，与无尽的未知。西方的但丁、哥白尼、尼采，东方的庄子、屈原、李商隐……他们都创造出了瑰丽的意象、渺茫的境界，让灵魂游走其中。

歌德喊道：美啊！请为我停留！

这就是科学与人文的最高追求，这才匹配得上人类“理想”一词的博大与崇高。

在苏州李家墓园的花岗岩地面上，有四方汉白玉石雕，分别是《鲲鹏展翅》《创天》《无尽无极》《核子对撞》。这类构思和绘图，正是我在中国高等科学技术中心的那个展厅里见过的。

穿越生死，李政道表达了他对科学与中华文化的不尽联想。

李政道回国曾两次要求见他的开蒙导师束星北。负责协助李政道处理国内事务的中国科学院办公厅原副主任柳怀祖回忆：

> 1972 年他第一次回国就提出要见束先生。但是由于束先生解放前曾当过南京中央陆军军官学校物理教官和重庆军令部技术室技术顾问，所以解放后就被定为“历史反革命”，因此有关部门没有同意他见束先生。这样，他与束先生就没能见面，第二次回来还是没让见。与恩师终未能一见，成了政道教授的终身憾事。（柳怀祖《李政道的 CUSPEA：他改变了中国一代精英的命运》）

在第一次被拒之后，第二次回来又提，这既体现了李政道的执着，也反衬出他人品的深厚——没有因为恩师的不合时宜而回避，相见的愿望更加迫切。

那天在采访中李政道也提到束星北：“浙大跟联大，其他大学也有同样的情况，就是在抗战的时候，老师对学生的培养所花的精力是很高的。比方说，在浙大的时候，我受到王淦昌先生、束星北先生的培养。我那个时候是大学一年级。他们看见一个优秀的学生，都是全副精神要培养的。”

李政道对自己的成长轨迹有清晰的记忆，他是将浙大的培养视为“发现”，而将联大的作用定位为“扭转”的：“联大对我有深刻的影响，可以说是我一生的扭转的点，英文讲是 pivot point。……扭转的意思就是，我在联大不光接受了教育，而且我通过西南联大获得了到美国去的机会。”

曾记“双子”耀中华

采访结束时，在阳光明媚的大厅，我冒昧地向李政道提了个问题：“您能谈谈与杨振宁博士的合作吗？”

他不假思索地回答：“我与杨博士的合作已经圆满结束。”一派和颜悦色。

我如释重负，这个回答堪慰人心。

在那个百废待兴的年月里，一对双子星座腾空而起，照亮了世界华人的心，照亮了这个民族的希望。李政道与杨振宁双获诺贝尔奖项中最重要的物理学奖，石破天惊！

杨振宁曾经写道，那时他到一个无名小镇去，忽然有一群华人举着旗帜标语来欢迎他。他自思自己与这些小商人并无交集，于是他明白了：这次获奖，“帮助改变了中国人自己觉得不如人的心理”。

当年读到这里时，我眼眶发热，一个细节浸透了这个民族的血泪史。双星辉煌，国人瞻仰，既是中华的荣耀，也让西南联大欣慰。

三年后，李政道在美国接到沈克琦先生寄去的《西南联大启示录》光盘，他复了信。

克琦兄：

谢谢来信及西南联大的光盘。

西南联大是中国历史上十分杰出的大学。这部纪录片弘扬母校在抗战如此艰苦的条件下奋发向上的精神，有着极度深刻的意义。请向编者致意。

顺祝

夏安

弟

政道

2003 年 6 月 14 日

在这一年的 5 月 16 日，杨振宁也收到光盘，也给沈克琦写了信（见本书第 137 页），对《西南联大启示录》表示肯定。

我想，他们终于又会合了。在西南联大的这所历史校园中，一切永存。

当年李政道从浙大转学到西南联大，投师吴大猷，注册在北大。现在，他是北京大学名誉教授、北京现代物理研究中心主任。

他在回校演讲时说："宇宙的实质远远超过我们人类自己的了解。"

我专程去过燕南园 55 号，那是北大为李政道准备的住所。那里原是陈岱孙先生故居，院子里有陈先生的塑像。李政道交代学校，不要移动陈先生的塑像。他说："陈先生是我的先生。"

李政道 95 岁生日时，母校北大举行了隆重的庆祝仪式。他留下了题词："悠悠燕园情，遥遥故人思"。

赵宝煦：校园忆趣与得道之乐

2000年夏，我约访赵宝煦先生。

午休后，沿着未名湖畔的林荫路，先生推着一辆旧自行车悠悠而来。

摄制组选好了一块湖石为凳，他坐下，气色和悦，慢声细语道来："日本人来的时候，我年龄很小，正好在念书。我大一念的是化工。我自己对理科没兴趣，但是我功课好，我能考上理工。那时候北平沦陷区的学生，能考理工的，没人考文法。不管多大兴趣，也不考，因为当时认为考了文法就要当汉奸，就要跟着日本走了。"

赵宝煦这一段选专业的曲折，道出了当年沦陷区青年的苦衷与气节。而外柔内刚，对原则性问题非常果决，正是这一代人的性格特征。

后来，他终于来到昆明进入西南联大，准备恢复自己的志愿。他对闻一多先生说："我要当作家，我就转你们系。"

闻一多深感书斋式文采还不足以描述现实社会，说："你别转中文系，中文系不培养作家。""中文系，象牙之塔，培养什么？培养语言文字学家，培养文学史专家。你要当作家，就念社会科学。"

因仰慕张奚若先生的刚直，赵宝煦后来转到政治学系。"政治学系的系主任张奚若，还有名教授钱端升，当时都非常红。所谓'红'，就是对蒋介石，他们敢跟他顶。"

赵宝煦与闻一多交往密切。闻一多住在云南大学附中，就在龙头村。从联大校舍到龙头村，相当于从昆明市的西郊到东郊，教授们每天两地往返，而学生们也常到龙头村来探访导师。在战火中经历过迁徙的人们，已不在乎这点风尘仆仆。

“我们大概有十几个人，都去了。上午 10 点多钟去，就在他家吃饭。他那个住宅很窄，一个四方桌子，大家弄点菜。吃完了，光未然——现在叫张光年——还有赵风，后来都是非常有名气的，当时都是中学教员，就搞了一个诗歌朗诵会。那一次，我朗诵了一个女同学的诗，叫《黄河》。这就是新诗社的成立。”当时闻先生也讲新诗。因为他是导师，所以赵宝煦经常跟他接触。“我印象最深的是，他说：你不是首先要作诗，而是首先要做人。首先你人怎么活着，你做好人，才能作诗。”

这种聚餐、诵诗与讲学的场景，有如《陋室铭》的现实写照。“谈笑有鸿儒，往来无白丁”，学问的超逸，志行的高洁，亦师亦友的乐趣，使得校园延伸到了昆明的乡下。

那时候有一句话：昆明有多大，西南联大就有多大。

“当时，我从北方去，一到那儿就看到天特别蓝。同学们都说：咱们是不是离天近了，这里星星都特别亮！……而这样的四季如春，是我一生中最重要的时光，最年轻、最自由、满脑子最充满幻想的时光。”

因为图书馆需要占位子，所以赵宝煦从来不上图书馆。“不只是我，大多数人都是在文林街坐茶馆。那个地方的茶馆窗明几净，大伙都在那儿念书。老板也宽容，我泡一碗‘玻璃’，能坐一上午，所以很多人在那里。”“玻璃”就是白开水，昆明人用词雅致，言“穷”却不尴尬。

在绘声绘色的访谈中，校园韵事鱼贯而出。

“因为冯友兰先生将‘贞元六书’题词献给蒋介石，学生们有看法。有人就画了一幅漫画，把他那三本书画成三个台阶，冯先生拾级而上，台上坐着蒋介石。题名就叫‘登龙有术’。”

这件事赵宝煦是目击者。“那天我正在民主墙那儿，因为我们刚出来一期壁报。忽然，看见冯先生走进校园来了。那天天气很好，也许是他来学校转转，也许是有人告诉他，他来看壁报了。……他走到那幅《登龙有术》的漫画前面，看了很久。冯先生，我是不会看错的，因为他胡子很特别。他看看，就走了。后来我听说，他跟别人说，画得还挺像。”

这幅漫画表达了学生对教师师德的严正要求。而冯友兰气度恢宏，可敬可爱。

“还有别的会员画的。比如说当时到处贪污，他就画了一个蒙娜丽莎像，《蒙娜丽莎的微笑》，可是鼻子上落了一个苍蝇。”

1944年，国民党官僚孔祥熙来学校训话。“这个孔祥熙不识相，一开始他讲什么？他讲‘孔孟之道’。那个时候抗战老打老败，后来日本打到贵州独山，离贵阳很近了，马上就到昆明了。那个时候很紧张，他还在那慢条斯理地讲‘孔孟之道’，所以底下就哄，就吵，就问问题：你发了多少国难财？你怎么这么富态？”

在赵先生的眼中，校园中万事皆可乐。各种稀奇古怪，亦可乐。开心一笑，任它贫穷与战火。

有个男生追求梅校长家的三小姐，于是上呈文。“那个时候我们要有什么事，比如我要加选一门课或者我要退学什么的，都得写一个呈文，交到教导处。过几天就到那儿看纸条去，那个纸条都是校领导的答复，比如上面说：某某人申请，批准。同学说：你得让梅小姐爸爸批准，你才能送花。他就呈文，'呈请送花事'，说我要给梅三小姐送花。弄得大伙老去看，结果一看，上面写着'某某人所请不准'。"

先生赠我的《杏坛春永》画册里，有他当年作的画：西山、滇池、阿细姑娘，还有讽刺蒋政府的一些漫画。他侃侃而谈，像作画一般气定神闲，一幅幅联大景观、众生百态，须发可见。越是做大学问的，越有真性情和童心。他对校园细节的津津乐道，含有深厚的感情、深远的怀想与深刻的思考。诸如转系成功的求学之乐、得良师指导之乐、得同窗相聚之乐、诗之乐、画之乐、茶馆之乐，皆可谓苦中求乐，实质是一种得道之乐。

《吕氏春秋》说："古之得道者，穷亦乐，达亦乐。所乐非穷达

赵宝煦作《阿细姑娘》（1945）

也，道得于此，则穷达一也。”

西南联大校歌里有一句：“多难殷忧新国运，动心忍性希前哲。”一般人皆不留意。其实这句话非常重要，点出了在艰难时刻支撑师生们校园耕读的力量源头：一是忧国，一是继承古代先哲的思想与才德。典型如闻一多，完全从“洋”转向中国古籍，并曾经想办一份刊物《十一》，“十”“一”合起来就是“士”，意在重塑“士”的人格。安贫乐道，君子风范，成为战时大学的坚守。

近见北大校园追怀赵宝煦先生百年诞辰，有说他是中国政治学百年历史的见证人。我以为，他还是现代中国教育史的见证人。

对现实中教育的种种弊端，先生以寓言的方式表达自己的观点：“柳宗元的文章《种树郭橐驼传》，就说种树的这个郭橐驼——他驼了就叫郭橐驼——种树最有名。人家问他：所有的树，怎么就在你手上成活率高而且长得好，为什么人家种不好？他说：很简单，我就是给它充足的阳光、水、土壤。我给它条件，让它长。我并不会一会儿摇一摇，看它生根没有，拔出来看一看……我不折腾它。”

教育之道，发乎自然之理。从赵先生口中说出，皆是机智、幽默，见出师生悠然得道的心态。

赵宝煦还认为，对学生不能要求一律。“昆明什么样的学生都有。”他谈到有的学生到滇缅路去“跑单帮”，做生意，靠别人的笔记应付考试。“这些人当然也念不出书来，不可能人人都成才。”

“九叶诗人”郑敏也说过：“联大不是所有的人都是高才生。高才生当然很好了，其他无名的也未见得后来不会有很大的发展。虽然不见得都是非常好的学生，但是他得了一种力量，这种力量让他以后会很自觉地去发掘很多东西。这也是联大教育里面非常可贵的一点。”

主持北大政治系时，赵宝煦持以一种类似生态平衡的管理。“要有几个权威，因为传道授业，首先业务得强。但是，我不能要求所有人都‘开红花’。你不‘开红花’，在这当‘绿叶子’也好。光红花也不行，得有绿叶子，就是配一点草也可以。……我不能要求人人都一样，可是你不能是‘虫子’。你是‘虫子’，老咬叶子、咬花，我绝对不要。”

在未名湖畔面对一池碧然，先生朗诵起他当年的诗：

大清早
我走过翠湖
刚五点半呀

太阳还没起
天上压着云被
可是从云隙里
已经透出一点紫
　　　　一点橙黄
　　　　一点红
……

采访时间是有限的，但我始终持以恭敬，即便先生“跑题”，也不打断，因为你不知道这是不是“跑题”，也许他正在倾诉平生最珍贵的回忆。

这“恭敬”也成全了我，得以领略那些天高云淡的阅世气度。

先生走了，望中犹记，那一辆旧自行车往来湖畔的恬淡和平易，那一代学人的朴素与博大。

季羡林：此情可待成追忆

先生走了这么些年，我陆续写过一些追忆文章，但近来又有些话要说。

因为看到网络上对先生的某些描述，格局殊小，世俗化了，感觉很不是滋味。那一代人所经历与担当的，不是用个人情爱与婚姻家庭可以框定的。

先生有一种巨大的自省能力，和一代学人所共有的精神底色与家国情怀，值得深究。

拒绝

1998 年秋，我回到云南，着手西南联大纪录片的立项事宜。

曾专程到朗润园请教季羡林："我能不能做西南联大这件事？"

他凝视我片刻，说："你行，你是北大学子，又是云南人，你做很合适。"

这话里有"门户之见"，却含有博大的睿智。在后来的行程中，这是我的力量与信念的源头。

而就在他支持我担起摄制西南联大纪录片这件事的同时，他又断然拒绝我采访他，一时令我愕然。

当我带着摄制组来京，再度联系他时，他仍说：“不合适。”

他的秘书李玉洁告诉我：先生不是西南联大的，那段时间他在德国，所以这事他不能插手。

可是我必须采访他。

我拟将陈寅恪父子的反抗事迹放在纪录片第一集“被迫南迁”中，以表达京城文人学者对七七事变的抗争与不屈。

《吴宓日记》记载了这个沉默的吊唁：

> 九月二十三日　星期四
>
> 2:00 散。宓步行至西四牌楼姚家胡同三号陈宅，祭吊陈伯严先生（三立）。行三鞠躬礼。

这件事对吴宓的影响是显而易见的，本来他一直对陈寅恪讲，自己打算留在北平，闭门读书，然而，陈三立之死，以决绝的方式告诉了这些尚存幻想的文人，日寇绝不会容许他们清白地活下去。陈寅恪不待丧事完毕就出走，也表明了当时黑云压城，局势紧张。吴宓亦到清华办事处领取了路费，在一个大雾的早晨登车南下，奔往长沙。《吴宓日记》记载：

> 十一月四日　星期四
>
> 阴，大雾。晨 8:00 后，即独至东车站。紫禁城为浓雾所蔽，街上行人尚少。

在这天的日记中，他有诗吟道："十载闲吟住故都，凄寒迷雾上征途。"他将自己摆进了"征途"中，加入到长沙临时大学的群体中去。

陈家旧址姚家胡同，我已拍摄完毕。在古都沦陷的时节，在胡同里的高门深院中，诗坛元老陈三立毅然绝食而亡。我需要有人来解说发生在姚家胡同的殉国之举。

徐葆耕说："季羡林。"清华园徐葆耕老师是我的合作者，有关清华方面的事由，多去问他。徐老师送给我的那本《吴宓与陈寅恪》，封面题词是："弟子季羡林敬署"。徐老师说，这个题词是吴宓的女儿吴学昭女士点名的。

将这个由头去对季先生说明，约定"只谈陈寅恪"，他松口了。

采访在北大朗润园季先生家中进行。那天，他讲出来一件鲜为人知的故事：陈寅恪因冬天无钱御寒，决定卖书。季羡林就去找胡适。胡适当即派车取书，并让季羡林送去钱，让陈先生买煤过冬。季羡林还谈到一个新鲜的说法：爱国也有遗传。这是对"世家"的深刻理解和赞美。

这样轻松而谨严的采访，弥足珍贵。

在谈到西南联大时，季羡林非常审慎。他说："从学术上来看，西南联大那一段应该说成就是最高的"，"联大的民主运动也是非常之红红火火，并没有因为漂流、动荡而意志消沉。正相反，越困难越有劲"，"说起联大这一段，现在研究的，我看很不够，应该深入研究"。

季羡林在这次采访的前后表现出一种清明，对我产生了深远的影响。凡事不能逾矩，不是自己的范畴，不要随便介入，要有一个内心“考量”。

愧疚

我与季羡林相识于 1980 年秋。当年我是一个备受争议、尚无建树的大二女生。那时任北大副校长的他，因为看到我受围攻，怕出意外，就让人把我带到他家去。一见面，他看我大大咧咧，谈天说地，于是也放开了，我们遂成忘年之交。

我毕业离校前，季羡林赠予我他的译著。1986 年冬，因电影《青春祭》在美国举办首届中国电影新片展，我应邀访美，他派人送信到机场，托海外的朋友关照我。

凡我回北大，必去探望季羡林，我深知他的牵念与孤寂，而他称我为“小友”。

我一直都是以仰视的角度看先生，而对于先生的跌宕人生、内心情感的积压和冲突，竟一无所知。

1993 年夏秋之交，我从海南回到北大，去朗润园看望先生，他郑重地把我引入小书房，将一本刚刚出版的《留德十年》赠予我。

我当时就读了，但因为没有进入那个世界性的历史情境，和中国知识分子与人民的反抗情境，所以看不懂他书中那些欲言又止的话：

写这样的回忆录，并不是轻松愉快的事情。

这个写作的过程实际上就是回忆的过程，有日记为根据，回忆并不是瞎回忆。

我为什么要写这篇东西？为什么在相距三年之后又写成清稿？这一言难尽，不去说它也罢。(《留德十年》，东方出版社，1992 年）

究竟为什么要写这样一本书，为什么自己也说不清？

西南联大的历史如同惊雷，掀开先生心灵的一角。我这才留意到，他那些沉痛的语言并非一般的自谦。原来，他亦有禁忌，有所不能为，有所负疚，而且如此执着。

随着对西南联大的深入发掘，我对当时处于欧洲法西斯德国的季羡林有了别一番滋味的解读。他最沉重的心理负担就是：祖国在抗战中，他却一直待在敌国。

在《牛棚杂忆》（中央党校出版社，1998 年）“我的心像一面镜子”一节中，季羡林真诚地剖白道：

我确实没有当汉奸，也没有加入国民党，没有屈服于德国法西斯。但是，当中华民族的优秀儿女把脑袋挂在裤腰带上，浴血奋战，壮烈牺牲的时候，我却躲在万里之外的异邦，在追求自己的名山事业。天下可耻事宁有过于此者乎？我觉得无比地羞耻。连我那一点所谓学问——如果真正有的话——也是极端可耻的。

我当时时发奇想，我希望时间之轮倒拨回去，拨回到战争年代，给我一个机会，让我立功赎罪。

这是他的刻骨铭心之言。

原来季羡林有一笔“良心账”，写《留德十年》是做一个对自己的“清算”与对别人的交代。

“镀金”

一位业内的师妹想拍摄《留德十年》，来找我咨询。

我对她说，拍摄《留德十年》，如果把握不到位，会招来很多质疑和对先生的负面影响。你要想好，如何回答这些质疑。

很重要的一条就是，抗战中他为什么不回来？

例如，与他同机出国的乔冠华，不久后就返回祖国，参加抗战了。只说“战时交通阻隔”回不来，是说不过去的。

我采访过陈省身，他听命于清华大学的号令，从欧美繁华的世界回到被战火围攻的上海，又跟随学校来到战火追逼的长沙，再到昆明。

陈先生对我说：“我们那时候都痛心于国家的弱！恨日本，因为日本是侵略者。但是我是一个念书的学生，也没有什么具体的办法，所以先回来再说了。”

这些留学生在抗战全面爆发的时候回国，有什么意义呢？

陈先生说：“我想有很重要的意义。西南联大出了一群在国外念过书的留学生，他们一般的贡献不一定挺大，但是在主要的观点方面，觉得中国可以成为一个伟大的国家、独立的国家，这是非常要紧的。我们刚才讲，卢沟桥事变，日本侵略中国，中国有些当政的人，像王克敏、梁鸿志，就做了汉奸了。甚至汪精卫，汪精卫倒是相当有学问的一个人，他也要跟日本合作了。因为他们对中国的前途没有信心了，完全丢掉信心了，觉得中国的发展只能靠日本人的支持。这一群西南联大的学生，觉得中国可以站起来，这是很不得了的，是最主要的、最基础的贡献。这些人之中，有工程师，有银行家，也有政治家。这些人在具体方面也有贡献。不过，在精神上，觉得‘中国可以站起来’，觉得中国可以成为一个独立而强大的国家，我认为这是西南联大很重要的一个贡献。”

季羡林心中始终如明镜似的，那个时代遗留下来的历史追问始终没有消失。

我劝师妹不要急于拍这部片子，先生老迈年高，正处于社会风潮的当口，各种矛盾已经应接不暇，倘若又把这个《留德十年》的往事端出来，必定会让舆论与本人都面临新的冲击。这些复杂的问题是一部片子很难说清楚的，还是放过它，交给时间吧。

现在可以来细究一下了。

为什么没有离开德国，回到抗战中的祖国？这也是季羡林一直在追问自己并深所负疚的问题。

他查找自己的内心深处，是因为“要镀金”，不完成这个镀金，他是不能回来的。

> 如果一个人能出国一趟，当时称为“镀金”，一回国身价百倍，金光闪烁。
>
> 我当然也患了留学热，而且其严重程度绝不下于别人。（《留德十年》）

在《留德十年》这本书中，他多处提到“镀金”：

> 离开这里，至高无上的梦就是出国镀金。
>
> 正当我心急似火而又一筹莫展的时候，真像是天赐良机，我的母校清华大学同德国学术交换处（DAAD）签订了一个合同：双方交换研究生……对我来说，这却像是一根救命的稻草，非抓住不行了。

当时官费留学只送理工科学生，社会科学受到歧视。所以，这个文科名额非常难得，并且季羡林德语娴熟，这样的机会对他这个贫穷的学子来说，今生难遇了。

> 我在清华名义上主修德文，成绩四年全优（这其实是名不副实的），我一报名，立即通过。但是，我的困难也是明摆着的：家庭经济濒于破产，而且亲老子幼，我一走，全家生活靠什么来维持呢？我面对的都是切切实实的现实困难，在狂喜之余，不由得又心忧如焚了。
>
> 出我意料之外，我得到了我叔父和全家的支持。他们对我说：我们咬咬牙，过上两年紧日子；只要饿不死，就能迎来胜利的曙光，为祖宗门楣增辉。

这是离家的过程，虽处在风雨飘摇中，但一家人对他的“出国镀金”又满怀期望，并愿意付出等待、忍受苦难。

我终于在1935年8月1日离开了家。我留下的是一个破败的家，老亲、少妻、年幼子女。这样一个家和我这一群亲人，他们的命运谁也不知道，正如我自己的命运一样。生离死别，古今同悲。

临离家时，我思绪万端。叔父、婶母、德华（妻子），女儿婉如牵着德华的手，才出生几个月的延宗酣睡在母亲怀中，都送我到大门口。娇女幼子还不知道什么叫离别，也许还觉得好玩。双亲和德华是完全理解的。我眼里含着泪，硬把大量的眼泪压在肚子里，没有敢再看他们一眼……

在一家老少最需要他的苦难时段里，他为求学离开亲人，这是他永远的愧疚，必须用成功来填补，才能使这个亏欠达到平衡。

何炳棣9岁的时候就聆听了父亲的教诲：“这种年头，如不能出洋留学，就一辈子受气。”他从9岁起就以考清华为第一项志愿，将留学作为第二项更大的志愿（何炳棣《读史阅世六十年》）。

而季羡林在1930年夏来北平赶考，同时报了北大和清华，并被同时录取。他最终选择清华，原因也是他认为清华出国留学的机会更多。

虽然他与许多世家子弟成为学友，但他深知自己的来路和负累不能与他们相比。这次出国留学的机会虽是公费，却是以抛弃了家庭责任，让一家老小挣扎在饥寒中的代价换来的。如果一事无成，他亦无颜回去，此生也很难再有此机会了。

恋情

《留德十年》，隐约可以看到一个异国恋人的身影。在日记里，这些字句留下了季羡林的异国之恋：

留恋就让它留恋吧！但是留恋毕竟是有限期的。我是一个有国有家有父母有妻子的人，是我要走的时候了。

她今天晚上特别活泼可爱。我真有点舍不得离开她。但又有什么办法？像我这样一个人不配爱她这样一个美丽的女孩子。

书中提到的迈耶一家人，已经视季羡林为准姑爷。

她家里有什么喜庆日子，招待客人吃点心、吃茶，我必被邀请参加。特别是在她生日的那一天，我一定去祝贺。她母亲安排座位时，总让我坐在她旁边。

而对迈耶家的女儿伊姆加德，季羡林在书中有两次形容，一曰“如花似玉”，一曰“宛宛婴婴”。这样的一位少女，还帮助季羡林用打字机完成了毕业论文。

其实迈耶家还住着另外两位留学生，季羡林一开始是因为去找他们，才认识了这家人。可是这家的女儿偏偏对他情有独钟。看先生年轻时的照片，俊秀的面孔，文雅的气质，一切都不难理解。而季羡林也坦然承认自己形单影只，乐得到迈耶家去享受一点友情之乐。

写出这些，让后来的人读到，就是季羡林对这一家人和这个少女的诚意吧。这也是他人生中少有的花季，他深藏而珍惜。

> 到了瑞士，我同她通过几次信，回国以后，就断了音讯。说我不想她，那不是真话。1983年，我回到哥廷根时，曾打听过她，当然是杳如黄鹤。如果她还留在人间的话，恐怕也将近古稀之年了。而今我已垂垂老矣，世界上还能想到她的人恐怕不会太多。等到我不能想到她的时候，世界上能想到她的人，恐怕就没有了。

虽然文字克制，但这分明是难以割舍的一段恋情。这里也能看出季羡林特殊的性格，他将“想念”也认作是感情存在的一种方式。这也许就是现在人们说的“真爱”。

大节

1941年2月19日，季羡林通过了博士考试，得了四个优秀。在《留德十年》中，他写道：

> 我没有给中国人丢脸，可以告慰我亲爱的祖国，也可以告慰母亲在天之灵了。……
>
> 现在多年的夙愿终于实现了，我立即又想到自己的国和家。

山川信美非吾土，漂泊天涯胡不归。适逢1942年德国政府承认了南京汉奸汪记政府，国民党政府的公使馆被迫撤离，撤到瑞士去。我经过仔细考虑，决定离开德国，先到瑞士去，从那里再设法回国。

在取得这样圆满的学术成绩之后，他首先想到的还是祖国与亲人，还是感恩与回报。

此时（1946年），我已经通过陈寅恪先生的介绍，胡适之先生、傅斯年先生和汤用彤先生的同意，到北大来工作。我写信给在英国剑桥大学任教的哥廷根旧友夏伦教授，谢绝了剑桥之聘，决定不再回欧洲。同家里也取得了联系，寄了一些钱回家。我感激叔父和婶母，以及我的妻子彭德华，他们经过千辛万苦，努力苦撑了十一年，我们这个家才得以完整安康地留了下来。（《牛棚杂忆》）

但是对在时代与个人前途的紧要关头滞留德国的决定和行为，他在灵魂深处纠结不已，一生痛责自己。

生活在战争中的敌国，内心充满压抑与痛苦，他日记里甚至写道："住下去，恐怕不久就会进疯人院。"

到了又一个礼拜日29日，广播却突如其来地活泼，一个早晨就播送了八个"特别广播"：德军已在苏联境内长驱直入，势如破竹，一个“特别广播”报告一个重大胜利。一直表现淡漠的德国人震动起来了，他们如疯了似的，山呼“万岁”。而我则气得内心暴跳如雷。一听特别广播，神经就极度紧张，浑身发抖，没有办法，就用双手堵住耳朵……（《留德十年》）

国族情结，这才是他回顾那段生活的重要动机。但是这很难用影片表现。

其中有一个情节，就是季羡林与同学们不愿意承认汪伪政府，而选择“无国籍”的滞留：

德国法西斯政府承认了伪汪政府，这就影响到我们中国留学生的居留问题：护照到了期，到哪里去请求延长呢？这个护照算是哪一个国家的使馆签发的呢？这是一个事关重大又亟待解决的问题。（同上）

经过与几个留在哥廷根的留学生严肃的商议，他们决定到警察局去宣布自己为“无国籍者”。按照国际法，这是可以的。从此，他们成为没有国家政府保护的人。但只有这样，他们才能保住自己作为中国人在“二战”中的底线，不与汪伪政府发生关系。这就是季羡林反复强调的“事关重大”与“严肃”的关键。

季羡林后来评价冯友兰“晚节善终，大节不亏”，可见“节”是他对人生的最高判断标准。

但全书中这样的细节太少了，毕竟是在一个法西斯国家生活十年，他的痛苦与煎熬很难用影视手段来表达。

在我对他的访谈中，有一段话，可以看作是一番“明志”。他说：“当然，‘爱国’这个词一听是好的，但也不一定。日本人侵略中国的时候，德国法西斯侵略别的国家的时候，都高喊爱国主义，但那是假的。爱国主义应该有两种：一种是真的，被压迫、被杀害的民族的爱国，是真的；而压迫别人、杀害别人的爱国主义，是假的。”

这样的是非爱憎，在今天来看也是有价值的判断。

不忍

孤悬于海外的十年，形成了季羡林人格的一个重要特质，他给人的感觉有些冷漠，而其实内心是炽烈的。在《留德十年》中，他写道：

> 我不但不能回到故乡去，而且带了一颗饱受压迫的心，不能得到家庭的谅解，跑到几万里的异邦去漂泊。一年，二年，谁又知道几年才能再回到这故国来呢？让母亲一个人凄清地躺在故乡的地下，忍受着寂寞的袭击，上面是萋萋的秋草。在白杨簌簌中，淡月朦胧里，我知道母亲会借了星星的微光到各处去找她的儿子；借了西风听取她儿子的消息。然而所找到的只是更深的凄清与寂寞，西风也只带给她迷离的梦。

这是季羡林少有的抒情文字，少见的浪漫呈现。意境之美，亲情之真，诉尽儿女对母亲的歉疚深情。这种清冷的美感，有点鲁迅的味道。

季羡林居住的德国城市繁花似锦，他却视而不见，从来不想问一下那都是什么花。可当他看见哥廷根街头开着的海棠花，他立刻激动起来，因为自己家院子里种着的就是海棠花。

> 我的祖国正在苦难中，我是多么想看到它呀！把祖国召唤到我眼前来的，似乎就是这海棠花，我应该感激它才是。

在哥廷根的森林中郊游，忽然遇到一只鹿，这让他的脑海中浮现出“叶干闻鹿行”的诗句。这是一个孤儿在异邦最可与母土维系感情的方式了。

在内心深处，他的怀乡之情常“如大海怒涛，奔腾汹涌，无论如何也抑制不住”：

> 此时，我同家里早已断了书信。祖国抗日战争的情况也几乎完全不清楚。偶尔从德国方面听到一点消息，由于日本是德国盟国，也是全部谎言。杜甫的诗说“烽火连三月，家书抵万金”，我想把它改成“烽火连八岁，家书抵亿金”，这样才真能符合我的情况。日日夜夜，不知道有多少事情揪住了我的心。祖国是什么样子了？家里又怎样了？叔父年事已高，家里的经济来源何在？婶母操持这样一个家，也真够她受的。德华带着两个孩子，日子不知是怎样过的？……他们大概知道，自己有一个爸爸在很远很远的地方。

这根割不断的线，令他的方向始终指向祖国。两情相悦的关系和西方优裕的学者生活，对比国内的凋敝和自己的旧式婚姻家庭，孰重孰轻？这里有一个中国知识分子的担当和“不忍”之心。

《孟子》讲到人有四端，就是四个开端，就像人的四肢。孟子先说“人皆有不忍人之心”，由“不忍”生出“恻隐之心”，这是仁之端。因为有了同情心，才会有“羞恶之心”，这是义之端。有了这种羞恶之心，才会有“辞让之心”，这是礼之端。有了这份辞让之心，才会有“是非之心”，那就是智之端。这样就解释了“仁义礼智”，中国人所说的做人的“底线”就基于此。

民国时代的文人在婚姻、恋爱中常处于多角关系中。抛弃旧人，恐怕不仁；束缚自己，则感不平。风流如郁达夫，随处情爱；而严谨如鲁迅，虽维系婚姻，亦有情爱对象。

深受儒家文化影响，他们会认为“家室事小，天下事大”。胡适等都容忍了自己的旧式发妻。陈寅恪亦对吴宓说过，学术要精进，家庭可苟安。

而季羡林在德国就想好了，回来要肩负起一个中国人的担子。那个纠结的家庭，从一开始的包办就酝酿了漫长的隐患。这是在劫难逃。命中注定的苦酒必须喝尽。

有浅薄之说认为这是“懦弱”，俗辈岂能知道，那支撑着季羡林将这不幸福的家庭维持下去的，乃是一种感恩的力量和一份对历史的愧疚。

有这样一份厚重、深沉的历史阅历，往日的“国耻”在他心中俨然变成了个人耻辱。季羡林身上充分体现了孟子说的不忍之心、恻隐之心、羞恶之心、是非之心。这些都体现了一个文化人的深沉情怀，也是那一代人所共有的精神框架。

本色

季羡林在《罗摩衍那》的全书译后记中写道：

> 我现在恨不能每天有48小时，好来进行预期要做的工作。……我现在就不敢放松一分一秒。如果稍有放松，静夜自思，就感到十分痛苦，好像犯了什么罪，好像是在慢性自杀。

季羡林曾经提示我要“坐冷板凳”以成“正果”，他的大量著作都是在晚年完成的。

在《清华园日记》里，年轻时的季羡林写着很多率直无拘的话，他骂一些教授讲“放屁胡诌的讲义”，说看女生打篮球实际上是“去看大腿”，还说希望今生能多同各地方的女人接触等。当这本日记出版时，有人劝他修改，季羡林坚定地说，“要出就全出”。这是他的真实与坦然，也是他不愿成为道德楷模的一个表达。

2007年11月，我到301医院探望季羡林。

他问我：“有没有写《北大回忆》？”

我说：“只有零星文章，还没有完整地写。”

先生说：“应该写，值得回忆。”

我问：“怎么写？”

答曰：“像《浮生六记》那样写。”

我顿时有些白云深处的感觉，我和他一时都沉静了。

他希望我写出人生的底色，不加夸饰。

最后一次见到季羡林，是 2009 年 4 月，在病房。

我告诉他，我将去台湾采访，受两方校友会之托，为北大清华的几位校长扫墓。

先生于是说起当年梅校长在清华讲话时的口头禅“大概”“或者”“也许是”，他重复地讲着，神色茫然。突然间，他提起：“还有傅斯年。”

季羡林最后最深厚的感情是在校园，在清华与北大。

第二辑

话题

“飞狗事件”：触犯众怒的追究

1942年1月，西南联大发生了“倒孔”运动。易社强在所著《战争与革命中的西南联大》一书中引用旧报刊材料，经过一番辩解，得出结论，这是一场“子虚乌有”。

其书中的标题为《孔夫人及其“飞狗”》：

> 执政党在清扫自己的房间以前，腐败仍是个爆炸性的问题。太平洋战争爆发两周后，独立的《大公报》引燃了导火线。随着日本进军香港，中国知识分子试图逃离此地，该报发表社论对此深表痛恨。这家大名鼎鼎的日报称，有一架开往重庆的飞机载了某位高官的狗，而清华历史学家陈寅恪这样一流的学者却未能登机。
>
> 这一报导恰好与联大学生的思想倾向相吻合。一边是像他们的陈教授这样清贫的知识分子，忠心爱国但无权无势，被留在那里遭受日本领主的虐待；另一边却是富贵宫僚占用宝贵的飞机座位，还带着他们的狗——梳理整齐精心照养的“洋”狗，如冯友兰曾观察到的，这些狗比许多中国人吃得好。

后来根据《大公报》的报道，易社强又说，登上飞机的洋狗不是孔二小姐的，是一位美军飞行员的："那篇煽动性的社论发表八天后，《大公报》刊登了德高望重的交通部长张嘉璈的来信。"易在这里冠以"德高望重"四个字，显然是为了加强语气。该信指出：

> 根本就没有"飞狗"这件事。实际上，日本的空袭打断了重庆方面与香港机场的联系，受质疑的飞机还没有载满乘客就不得不起飞了。没有座位票，谁也进不了机场。唯一登机的"狗"是那个美国飞行员的，他习惯把像狗一样的宠物带进驾驶舱。

《大公报》所载的这个解释，没有后续，也没有出现实人实名。"那个美国飞行员"叫什么名字？为什么不可以露面？

而为了加强证词，易社强援引两位美籍人士的观点：

> 张嘉璈的报告是辛苦调查的结果，随后得到美国作家格雷海姆·派克（Graham Peck）的支持。此外，对宋家颇为了解的项美丽（Emily Hahn）有更权威的证明。1974年，项女士告诉我，宋蔼龄对所有毛茸茸的动物都非常讨厌，绝不可能容忍一条狗跟她待在同一个地方，更别提在同一架飞机上了。实际情况大致如此。

这些话似是而非，不着边际，毫无"权威"的证明力量。

官官相护，在旧时中国已成铁幕。这位张部长，易社强介绍说，"他的私人银行被转为国有，部分原因就是孔祥熙玩弄手段"。可见，他们之间具有很强的利害关系。

最近在看《张伯驹笔记》(靳飞著，文津出版社，2021年)，又见到这位“德高望重的交通部长张嘉璈”的身影。书是要杂读的，个人阅历中的有些资料，“正史”里是没有的。

张伯驹《红毹纪梦诗注》(宝文堂书店，1988年)记：

> 成立国剧学会，此为师生斗法之事。至外传张冠为张宗昌，非是，乃中国银行总裁张嘉璈也。中国银行有冯耿光、张嘉璈两派。冯捧梅，张捧程。后李石曾自对人言云，支持程艳(砚)秋乃受张公权(原注：嘉璈字)之托也。此内幕非外人所能知者。

张伯驹作为亲历者，披露内情，国剧学会的创立与梅兰芳、程砚秋师徒相争有关；而梅与程的相争，又与中国银行内部的斗争紧密关联。

张某人捧程砚秋压制梅兰芳的运作，是希图“以南京压北平”，有明显的政治与权力目的。

在南京政府组建之前，此张嘉璈曾为中国银行三大巨头之一，并于北伐期间重金支持蒋介石。后来中国银行为中央银行所排挤，张某人也被赶出了中国银行。

这期间许多斗争，他身在其中，参与策划，早已是一个长袖善舞的政客，也一直是受宋子文、孔祥熙所控制的。

如此一个张嘉璈，怎么能称得上是“德高望重”？易社强大概认为“资深”即德隆望尊。总之，此言偏了。

从张嘉璈的行业运作和仕宦道路看，他不过是一个追随国民党高层的精通权术之人。怪不得他那篇在《大公报》上为孔家所做的振振有词的辩护，基本上没有人理会——都知道他的由来。

当年的“报载”亦不可完全信赖，正如今天的网络，平台与自媒体繁多，商业动机很强，都要标新立异，都想说些危言耸听的东西出来。更何况，还有资本和权力的运作，企图主宰舆论。

易社强后面的文字就不再谈及这只“飞狗”，而是转入了陈雪屏等人如何在校园里从三青团内部清理这次学潮之事，谈的都是如何运用组织手段来消解和平息。

这也令我质疑，为什么当局不能直接宣布：“飞狗”不是孔家的，是美国人的？这可以令学生理屈词穷，何必还要竭力避开这个话题呢？

这个“飞狗”，恐怕没有易社强引证的张部长信那么简单吧。

对于联大师生的这次反对腐败运动，我与易社强有分歧。

《郑天挺西南联大日记》1942 年 1 月部分，对这件事有一个完整的记录：

> 四日　阴历十一月十八日　星期日　晴
>
> 九时始起。雪屏来谈青年团学生为孔祥熙夫人自香港携犬及女仆飞渝以致在港要人反不得出之事大愤，群起谋作倒孔运动。雪屏欲制止，无效。就商于余。此事势难抑制，惟望其不由昆明首动，不由联大首动，不由青年团首动而已。未动以前，须先使中央团部知之。雪屏去，十二时再来，作书一通，复去。

郑天挺与陈雪屏是作为校务管理高层直接面对这件事的。这与那些捕风捉影、隔靴搔痒的议论者和推测者完全不同。他们是最直接的，也可以说，自身就是“倒孔”运动的一部分。

五日　阴历十一月十九日　星期一　晴

今日校中发现倒孔之壁报甚多，或劝勉仁撕之，实则愈撕愈多也。

六日　阴历十一月二十日　星期二　晴　小寒

七时三刻始起。急入校治事。并上课二堂。十一时半自新校舍出，见一年级学生结队来，张大旗，画孔祥熙像、书“打倒”字，齐集图书馆前。余归。饭后闻呼口号声，乃出街头观之。联大学生自西来，其口号曰：“拥护蒋委员长”、“拥护龙主席”、“拥护修明政治”、“打倒孔祥熙”、“打倒贪行”等，约有千人。三时入校，孟邻师、月涵先生随至。知地方当局初有武力解散之意，师等向龙志舟言之，始未阻止，但明日报纸不载其事，并禁函电发出。学生游行后复回新舍开会，有主罢课者，未通过。校中布告学生，劝阻游行，词甚和婉，仅谓无故罢课，深乖培植青年之本意，又此类行动究非军事时期所当有，深望谨守纪律云云。（同上，下同）

一段当时文字，现在深可品味。郑天挺作为总务长，一一记录下当时学生所呼之口号，实则心有“默许”之意。而蒋梦麟、梅贻琦及时行动，阻止了龙云欲对学生采取的“武力”行为，并达成妥协，将此运动封闭于云南省内，不对外张扬，也是为保全大局。由此也可见蒋、梅爱护学生心切，关键之时，操作有方。

联大出了布告，用词“和婉”，劝导学生不要耽误学业，否则有违战时大学的宗旨。并警示学生，“军事时期”随时可能引发镇压。微言大义，用心良苦。

如此谆谆教诲，联大待生如子，无怪学子天涯海角，难忘母校恩情。

1942 年 3 月，此事在郑天挺的日记中又提及：

> 四日　阴历正月十八日　星期三　晴　风
>
> 闻昨日蒋夫人讲演时，有人询以孔祥熙夫人自港运狗至重庆事。蒋夫人否认之，谓其姊自幼畏狗，何能带狗？

对蒋夫人的话，郑天挺引到这里就戛然而止，后面不加任何评述，也不说学生错，也不评蒋夫人是否有理。此乃史家笔法，不书秋冬，只写春秋。这种无言的态度，其实已经是一种态度，就是不接受，不反驳。这是千年来中国史家与文人在文化专制下形成的一种传统。郑先生是研究明清史的，他本人的行文风格更渗透了“引而不发”之气势。

宋美龄的辩护过了半年，陈雪屏为此事遭到蒋介石的直接报复。

> （九月）一日　阴历壬午七月二十一日　星期二　晴
>
> 下午本应至工学院，未往。检两《唐书·吐蕃传》。雪屏来

久谈，谓中央因春间倒孔事对之误会甚深，此次参政会改组，骝先先生力保，已列入江苏省名单，后为总裁钩去。或劝之至渝表白，雪屏不顾也。

蒋为袒护姻亲也为思想统制不力而泄愤。蒋夫妇为纵容裙带，激起众怒，却要下面弹压。联大主管三青团的陈雪屏本来就是教授，故不愿意“赴渝表白”，认为此“小吏”之为也，所以，不管不顾，随它去吧。

作为联大方面掌管校务的当事人，陈雪屏与郑天挺其实始终认为学生“倒孔”是正义的行为。而陈雪屏承担了此事后果，亦无怨无悔。此所以联大之校风，凛然有风骨也。

从这两个当事人的态度来看，他们对孔与蒋家的行为言论，内心是抱着一种失望与不屑的。公理与正义不在孔门与蒋氏一边。

对于“倒孔”运动，郑天挺与陈雪屏无疑是权威的见证者与发言者。

我之所以肯定“倒孔”运动的正当性，另一个主要根据源于我的采访。

在漫长的采访过程中，我与我的采访对象产生了深深的亲近感和同理心。这与那种只凭着一些旧报纸的想象与推测来理解或注解一部历史，有很大的不同。

由于母校同源，这些采访对象，对于我都是学长，有的还是我的老师，因此对于他们的为人、个性我有着更深的认知与情感。

他们当年参与“倒孔”运动的愤怒心情，与他们现在的为人为师之道是相通的，而他们当时的见地水平，与他们现今的事业地位也是相关的。

当他们向我倾诉这段过往时，我感受到的是活生生的历史，是具有生命与热血的历史。

我不会同意仅凭一条“报载”，就将“倒孔”运动这一页他们走过的历史视为“虚无”。

多位当年的学子向我回忆了“倒孔”的始末。

李曦沐，东北流亡学生，地下党的发展对象。他后来起草的《国是宣言》，号召“举行国是会议，组织联合政府”等，获得了绝大多数同学的支持和拥护。

“1941年[①]1月6日，当时我们一年级，联大发起‘倒孔’运动，打倒孔祥熙。当时日本攻占了香港，香港很多大学者、名人都回不来。孔二小姐用航空公司的飞机把洋狗从香港运回重庆。一下飞机，洋狗下来了。《大公报》登了这个事情，我们气愤极了。”

李曦沐是历史学系学生，给他留下深刻印象的是吴晗教授在课堂上的讲话：“吴晗教我们‘中国通史’课，他就讲了这件事。他说，南宋的贾似道，喜欢玩蟋蟀，人称‘蟋蟀宰相’；孔祥熙是行政院副院长，他把洋狗从香港用飞机运回来了，是‘洋狗院长’。学生气愤得很。”

可见“倒孔”运动不只是学生的倾向，教授也卷入了。历史的腐败与现实的腐败交迭了。

---

① 此处应为1942年。

由于李曦沐是与地下党有联系的，他知道一些政界细节：“‘倒孔’运动发生以后，康泽到昆明来了。康泽是国民党特务头子，要抓人，龙云不让抓人。当时马识途他们都转移到乡下去了。龙云在昆明主政的时候，那几年没有人被捕，或者他透露消息出来，大家都转移了。”

李曦沐曾负责过校友会的工作，与我一直协同合作，关系熟稔。有的老人说我“风风火火”，他说：“她不这样，也做不成这部片子。”

“倒孔”运动的另一位亲身经历者邹承鲁，是人工合成胰岛素的重要发起人之一，也是著名地质学家李四光的女婿，并非人云亦云之辈。“学生几乎没有不参加的，都非常气愤。联大有一个名教授叫陈寅恪，那个时候去香港治病还是怎么样。日本人占领香港之后，困在香港的一些文化人差不多都没有逃出来，后来我知道营救了一些出来。很多人都留在了香港，没有出来。”

我是在李四光纪念馆里采访邹学长的，他就住那里，与妻子、物理学家李林，被称为“院士之家”。我夸奖邹承鲁年轻时的一张照片很帅气，李林对我说：“那是我给他拍的。”当时邹承鲁是联大话剧团的。他们那时已经交往。

他说：“从香港飞出来的最后一架飞机，载了孔祥熙的家人，据说孔二小姐连她的狗都带上了飞机，而这些教授都没有能够上飞机。”看来这是大家普遍接受的结论，且时隔多年，记忆犹新。

联大的学生与老师对时事和时局都相当敏锐，如果“飞狗”的所属的确有问题，或者确实搞错了，我认为他们很快就可以觉察。因为舆论是开放的，这么重大的问题，引发如此严重的社会反响，怎么可能没有后续的一些报道呢？就只是《大公报》独揽？

到 1944 年，“倒孔”运动的主力们已经是四年级了，适逢孔祥熙来学校演讲。他们使孔祥熙的演讲极其尴尬。当年的政治学系学子赵宝煦，对当时的描述极其生动：“这个时候他们已经是四年级了，他们没在学校，因为要配合美军作战。西部战线一结束，美国军队就跟中国军队来打日本。可是美国军队需要大量的中文翻译，就征调西南联大四年级的学生，他们都不念书了，都给征调去当翻译了。当翻译的那些学生就在昆明，一听说——两年前他们‘倒孔’——现在孔祥熙来了，这些学生都回来了。那时候他们已经是军事编制了，由教官带着。他们来晚了，云大的礼堂很窄很小，他们就在外面院子里立正稍息，等着。”

赵学长一直在北大任教，他的电话是同窗郝平给我的。郝平说：“你可别在中午打，先生要睡觉。”我说：“知道，放心吧。”

那天的采访是在未名湖畔，赵宝煦先生推着一辆自行车沿湖而来，我们就坐在湖石上聊天，气氛轻松幽默：“这个孔祥熙不识相，一开始他讲什么？他讲‘孔孟之道’。那个时候抗战老打老败，后来日本打到贵州独山，离贵阳很近了，马上就到昆明了。那个时候很紧张，他还在那慢条斯理地讲‘孔孟之道’，所以底下就哄，就吵，就问问题：你发了多少国难财？你怎么这么富态？”

“倒孔”运动的后续情形也生动地展现在联大总务长郑天挺的笔下（1944 年 3 月）：

十日　阴历二月十六日　星期五　阴

十一时月涵先生告，以明早九时半孔祥熙在云大至公堂召集联大、云大及译员训练班学生训话，嘱为筹备一切。余与勉仲、石先咸谓不宜先期布告，以免横生枝节，乃决定明早七时出布告：九时至十一时停课，九时十五分凭校徽及注册证在云大操场集合。……坚嘱今日万不可贴，明日更不可误。……防学生如此，又何为哉！又何为哉！

十一日　阴历二月十七日　星期六　晴

七时起。八时至云南大学至公堂，见其已布置，嫌过小。……场内以译员班居中，两大学居其旁，秩序可无问题，意甚满。黄往接孔，余偕勉仲、雪屏入场，则人满更无隙地，行道亦塞，而译员训练班尚在院中集合，未入场。联大学生后至者蜂拥阶前，尤遑遑。……黄仁霖来，大喊数声，宣布静肃，讥笑随之，已觉不妙。而孔与诸校长随即入场，嘘声大作，竟莫可阻止。登台，嘘声尤盛。黄在台上，台下亦报以嘘声，更不成体统。嘘声未止，而场外噪杂又作。孟邻师致介绍词，竟不能闻。孔初讲数语，亦然，既而寂静。事后始知译员训练班员以不能入场鼓噪退席也。孔所讲内容虽浅显，然较前曰为佳。音声态度极从容镇定，亦可佩也。十时半讲毕，月涵先生结束数语，遂出场。学生更报以嘘声，幸乐队奏乐，乃掩其声。……今晨之会，误于会场布置欠周，更误于黄之估计错误，过于自满。推其根本，则在不应有此讲演。蒋师既以无礼堂婉辞，早当知几而止。彼既不自知，又无人能以忠实告，致蹈此局。语云知足不辱，又云知几其神。谅哉！谅哉！差幸者，昨日将此消息严秘，迟至今日始张布告，若早透漏，有人组织突张标语，高呼打倒，则其结

果更有不堪设想者矣。(《郑天挺西南联大日记》)

郑天挺在日记中说的“可佩”，其实是挖苦孔祥熙没有自知之明，故被学生羞辱。这里面没有任何同情孔家之词，印证了赵宝煦所说的关于会场和译员班（四年级生）的情形。赵宝煦说：“当时‘倒孔’的健将都在外面穿着军装站着，里面一嚷嚷，外面就跺脚。教官害怕呀，他怕惹事，没办法，他就‘立正，向后转，齐步走’——把学生给带走了。这些学生不好好地走，迈正步。里面一听外面走了，就都散了。”

总务长郑天挺的评论与学生赵宝煦一致，都说孔“不识相”。梅贻琦等也已经提出“没有礼堂”的理由，暗示不必去讲话。

尽管事先为了避免事端而采取突然贴告示的方法，孔祥熙还是遭遇了难堪。梅贻琦等学校领导，明显不支持孔祥熙来联大训话。

对于学生强烈的反感情绪，孔祥熙最好的回应就是说清楚“飞狗”到底是不是孔家的，但是他没有提。校方各位领导明知学生抵触情绪的由来，对“飞狗”也讳莫如深，没提一个字。

会场骚乱发生后的第三天（14 日），因为联大校方的领导们要向孔祥熙提出“资金”的要求，郑天挺在日记中记载：“众强余代表雪屏往晤孔，不得已允之。”会晤后，郑的评论是“可谓全有结果，亦可谓全无结果。好在余辈本不欲见之”。即使是为了校务，郑天挺亦难掩对孔祥熙的厌恶。

李曦沐他们并没有提及后来《大公报》所载张部长的信，估计当年也没有几个人会相信这封信说的是真的。

易社强仅以一报为据，是为孤证。

“飞狗”引发“倒孔”运动，影响广泛、深远，而从 1941 年底到 1944 年，从校方高层起，无一人提及“飞狗”系误传，亦无一人引证那位张部长的信。

李曦沐、邹承鲁、赵宝煦这三位学子，都是当年的过来人，后来在学界皆德高望重、大有建树。他们之间可能并不熟识，又都从各自角度谈了这次“倒孔”。

再说一位，何兆武，他当年是一个不热衷政治的学子，称自己只是“爱国”：

> 1941 年底的倒孔运动是由孔祥熙夫人的洋狗引起的，那只不过是个导火线，是个诱因，真正的原因是对国民党政府的激烈不满。1941 年 12 月 7 日日本偷袭珍珠港，接着就打下了新加坡、中国香港、菲律宾、印尼，不到一个月的时间就横扫东太平洋，真是大出人们意料。国民党一点准备都没有，赶紧派飞机到香港，把一些重要的人物运回来。那天飞机飞回重庆，孔祥熙的夫人带着她的洋狗走下来，被报纸曝了光。因为那时候很多在香港的中国人都没有出来，包括陈寅恪这样国宝级的大师，消息一传出去，大家都义愤填膺，再加上平日积累的不满，结果一哄而起。(《我经历的西南联大民主运动》)

何兆武参加了上街游行。他认为：“社会不公正，国难期间民不聊生、非常痛苦，可同时还有人借机发财？这是压在大家心里的一口

多年来的怨气。”（同上）

何先生是以思想文化史为专业的，与前面历史学系的李曦沐、政治学系的赵宝煦、化学系的邹承鲁不同的是，他的跨界能力特别强，后来翻译了若干重要的西方历史学、哲学著作。

我于2008年曾到清华园那狭窄的教师公寓采访何先生。房间实在太小了，又堆满书籍，摄像机没法摆布，我们转而请何先生到那一池荷塘边上去拍摄。那天他主要给我们讲了台湾光复时他到台北任教的事情。他说，当时的报纸一半日文一半中文，很多老百姓不认识汉字了。

2009年，我去台北，还专程拍摄了他任教的中学，进门就是孙中山铜像。那里出了很多台湾政坛的后浪人物。

何先生不喜欢镜头对着他，私下对我说：“我和你喝酒去吧，边喝边聊。”可下一次我再来找他的时候，他骨折住院了。

按何兆武这样的学养与阅历，他到晚年对“飞狗”事件还有清晰的回忆，也从来没有对洋狗与孔家的关系产生过质疑。

这众多学子对当年的回忆与《郑天挺西南联大日记》的记录，形成了一个完整的“联大语境”。从这个整体的语境判断，孔家很难与“飞狗”事件摆脱干系。

罔顾三所名校众多师生卷入“倒孔”运动的重大事实，只凭《大公报》前后不一的文字，和两位美籍人士不着边际的话，就把“飞狗”事件轻轻抹去，确有“避重就轻”之嫌。

在《国立西南联合大学校史》中，对此有明确的记载：

1941年12月7日，日军偷袭珍珠港，爆发了太平洋战争，英美对日宣战。不久，日军攻占香港，滞留香港的不少著名人士如何香凝、柳亚子、邹韬奋、茅盾，以及联大教授陈寅恪等无法及时撤离，而孔祥熙等达官贵人却垄断中航公司的飞机，专事运输私人财物，孔家甚至把洋狗也用飞机运回重庆。重庆《大公报》12月22日发表社论《拥护修明政治案》，透露了飞机运洋狗的消息，24日昆明《朝报》用《从修明政治谈到飞机运洋狗》的醒目标题介绍了《大公报》的文章。

当时校园内无分左右，都极其愤慨。进步学生刊出《铲除孔贼祥熙》《重燃“五四”烈火》等壁报文章。而三青团中富有正义感的同学，也发出了《讨孔宣言》。

1942年1月6日，联大学生上街游行，途中有云南大学等学校的学生参加进来。

校方受到重庆压力，梅贻琦劝告学生平息运动。不久，康泽来昆明，整顿三青团。

《校史》对此有详细具体的记载，可见联大人并没有将《大公报》后来所做的解释当成真相。

我一直都很奇怪，这本珍贵、权威的《校史》为何没有引起人们应有的注意。很多问题它已有定论，可社会上还在视若无睹地争论。这本《校史》的编撰者为西南联大北京校友会，他们是我熟悉并且合作已久的前辈校友，学养深厚，学风纯正。而他们所依托的北大、清华两校的档案馆、校史馆资料，则是一般人不能触及的。所以这部

《校史》堪称是一部“信史”。

易社强对西南联大无疑是怀有崇敬之心的，访谈、游历、文献史料，颇下功夫，但是他对中国社会和官场了解有限，一段离当代那么切近的历史事件，在他的笔下似乎“睽隔邈远”。

当然，永远都应该感谢一位美国学者最早发现与写出了西南联大，为这座丰碑留下了重要的记录。

1998 年秋我起步时，正是在北大图书馆看到了它的英文版。

《毕业歌》与“学子从军”的语境错位

2020 年 6 月，毕业季。

央视音乐频道致函，邀我去做一个关于《毕业歌》的节目，主题为：西南联大的学子们唱着《毕业歌》去从军。

《毕业歌》是宣传抗日救亡的，学子们从军亦是为抗日救亡而去。今天的人把它们当作一回事，并不奇怪，因为从远处看，历史都是简单的、粗线条的。

但其实这是两回事，分属两个不同的语境，不同的倾向、派别与人群。简言之，《毕业歌》作为左翼人士创作的电影歌曲，它的流行是有时效性的，抗战的形势发展迅猛，人们的情绪与关注点也在不断地变化。而西南联大作为后方大学，它的校园生活丰富多元，宽容度极大。自 1941 年 1 月皖南事变发生，国共裂痕公开化，校园生活也被撕裂，左翼力量转入地下。校园的歌曲也带有明显的政治倾向。

1944 年，联大发动了两次学子参军高潮，尤其对 10 月蒋介石提出的“十万青年十万军”口号，地下党是执鲜明的反对态度的。因为蒋始终没有放弃反共方针，此次号召从军，是为了抗日还是为打内战做准备，不能不令人产生怀疑。当时参军的学子被视为右派力量，所以他们是不可能唱着左翼歌曲去的。

我谈了意见后，导演决定取消节目，可谓从善如流。

就这个话题，我们对联大校园生活与“学子从军”的语境做些简略的梳理。

歌曲的流行有时效性，与抗战时局变化相关联

《毕业歌》出现在1934年的电影《桃李劫》里，由左翼文化工作者田汉作词，聂耳作曲。

那个时候，东三省已经被占，很多流亡青年来到关内。歌词“我们是要选择战还是降”，是在谴责国家统治者迟迟不全面抗战；“我们今天是弦歌在一堂，明天要掀起民主自救的巨浪”，是在呼吁“民主救国”之路。

可在这部电影中，毕业后的青年没有出路，连自己都养活不了，更无法“担负起天下的兴亡”。

《毕业歌》与1936年由光未然诗作谱成的歌曲《五月的鲜花》异曲同工，是同时期同性质的。“敌人的铁蹄已越过了长城，中原大地依然歌舞升平”，谴责政府的腐败无能，号召人们起来掌握自己的命运。这两首歌曲，都诞生于左翼人士之手，社会基础是当时风起云涌的学生爱国民主运动。

西南联大立足昆明是在1938年，此时离电影《桃李劫》放映已经过去四年。

而七七事变之后，中原大地也为日伪政权占领，国土不再是以“一年年”的速度沦丧，日军势如破竹，很快吞并大半中国，嚣张至极，声称要对我“亡国灭种”。当时抗战的局势和青年学生的状态都

与《桃李劫》时期有很大差异。

随着抗战局势的变化，很多新的歌曲开始流行，例如在淞沪会战中产生的歌唱“八百壮士”的歌曲等，鼓舞战时斗志。《嘉陵江上》，则反映了对日本侵略者强占自己家乡的切齿之恨。

我母亲最爱唱的歌是《渔光曲》和《梅娘曲》，她曾教过我：

哥哥，你别忘了我呀，
我是你亲爱的梅娘。
你曾坐在我们家的窗上，
嚼着那鲜红的槟榔。
我曾轻弹着吉他，
伴你慢声儿歌唱……

父亲说，这是抗日战争时期的话剧《回春之曲》的插曲，讲一个南洋华侨青年归国参加抗战，在战火中受伤，以至于不认识他的恋人的故事。《梅娘曲》也是田汉与聂耳联合创作，时间在1935年。

我以为，这首歌之所以长久流传，因为它与发生在滇西战线“南洋机工”的事迹奇妙地吻合了。

七七事变爆发后，中国沿海口岸及对外交通要道先后沦陷，国际军援运输濒临断绝。1938年，新开辟的滇缅公路，成为战时西南大后方唯一的国际通道。但是，落后的中国缺乏汽车司机及修理工，一时也很难培养。1939年2月7日，南侨总会主席陈嘉庚在各地华侨报纸上发布通告，号召熟练的机工回国服务，共拯危亡。

通告见报后，在南洋，特别是新加坡、马来亚地区的华侨社团中引起很大反响。从 1939 年 2 月起，先后有 3200 余名南洋各地华侨汽车司机和修理工组成“南洋华侨机工回国服务团”，舍弃家业，报效祖国。在日本宣布无条件投降时，已有 1000 多名南洋机工壮烈牺牲了。

爱国华侨的感人举动震撼边陲，所以这首创作于 1935 年的《梅娘曲》再度流行起来。

联大校园生活具有多样性

由于生源的背景不同、经济和社会环境不同，西南联大学生的业余生活差异是很大的，存在不同的层次与倾向。

我曾多次到清华园采访何兆武先生。他对联大校园生活有中肯的看法：

> 我看有些回忆或者研究西南联大的文章往往会有两个偏颇，一个是过分强调政治斗争，好像这成了大学里最重要的内容；另一个就是尽量淡化政治斗争：既然大家都是校友，都是平等的，就不要强调政治，无论当初是反动的或革命的都不要提……好像都亲如一家，这也不符合实际。从五四运动，到“一二·九”，到“一二·一”，从来都是两派间的政治斗争，如果完全不提也不适宜。(《我经历的西南联大民主运动》)

身处大后方的昆明，西南联大有如多层水域，校园生活是活跃的，不同的倾向、派别、人群都在其中如鱼得水，使西南联大成为大学教育的成功典范。

易社强的《战争与革命中的西南联大》有一节“富有情调的娱乐”：

> 除了打桥牌，在联大最受欢迎的娱乐活动要数看电影了。1939年，昆明有两个电影院。报纸、壁报和地保提的大灯笼上都有演出剧目的消息。1940年以前，无声电影经常由一个当地人解说。至少有一个学生记得，他在看《罗密欧与朱丽叶》时学习云南话。

据这本书记载，1940年4月1日，现代的南屏大戏院在昆明市中心开业。以后这家戏院几乎成了昆明唯一的电影院，主要是放映美国彩色电影。许多学生把喜欢的电影看了两三遍。英格利·伯格曼、克劳黛·考尔白、斯宾塞·屈赛、保罗·穆尼、葛丽亚·嘉逊和费雯丽都是流行一时的影星。影迷们喜爱的电影不尽相同，就像《小鹿斑比》《道奇市》和《乱世佳人》之间的差别一样。一些俄国电影，如列宁三部曲和爱森斯坦的几部作品，也很受欢迎。但一直以来最受追捧的是《翠堤春晓》，讲的是约翰·斯特劳斯的故事。有的校友自称曾看过八遍。他们说，这部电影放映期间，联大每个人似乎都会哼《蓝色的多瑙河》。

现场口译的电影放映方式，很快就由南屏大戏院的女老板刘淑清改良了。

梅祖彦的夫人刘自强是刘淑清的千金。在梅先生病逝后，我又去三里河公寓拜访过她。

刘女士对我说，当年由梅校长推荐，她母亲专门聘请吴宓教授为美国好莱坞电影做翻译。那些脍炙人口的好片名、好译本，像《翠堤春晓》《魂断蓝桥》《出水芙蓉》，都是由此而来的。别的电影院都来要这些译本，昆明放映完了，国统区的电影院就接着放映。南屏大戏院成为当时放映美国好莱坞电影的一个领军者。

南屏大戏院将译文和对白全部做成字幕，同步幻灯片打出。

我的母亲回忆，她当年曾一气看了十多遍原版的《简·爱》，为练习英文，也因为喜爱主角那独立的性格。我父亲已经是富滇银行职员，他喜爱《魂断蓝桥》的歌曲《友谊地久天长》。罗伯特·彭斯的诗被吴宓译出后，随着电影放映而传遍国统区。

易社强在这一节里写道：

> 校友吴讷孙的《未央歌》展现了战争初期联大学生充满诗情画意的浪漫生活，而他的描绘至少可以从其他材料中部分得到证实。一篇写于1946年的带有左翼色彩的文章认为，1938—1940年是业余生活最活跃的时期，而他写的则是更为严肃的活动——几乎每夜都有演讲、讨论及其他社团的活动，周末和假期还组织远游。社会服务同样热火朝天，从慰问部队到开办夜校，不一而足。在一轮满月下，教授们在故事会上娓娓而谈。有月色的晚上也很适合恋爱。

吴讷孙《未央歌》里的学生，是属于中性和偏右的一类。他们收到的包裹里面都是美国罐头和时尚衣服，这说明他们属于官僚上层的子女。这本小说里写到了抗战前线的局势，上课、逛街、郊游与爱情，并没有涉及民主运动。

而在易社强说的电影院盛事中，也有学生宣称，他从长沙来后就不再看电影，“除非是有关抗战的电影”。

联大校园内抗战歌曲的演唱活动
随着时局变化起伏，营垒分明

联大有一批从北平来的参加过“一二·九”运动的学生，他们把《毕业歌》带到昆明来唱，是自然而然的，如群社是由地下党掌握的，演唱的歌曲有《五月的鲜花》《在太行山上》。

> 联大迁昆之初，“民先”队员中的一些歌咏爱好者，曾参加云南抗日先锋队（简称“抗先”）在文庙组织的歌咏活动。群声歌咏队成立后，开始更广泛地普及救亡歌曲活动。1940年春，在学生自治会康乐股支持下，建立起西南联大歌咏团，在“五四”21周年纪念会上演唱了《五月的鲜花》《中国不会亡》等抗战歌曲。8月31日，昆明广播电台成立，联大歌咏团应邀参加广播音乐会，演唱《黄河大合唱》部分歌曲以及《游击队歌》等二重唱、四重唱。南屏电影院开业时他们也被邀请参加演唱，成为昆明音乐界的一支生力军。（《国立西南联合大学校史》）

检视我采访所得的视频录像，有关联大学生唱的歌和相关镜头如下：

《中国不会亡》。2009年秋，装扮淡雅的刘长兰学长，坐在台北家中客厅的藤椅上，完整地唱了一遍："中国不会亡，一定不会亡！"就这么两句歌词，反复唱。她年已九旬，其时已半瘫痪了，但歌声是那么有力、响亮、清脆。刘学长是票友，嗓子有功夫。椅子上放着她让菲佣拿出来的京剧戏装照，有《贵妃醉酒》《玉堂春》。她见我一一知晓，非常愉快。

《大刀进行曲》。这是姚秀彦学长在台北家中的沙发上唱的。她穿着碎花衬衣，留着齐耳短发，还是女学生的风格。但沙发旁边放着三脚爪的手杖——她其实很难站起来了。当年，她嫁给了黄埔军校的一位军人。她家墙上挂着一张滇西大战的军功奖状，它跟随他们穿越海峡来到岛上，是这个家不可丢弃的荣耀。当丈夫在松山作战的时候，她带着刚刚出生的孩子，在昆明日夜守望。姚学长是西南联大在台校友会的副会长。

《嘉陵江上》。出身四川农村的刘孚坤，在联大文娱生活中非常活跃，光未然曾指导他朗诵诗歌。1944年，他出于一时冲动，参加了青年军。他在台北福华会馆给我们唱起这支歌时，忽然热泪盈眶。联想到刘学长年已迟暮犹在排队等着"荣民"的待遇分房，我也顿感苍凉。

《茶馆小调》。在朱光亚所住的小楼客厅里，他说自己在学校时很喜欢唱歌，特别提到了《茶馆小调》。我问："是不是'晚风吹来天气燥，东边的茶馆真热闹……'"他笑着说对。

西南联大校歌。采访朱光亚结束时，我问他：还记得联大的校歌吗？没想到，他一下子从沙发上站起来，高大的身躯站得笔直，双手下垂，神态庄严，略一静默，即开口唱："万里长征，辞却了五朝宫阙。暂驻足衡山湘水，又成离别……"

而杨振宁唱起校歌，是在那块西南联大纪念碑前。我用在《西南联大启示录》一片中了。

关于联大学生唱的歌，还有两首：

《送葬歌》。由作者严宝瑜领唱，一群参加"一二·一"运动的学生骨干们一起合唱。"天在哭，地在号，风唱着摧心的悲歌。英勇的英雄们，你们被谁残杀了？你们被谁残杀了？"当时的骨干之一方堃说："这个歌，我们到各个队伍去教，当时起了非常大的作用。这个歌一唱，整个街道都凝结了。大家都在听这个歌，大家都在唱这个歌，流着眼泪唱，流着眼泪走。"

《跌倒算什么》。在史家胡同，对王汉斌、彭珮云夫妇一起采访时，彭珮云激情满怀地回忆起，她1945年进入联大，到处都是壁报与歌声。应我的邀请，她站起来唱了这首歌，体现出一个年轻女学生的革命激情。

这两首已经不属于抗战歌曲，是"反对内战，争取民主"时期的歌曲。

从这些具体的人物身上看得出，联大学生唱的歌曲也带有左中右的倾向。救亡歌曲，有的也是在"国家主义"的旗帜下，如《中国不会亡》。校歌是中性的，是学校的立场，代表师生的民族气节与爱国心。而《茶馆小调》，是左倾的，讽刺政府腐败、压制民主。

联大学生的演艺社团、合唱团，时常到军队和民间去慰问演出，非常活跃。他们宣传救亡，也有以民主与革命为出发点的。

1941 年 1 月 6 日，震惊中外的皖南事变发生。联大校园首先在社团中表现出巨大的分裂。

有八个壁报社团联合举行“统一与抗战”座谈会，鼓吹“一个党、一个主义”，表态拥护当局，而《群声》壁报等左倾社团则公布《皖南事变剪报特辑》，揭露事变真相，谴责国民党倒行逆施。

由于政治形势险恶，中共云南省工委组织部分党员与进步学生撤离学校，分散隐蔽。

影响较大的《群声》等壁报停刊，受群社影响的一些团体也基本上停止了活动。演剧活动却没有完全停止。暑假开始，联大剧团为劝募公债，演出易卜生的《傀儡家庭》。

此后，联大学生的演出多选择外国名剧，壁报也向文学性较强的方向发展。

而下一轮左翼歌曲的演唱，是一直到 1945 年的五四运动纪念活动，才卷土重来的。5 月 1 日晚，联大和云大、中法、英专等四所大学联合在云大至公堂举行音乐晚会，《五月的鲜花》《民主青年进行曲》歌声响彻礼堂。高声唱歌咏队还联合昆明市歌咏团体演出了《黄河大合唱》，词作者光未然（张光年）和音乐家赵沨亲临指导，受到热烈欢迎。

在“学子从军”的1944年，校园已经形成“左”“右”两派尖锐对立的阵势

从长沙时期起，临时大学就有学生从军抗日，据《浦薛凤回忆录》（黄山书社，2009年）记载：“学生一千五百人中，约有四五百，已陆续参加战时工作而离去。”

国土不断沦陷，战线一路溃败。学校在长沙也被轰炸，于是考虑再度转移。一切都在混乱莫测中。

在台北，我采访到北大化学系学子孔令晟，他是从长沙走的。他有一句很豪壮的话：“最优秀的人都上了前线。”当年多数人是去工兵学校，他则直接上了前线。“壮士一去兮不复还”，很多人不辞而别。

西南联大曾有三次大规模的从军热潮，联大纪念碑上列名者就有832人，统称“八百壮士”。碑上的这个名单是不全的，全校先后应有1100多名学生参加抗战。联大学子前后8000余人，参军人数约占14%。

1944年大规模的学子从军，是在一个极其复杂与矛盾尖锐的场景中展开的。据《国立西南联合大学校史》大事记中关于1943年11月的记载：

> 11.9　梅贻琦常委为征调译员事在新校舍召集学生讲话，宣布译员服务时间为两年，可抵24—32学分，四年级学生征调归来后即可毕业。下午在工学院作同样报告。

11.12　教授会决定：四年级各系男生一律征调为译员。

这次征调是因为战事发生了急迫的实际需要：日益增加的驻华美军及美国人在印度训练的远征军，特别需要英语翻译。“就在珍珠港事件爆发前，美国志愿军（即‘飞虎队’，后来的第十四航空队）抵达昆明时，有些联大学生响应号召参加双语志愿团。接着，在1944年4月，联大教授会表决要求，毕业班所有身强体壮的男生投笔从戎当译员。”（易社强《战争与革命中的西南联大》）

我采访的参军学子，计有9位，按他们参战的先后顺序排列为：

孔令晟、柴之棣、刘孚坤、李俊清、钟香驹、卢少忱、许渊冲、梅祖彦、熊秉明。

在9位学子中，有7位是1944年从军的。

许渊冲说：“我们是第一批响应梅校长的号召，做美国志愿空军翻译的……名字也排在西南联大纪念碑的第一排。第一排第一名叫黄维，是我的同班同学。这个同学因为在滇缅前线做翻译官，牺牲了，所以他的名字排第一。前五个都是我的同班同学。”

卢少忱说：“当时我们读四年级，差半年就毕业了。大家都愿意好好通过，上完大学，写完论文毕业。可当时就是国家形势所迫，政府需要我们，征调我们去当翻译官。很多美国人来华助战，不管是后勤、飞机场还是训练军队，甚至是反攻，反攻到缅甸、印度那边，都需要翻译。所以这时候的人，根本就义无反顾。真是，大家没话说。你征调了，我们就去。”

熊秉明说：“我们那一批，就是1944年那一级学生，被征调了……我们觉得是理所当然的。”

柴之棣说：“我总要有饭吃，就做翻译官好了……那个汽车厂的厂长是梅校长的好朋友，他一定要西南联大工学院的人，梅校长把我介绍过去，我就到贵阳了。”可见征调也有去军工部门服务的学子。柴之棣在汽车厂很快就升了中校。

李俊清说：“1944 年，教育部征调我们班去军中，按照个人的长处去服务。我被派去做翻译官。我首先在巫家坝空军司令部工作，不久被派到印度。我到了卡拉奇……我去的时候泰戈尔还在。我还曾经看到过他在那棵树底下坐着的情形。”

钟香驹说，从军的同学中很多是名门之后，如徐京华，“他是明末徐光启的后代，他征调以后，在黄土坡工作”。

入伍之前有一个过渡期，即参加译员班接受训练，适应军事化。我采访德语专家杨业治先生时，他有一段难得的回顾：“后来，闻一多跟我都在译员训练班当教员。我们教英文，因为那个时候没有德语专业，所以主要教英文。教文学史，中古文学史，都是英文的。我喜欢语言，还教拉丁文、希腊文。”

校方宣布服兵役者可以免修大四的课程，并同意退伍复员时颁发毕业证书。

梅祖彦当时是二年级生，本来不在动员之列，他是志愿报名去的，因此荒废了学业，虽为校长的独子，却没有得到西南联大的毕业文凭：“大家都觉得，这还是生命中很难得的一个机会，能够直接为抗战贡献一点力量。就我来说，我觉得我的成长比较快，和这样一件事情可能很有关系。”

2002 年秋，梅祖彦有一次昆明之行。时值我的《西南联大启示录》在最后校订中，其中两名从军学子的名字须落实，但当时可以参考的资料并不多。梅祖彦欣然来到我们机房，一眼就看出镜头中的那位是钟香驹。他兴致盎然，看完全片，评价很高。

他对我说，此次来昆有一个愿望，就是去拜谒昆明郊野公园刚刚修好的驼峰飞行纪念碑，因为他从军后的岁月基本就是在美军空军度过的。他曾有一次随机飞越驼峰航线，并遭遇日机狙击。我为他安排了车子。次日，司机告诉我，梅祖彦看到了那个碑，心情很好。

采访时，许渊冲学长拿出一张照片给我们看，在昆明的街道上，年轻潇洒的许学长头戴贝雷帽，骑着自行车。他说，这就是当年从军的美式装备：“1941 年珍珠港事变，日本打中国，美国来中国参战，

昆明郊野公园的驼峰飞行纪念碑（张爱萍将军题词）

陈纳德到昆明。那个时候需要大批翻译，但当时没有那么多，就要联大外文系所有男学生都去做翻译。我们大多数人都去了，现在看是不得了了。西南联大纪念碑把我们当年参军的学生的名字都列在上面。碑上是冯友兰写的文章，闻一多篆的额。我的名字在第一排，因为我是第一批做美国空军的翻译的。”

许学长说过当年有的学子拒绝应征的情况：“不做翻译的，就要不给毕业证。有人就是不肯做翻译，结果没有拿到文凭。当时有两种思想，一种是好男不当兵，好铁不打钉，给美国人做翻译，有点不符合。那个时候知识分子地位低，有点划不来，不肯做。但大多数人都去了。”

后来成为著名作家的汪曾祺，因为没有从军而未获得联大的毕业证书。

而在 1944 年，还有一部分学子从军的原因，并不在译员范畴，而是响应蒋介石 1944 年 10 月提出的“十万青年十万军”的号召，完成教育部给学校下达的指标。

学长刘孚坤回忆这一次从军动员，认为政治意味非常鲜明：“那个时候，‘蒋委员长’提倡‘十万青年十万军’，就是青年军。在抗战时期的大学里边，国民党的组织是叫作三青团，三民主义青年团，我不是国民党，是三青团。各大学里边都有报名从军的，中央大学在重庆，有很多人从军。现在台湾有些重要的人，就是那时候中央大学从军的。西南联大报名的同学很少。三民主义青年团做样板，十几个人报名，假从军。他们假从军，只是报名做个样子。”

据《国立西南联合大学校史》大事记中关于 1944 年 10 月和 11

月的记载：

> 10.14 蒋介石发动“十万知识青年从军运动”。
>
> 11.15 第316次常委会决议：成立知识青年志愿从军征集委员会，聘请杨石先为主任委员、施嘉炀为副主任委员，查良钊、郑天挺、姚从吾、陈福田、郑华炽、袁复礼、李继侗、伍启元、宁榥、阎振兴、马大猷、陈雪屏等为委员，请郑华炽为干事。

这个征集委员会的成员，有一部分是进步教授，如伍启元后来在1945年的“一二·一”运动中参与时事晚会的演讲。

1944年的这次征兵引发了左翼人士对国民党“企图控制青年”的强烈反感和抵制。

刘孚坤回忆：“闻一多也赞成从军的，但是他是反政府的，反国民党的。他说，有人反对从军，因为‘十万青年十万军’是帮助国民党来打内战，主要不是抗日，不是打敌人，是为了打共产党的。他说，我们不怕，我们要从军，用国民党的枪武装自己，借国民党给我们的武装，再来反对国民党。这是闻一多讲的。其他像冯友兰，他是站在政府的立场上的，他们两个人当场就吵起来了。”

从闻一多坦诚而充满矛盾心情的演讲，其所受到的来自左派阵营的指责，及他担任译员班教员的事情中，可以看出1944年这次征兵的情境多么复杂，人们的选择多么纠结。

教授们纷纷登台演说，对青年从军发表观点，呈现出当年校园内的政治派别激烈斗争的场面，这是迄今为止少有的回忆。

西南联大北京校友会原会长沈克琦曾赠我一本《国立西南联合大学八百学子从军回忆》，是 1944 级学子自费印刷的。他们在前线的事迹悲壮感人，却被忽略得太久。

《国立西南联合大学八百学子从军回忆》封面

注：本书主要由西南联合大学 1944 级同学通过不同的道路“从”不同的“军”的回忆和悼念文章组成，其中大量的是在 1943—1944 年作为译员，协同美国军人在印缅、滇西以及国内有关战场参加战事活动，为抗日战争做出自己的贡献的记录。

这些回忆文章本来只是为老同学间交谈旧事，以娱晚年，印发在交流情感的《通讯》上，没有什么其他目的。

出版此书，除为同龄人忆旧怡神外，还想对有兴趣的年轻的一代，提供我们这一代抗战大学生的一些生活情况和对当时历史感兴趣者提供一些史料。（见该书第 3 页）

刘孚坤在冲动之下参加了青年军。在军中，他与殷海光被分到一个连队，天天谈哲学。当时他们都是国家主义者。复员后刘重新回到联大读书，并转到了哲学系。

2009 年秋，我去台湾采访前夕，专程到北京校友会听取学长们的建议。当时左派学子李曦沐很明确地说：蒋介石发动青年参加青年军这个事情，我们地下党是不赞成的。所以，他告诫我，对从军去台湾的这部分学子要有思想准备。

但历史总是在出人意料地变化着。

我造访了台大旁边的殷海光纪念馆，其实就是他的旧居。殷海光后来转变为自由主义信仰，成为台湾民主运动的领袖人物。他的弟子曾赠我《殷海光文集》。

而刘孚坤从军后到了台湾，因几次拒绝加入国民党，一生坎坷。

西南联大台北校友会原会长孔令晟在欢迎我的宴会上发表了演说，他说："我是展望未来的。因为我感觉到，我们在五四运动的那个时代是爱国的，文化的。我们那个时代，对中国，对整个中华民族，对世界，是有很大影响的。基于这个——我是要讲这个话的人——21 世纪的下半叶，我希望是中国的世纪。"

在从军学子中，后来在中国台湾地区地位最高的孔令晟，曾经与左派同学势不两立，但如今我却感到，他们也是深切希望中国发展和中华民族复兴的一代人。

西南联大的传统，核心是"爱国"，无论什么主义、派别，都不能背离这个。

"度尽劫波兄弟在"，校园里曾经的左、中、右，终殊途同归。

纷繁往复的“学子从军”潮，忽然令人悟出一个清明的道理：一个民族的复兴，依靠的是一股自强不息、永不衰竭的凝聚力，只有它，才能推动我们不断克服艰难险阻，实现伟大的历史使命。

有关“校歌之争”的语境与身份

那些开始于20多年前的采访，一直在推动着我的思索，好似一种血液的流动，缓慢而坚定。哪些事情曾经发生，哪些事情是无中生有，遇到某些话题时，心里的质疑会固执不去。

例如：西南联大校歌的词作者是罗庸还是冯友兰?

多年来濡染于联大人群的采访中，对一些人、一些事的片断的理解渐渐得以衔接，出现了一种可称为“联大语境”的氛围和系统。

校歌被联大人久唱不衰；印有“罗庸词，张清常曲”的歌单，天南海北，校友会一直在印发；一些主流出版物和媒体也持此观点。

而冯友兰著《三松堂自序》1984年出版，其“附记”里认定自己是校歌词作者：

> 按说现在我是最有资格回答这个问题的人，因为1938年联大制定校歌校训的时候，设了一个委员会主持其事。我是五个会员之一，并且是主席。现在其他四人，闻一多、朱自清、罗庸、罗常培都不在了，只有我一个人还在，并且还没有失去记忆力。有人来问，我就凭我的记忆说是我作的。（东方出版中心，2016年）

不过，这段话是留了后路的，他说凭“记忆”，而人的记忆会发生混淆也入情入理。但这“附记”显然成为校歌之争的一个强证。

随之而起的是相关人士对此事的回忆与追究：

> 1994 年 8 月 22 日张清常复信给北京大学教授阴法鲁先生。阴法鲁先生寄给张清常的《西南联大校歌》油印歌片为罗庸的遗物。张的复信说，“大示及《西南联大校歌》单张收到。半个世纪零六年过去，睹物如见故人，曷胜感叹！”“膺中先生遗物中这一份乃后来再印的，我未见过。”张清常辨认该歌片，认为应是每年发给新生的那种，并说在北大、清华、南开的档案馆均有保存。但阴之所寄，张未见过。睹物思人，加之校歌作者的争论，令张清常心生无尽的感叹。（孟凡茂《关于西南联大校歌歌词的作者及相关问题》，清华校友总会网）

当年朱自清建议让张清常谱曲，并把两份歌词寄去了。根据张清常的回忆，两份歌词上分别写有罗庸和冯友兰的名字。由于张清常更喜欢《满江红》，就只给《满江红》谱了曲，并于 1938 年年底寄回西南联大。他在寄给西南联大的五线谱谱本封面上写明：“国立西南联合大学校歌（满江红），罗庸词，张清常曲”（原件存于清华大学档案馆）。

在“身份”上，张清常是作曲者，这是没有异议的，故他的发言是有很重分量的。由于对歌词是选择性谱曲，他对歌词的印象与记忆当是可靠的，因为他经过了比较、欣赏、体会的深入过程，才作曲与之配合。

张清常是著名的语言学家，并非庸碌之辈。在联大每年印制的歌单上，张清常的名字与罗庸是年深月久地并列在一起的。如果词作者有疑，张清常是不能安之若素的。

我在这里强调之“身份”，并不只是那些头衔，更重要的是介入与实践的身份。

“校歌之争”曾形成了一场聚讼，虽然现在已经没有多少人关注，但熄了又燃。

这个话题，使我愈发感觉到，推出本书的重要性。“口述史”自有其独特价值与魅力，而以访谈者的“身份”认定其分量，并参照相关文本记载，可作为还原当年情景模式的一个框架。

我以为，关注与再现当年的历史语境，亦是一种求证的路径。

围绕着校歌的产生过程，有一个丰富而实在的情境，有故事与细节，有若干关系和人际圈子，所谓“历史的语境”和发言者的“身份”，都堪称凝重，可以互证。

杨业治——记忆的“场”

2000 年秋，我在北大朗润园采访杨业治先生，他在西南联大从事诗歌与德语的教学和研究。因体力已弱，他一直坐在藤椅上，话语不多，但精练准确，信息量相当大。

在对这些大学者的采访中，我早已发现：这些做大学问的人，专注于自己的学术与人生，拥有一个完整的“记忆场”，不像普通人思路凌乱。对这些博闻强识者而言，每件事都有其历史与人文的脉络，有其产生的背景和根源。记忆的细节就像一部大机器上的零件，安装在哪里，为什么是这里而不是那里，都恰切得当。

杨先生是 1908 年生人，采访时他已 90 多岁，而思路清晰，记忆力强大。对当下学界发生之事，亦察之敏锐。

那一年《吴宓日记》问世引发争论，杨先生认为《日记》记录了当年事件，比较可靠。他与吴宓都是西南联大外文系的，属于“同一个圈子”。杨业治当年的诗作自己没有保留，吴宓却记载在《日记》中。

这些个人记忆，形成了一个相对封闭的场，一个触及尘封往事的链接，往往可以拉动起一连串陈述。

他还谈起 1941 年与闻一多同做译员训练班教员的事。这几乎没有人提过。因当年校园从军的语境相当复杂，师生们对从军命令有纠结，有分歧，并非意见统一。

校歌的话题，也是他主动提及的。老先生已经关注到社会上引发的那些争执与由来。

他有一段完整的叙述：“1938 年和 1939 年校委会决定，同时教育部也要西南联大拟一首校歌。拟校歌的时候，开始我没有参加，1939 年我在教中古文学史，没时间。那个时候有两三个人写了校歌：一个叫马约翰；一个叫沈有鼎，是我的朋友；后来还有一个叫张清常。这三个人是各自不同的。词是叫谁写的呢？罗庸。罗庸是中文系的，罗庸也是校歌作词的。写了以后，大家都觉得不太满意，歌词也不太满意。朱自清先生就写信到广西，给他的学生（张清常），西南联大的，他会音乐——请张清常写谱。最后，我参加决定哪一个谱最好。结果我赞成张清常的那个谱。但是，词还是罗庸的，罗庸的《满江红》。经过是这样的。”

讲到校歌，他是采访时所有健在的西南联大故人中唯一参与过相关活动与事务的资深教授。朱自清 1939 年 6 月 14 日日记中提到的“杨”，就是杨业治：

> 下午开校歌委员会，听校歌演唱会，接受冯的歌和马的谱，但谱嫌单调，因此决定马、杨、沈负责修正。（冯友兰《三松堂自序》）

当年的学人多才多艺，体育教员马约翰也能谱曲，德语教员杨业治对音乐很有造诣，而沈有鼎则被称为“怪才”，富有奇思。所以，杨业治是实际介入了这个校歌创作的小群的。

杨先生直截了当地对我说：“据我的观点，印的时候都是罗庸作的。”“后来冯友兰先生觉得这个歌词是他作的，不是罗庸作的。其实他（冯友兰）也曾经作过一个校歌歌词，他作的词跟清华的校歌歌词类似，是很‘文明’的那种，不是古典的。他可能搞错了，认为是他作的。后来他坚持，宗璞也坚持是他作的。结果后来在晚报上登了，张清常也否定（他们这个说法），不是他（冯友兰）。”

杨业治先生以息事宁人的态度说：“这个事情现在不去提它了，因为冯先生可能是老了，记不清了。那无所谓了，反正都是清华人写的。”

冯钟芸、任继愈夫妇——“枢纽性人物”

考察一个问题，不能只凭孤证，必须要有呼应，而且，这个响应的级别最好是对称的。

这就说到与冯友兰和校歌委员会诸位的关系更私人性的小圈子。

1999 年，我在南沙沟任继愈先生家中采访，无意中触及了“校歌试唱”这一情节。

本来，重头的采访已经完成，到了尾声，大家轻松起来。摄制组中一人忽然发现一个小镜框中的照片，大呼：“好美！”那是冯钟芸年轻时的头像，端庄，有笑窝，魅力四射。

摄制组的人都拥过去看那照片。冯钟芸则与任先生相视而笑。在这气氛中，我要求他们调整椅子，坐在一起，补充谈一下当年恋爱结合的情形。

任继愈也从严肃转为轻松，说起罗常培先生当年住在百梅馆，说要为 100 对情侣做媒的逸事。他俩就是由罗先生撮合的。

冯钟芸插话，聊天似的就谈到当年她曾参加过校歌的试唱。

在我对他们的采访提纲中，校歌并没有成为一个问题。这个话题是夹杂在对恋爱的回顾中的。一切都是自然的流露，没有针对什么问题和什么人。

任继愈说：“校歌也是讨论过一次，试唱过一次，让大家听一听。……大家觉得满意，就通过了。就听过一次，那是罗常培先生约我们去听的。”

我说：“词是罗庸作的。”

任继愈大概没听清，纠正道：“罗常培，就是罗莘田。”

我想进一步确证：“我是说这个校歌是罗庸作词。”

任继愈很自然地接道：“罗庸作的。”

当时冯钟芸还是学生：“因为在昆明的时候，我们家在楼下，我伯父冯友兰住在楼上。那个校歌，最早少数人讨论的时候，是在他家里。那时候还叫我们姊妹几个去唱这个歌，唱这个调。”

我插话道：“来看看效果。”

冯钟芸说：“对，还有这么一档事。……当时还弄了一个简单的乐器。”

我问：“什么乐器？”

冯钟芸答：“就是我们家里的一个曼陀林。实际上就是我们姊妹几个，没有别人。”

我接口：“然后让老先生们听听味道怎么样。”

冯钟芸说：“对。”

几个女孩拿着一个曼陀林，到楼上去试唱给校歌委员会的先生们听。

重审这段视频，我感觉出它的分量，这是与杨业治先生的访谈相互印证的。

当时联大中文系有“二罗”，罗常培和罗庸同住在一个叫“百梅馆”的居处时，同学们经常去交谈。他们很喜欢学生来，并关心这些年轻人的终身大事。“二罗”以为任继愈与冯钟芸是合适的一对，一力促成。

在如此亲密的往来中，我们不要忘了，“二罗”也是校歌委员会的成员。

任继愈被邀请旁听，冯钟芸参加试唱。这些细节与情节的内部是流动沟通的，犹如源头活水。在百梅馆聊天的内容，也会有这个校园热门话题，即校歌认定的过程与结果。

我认为，任、冯二位，是师生之间枢纽性的人物，与校歌的信息渠道是相通的。

在校歌问题上，我很重视访谈者的身份：是不是当时环境中之人？例如杨业治是直接参与校歌审定的相关工作的，而冯钟芸是为校歌委员会试唱的女同学之一。

这一个个身在其中的人，我在和他们来往相熟后，登堂入室，又知晓了很多“小事”“小节”，还有些细节虽不足以入笔墨，却在我内心成为掂量其话语的参照。

任继愈与联大相守八年，是资深的学子与教员，从本科到读研、任教，都在哲学系。

《郑天挺西南联大日记》1939 年 9 月 26 日记载：

> 九时诣孟真，开文科研究所招考阅卷委员会。仅到孟真、公超及余，改谈话会，决议取录阎文儒、任继愈、刘念和、周法高、王明、阴法鲁六人。

录取的六人，乃凤毛麟角，所以一一记入。从此，任继愈作为出类拔萃之辈为教师们器重。

而冯钟芸在中文系任助教时，与罗常培、郑天挺关系亲密，看他们同游西山的记载：

> 七时起。八时自靛花巷出发至小西门篆塘，登舟往华亭寺，凡十三人：莘田、坤仪、泽珣、静娴、式珪、钟芸、雯儿并东道主人学熙、又之、质如、佩铭、芳若。（同上，1944 年 1 月 30 日）

此间提及冯钟芸，与郑天挺的长女雯儿相并，顺序中可见“亲者置后”的礼节。

关于他们的订婚，郑天挺也在日记中提了一笔：

> 今日任继愈与冯钟芸订婚，在才盛巷设馔，九时还。（同上，1944 年 4 月 20 日）

可见任、冯这对佳偶，在联大教师中颇得人缘，熟悉度与亲密度很高，处于教师们的关爱与信任之中，他们自身也有极高的修养和思辨能力。

他们是各路信息的一个汇聚点，并能获取“第一手资料”。

我与他们的公子任重曾聊起这个话题。他说，从小在家里听到的，父母都认为校歌歌词是罗庸所作。可见，这个答案贯穿这对夫妇记忆的始终，如家常便饭一样自然。

这与那种突发奇想，或刻意命题作文要推翻某种定论的行为文章，完全不同。这是最自然、最本源的历史留痕。

任继愈在学界德高望重，而冯钟芸与冯友兰为至亲，故由他们共同回忆的这段视频，当为最珍贵的信史。

2009 年，我去台湾采访冯钟豫先生，是任先生的公子帮助联系的。任、冯两家作为亲戚联络始终密切。

在拍摄期间，宗璞曾请任继愈先生讲解冯友兰所撰西南联大纪念碑碑文，她对我说“打过电话给堂姐了，没问题”。于是我率剧组再度前往南沙沟拍摄，任先生果然践约。

2009 年 9 月，我到台北当晚给宗璞打电话，说我要去看冯钟豫先生。她要我替她“向六哥问好”。

宗璞是我自幼热爱的作家。她早期的小说《红豆》在《收获》发表时我就读到了，令少年的我感到回肠荡气。除去正式采访，我回北大时常到燕南园去探望她，还曾到协和医院去看她。2000 年 8 月，我邀请她夫妇来到昆明，访问故居。

我见过一张照片，是留着学生头的宗璞和她的弟弟坐在一个角落，准备和家人南渡，那时她大约 10 岁。

当年还是小女孩的宗璞已经会帮助妈妈拣去米中的虫子。梅贻琦夫人还曾带着她，走路去冠生园卖糕。

有一年再去她家，她专门给我看一篇散文与一张照片，那是当年在石林的一次联欢会上，远处的她成为照片中闻一多“烟斗上的那个小人儿”。

以一个可爱的身份，她存在于西南联大的历史中。她的贡献已够多。我应她邀请参加了她的小说获评茅盾文学奖的座谈会，我做了发言，为出版社认可。

宗璞曾与我相约“把酒谈《红楼》”。疫情中，我们仍不时通话。而对于“校歌质疑”这种绕脑的问题，我们都没有提及。宗璞的散文可谓当世精品，真希望她能多写几篇。

一所世界著名学校的语境与文化底蕴

我曾经登门采访张友仁先生，他是1943级经济学系学子，“一二·一”运动的学生纠察队成员，身材高大，健谈。一见面，他就告诉我，他的名字是毛主席写过的。毛主席喜欢读北大哲学系人的文章，并做些标注，有一次阅读中就把他的名字写出来了。

张友仁也参与了这场讨论，他写道：

> 在抗日战争时期激励着我们学习和战斗的《西南联大校歌》，在它的左上角本已写明“罗庸词，张清常曲”。……罗庸教授是校歌歌词的作者，是不成问题的事实。（张友仁《〈西南联大校歌歌词〉的作者究竟是谁》①）

他说的歌单我见过，并拍摄了。2003年4月纪录片《西南联大启示录》在央视10频道推出，里面的镜头就有我1999年在云南师范大学的“一二·一”运动纪念馆中拍摄的西南联大所印制的歌单，左上角写明“罗庸词，张清常曲”。

---

① https://www.tsinghua.org.cn/info/1952/17789.htm.

那个时候“西南联大”还鲜为人知，所以东西都是陈旧原物，不可能有复制仿造，因为没有那个经费，也没有那个需要。云师大的西南联大博物馆是在纪录片热播后，由省里拨款才修建的。

到 2006 年，北京大学出版社出版《国立西南联合大学校史》，第一页《西南联合大学校歌》，就是这张歌单。

北大社出版的这本《校史》，我一直在使用，释解过许多困惑。我钦佩这些当年的学子，能够负起责任，在先师们一一逝世后，将培

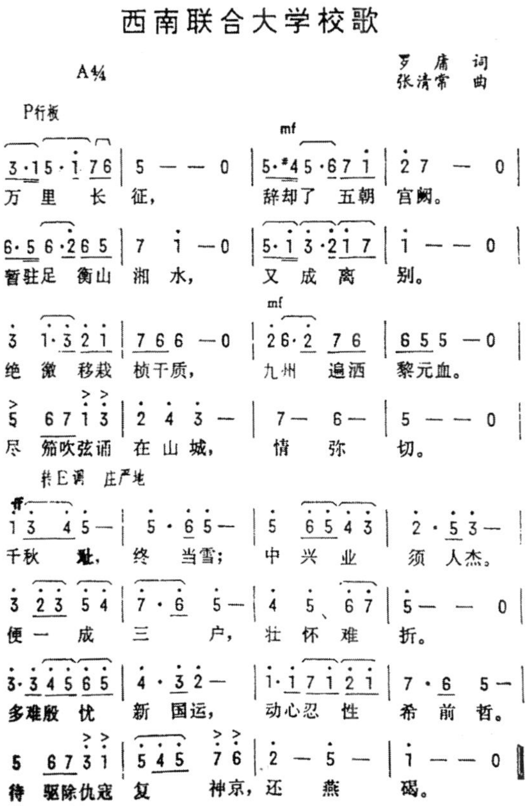

西南联合大学校歌

育自己的学校的历史整理归档。这是少有的幸事。多少著名大学的校史未曾整理，或者整理者已经是隔代人。

《校史》在“关于校歌和校训”一节详细说明了过程与结果，摘要如下：

> 校歌校训委员会成立不久，罗庸写了一首歌词，配上曲谱，交委员会讨论。10 月 30 日委员会开会，接受了他的歌词，曲谱则未获认可。
>
> （1939 年）6 月 30 日校歌委员会再次讨论，通过了以张清常作曲的《满江红》为校歌，校歌委员会随即具函向常委会呈报。
>
> 7 月 15 日，常委会向学校各部门知照校歌通过事，19 日，备文向教育部呈报。
>
> “校歌词”，罗庸作，即《满江红》。
>
> 1939 年秋天开始，每一位新同学注册后，都会得到一页铅印校歌。
>
> 台湾新竹清华大学校友会会长查良钊，1967 年让校友会通讯刊出联大校歌，他说“此词歌当时极为动人，全体师生无不永铭心版”。

联大教授有一部分当年去光复台湾，还有学子被分配到岛上。我多次去台湾寻访联大故人，大家聚会时也唱校歌，也发歌单，左上角也都写明“罗庸词，张清常曲”。

有一次，我对西南联大北京校友会会长沈克琦说：“有人说校歌歌词作者不是罗庸。”沈先生一愣，即答道：“不可能！”斩钉截铁的语气，不容置疑。

沈先生是《国立西南联合大学校史》的主要编撰者之一。他参与执笔了很多重要内容，并成为多个部分的审阅定稿者。

《校史》中记录了冯友兰先生当年所作词的一段：

> 西山苍苍，滇水茫茫，这已不是渤海太行，这已不是衡岳潇湘。同学们，莫忘记失掉的家乡，莫辜负伟大的时代，莫耽误宝贵的辰光。……

这与杨业治的回忆和张友仁的文章是吻合的。

张友仁对校园生活的参与和跟教师的关系是比较深入的。1945年8月日本投降后，闻一多先生剃掉蓄了七年的胡须，留下的一张著名照片，正是张友仁与同学拍摄的。

张学长的公子张伟明说：“校歌歌词肯定是罗庸写的，我从李荣（他儿子叫我父亲表舅，也是浙江人）那里也有所耳闻。李荣是联大1939年入学的，罗庸也是他们的中文系老师。李荣跟汪曾祺和许渊冲是同学，后来是社科院语言所的所长。”

对这些联大子弟而言，联大故事几乎成了“家教传承”，他们耳濡目染，也能如数家珍。

而这批生活在联大氛围和环境中的当年学子，他们的回忆之可信度，与后来那些为博眼球而作的话题文章，不在一个层面上。

西南联大，校园民主为世所称颂。冯友兰正是生活在这样的“联大语境”中，方能写出千古不朽的西南联合大学纪念碑碑文，其中排比琳琅，陈设华丽，意气狂放，笔力横扫千军，有一种天下“舍我其谁”的气势，张扬了中华民族在近代史上第一次战胜外侮后的快意舒畅。

胜利之日的冯友兰，也达到了人生精神境界的最高峰、学界首领的制高点。如果罗庸剥夺了冯友兰的著作权，面对这每年都要印发、每逢集会就要唱起、词曲作者赫然在列的校歌，当年的相关人士会没有一点反应吗？

以罗庸先生的人品，也绝不可能发生冒领他人权益而觍然受之的事情。

在西南联合大学纪念碑碑文中，冯先生也谈到联大对校歌的评价：

> 联合大学初定校歌，其辞始叹南迁流离之苦辛，中颂师生不屈之壮志，终寄最后胜利之期望。校以今日之成功，历历不爽，若合符契。

这些文字、语气，怎么看都不像是对自己的评价。以冯先生当年在联大的声望，不至于要自己来表彰自己。况联大学风，都是相互推重的，正如碑文中所赞颂的那样。

顺便再说几句，有海外学者认为，20 世纪 80 年代出现了对冯友兰的一些负面评价，致使发生了“剥夺其校歌著作权”的倾向。

这是对 80 年代的重大误解。那是气度恢宏、配得上泱泱大国与悠久历史的时代，那是知识分子最意气风发的时代，人们都在向前看，纠正“冤假错案”。

而冯友兰先生的过失只是文人的与时俯仰、进退失据，他并没有谗害什么人，亦无仇怨，也根本不可能发生因有过失而失去著作权的事情。80年代，《三松堂自序》出版，影响广大，就是明证。

罗庸风范推衍与“手迹”遗踪

许寿裳在《怀旧》一文中兼谈鲁迅与罗庸：

> 鲁迅是诗人，不但他的散文诗《野草》，内含哲理，用意深邃，幽默和讽刺随处可寻。就是他的杂感集，依罗膺中（庸）看法，也简直是诗，因为每篇都是短兵相接，毫无铺排。至于旧诗，虽不过是他的余事，偶尔为之，可是意境和音节，无不讲究，工夫深厚，自成风格。（《我所认识的鲁迅》，人民文学出版社，1978年）

罗庸与鲁迅交厚，鲁迅曾邀请他赴中山大学任教。

正如罗庸对诗的极境之理解，校歌歌词也是这样一种短兵相接、毫无铺排的写法，无一句虚设，无一句玲珑圆滑。

罗庸在《鸭池十讲》中说：

> “古之愚也直”，所以愚人是不会绕弯子的；“诗之失愚”，所以不绕弯子也便是好诗。绕弯子就是有邪，有邪就是未尝真思。

罗庸认为，孔子删诗的原则就是“修辞立其诚”，删去那些绕弯子的。

观此校歌歌词，直写行程，直抒胸臆，直呼抱负，正符合“思无邪”的诗之精神。其压抑之志气，是在窘迫的民族危机之下，发出的忧愤长啸。

罗庸强调，诗写史，正是诗歌的源头：

> 记得闻一多先生在一篇文章里曾经说过，“诗”和“志”古来本是一字，志就是史志，所以诗人也便是史官。这话非常确切。（同上）

他接连引用《毛诗·关雎序》以及孟子之说，下了一个结论：

> 可见诗之用即史之用，诗人也就等于秉笔的史官。（同上）

校歌一开始就是写史的笔法：“万里长征，辞却了五朝宫阙。暂驻足衡山湘水，又成离别。”罗庸出生在北京，学成于北大，故对辞却五朝宫阙有痛入心魄的伤感之情。

“绝徼移栽桢干质，九州遍洒黎元血。”这是史笔，突出在民族危亡的年代，转移人才的苦衷和卧薪尝胆的深意。

“千秋耻，终当雪；中兴业，须人杰。便一成三户，壮怀难折。”用“满江红”的词牌，与岳武穆那首著名的雄词相呼应，让人感受到中华民族千古长留之浩然正气。

《郑天挺西南联大日记》1944 年 6 月 1 日记载：

> 膺中、一多皆欲开《楚词（辞）》及中国文学史一，相持不下。……佩弦调停，同时并开。

罗庸与闻一多都坚持在西南联大开《楚辞》和中国文学史课，由此成为一时瑜亮，也被后来联大学子津津乐道为学术有自由。

二人既有争锋，又相互欣赏。他们都怀有重振士与君子之风的理想。

校歌歌词更直抒君子与士大夫的使命担当："多难殷忧新国运，动心忍性希前哲。"

《鸭池十讲》中阐述：

> 原来士之所以为士，在其能以全人格负荷文化的重任而有所作为，所以说："士不可以不弘毅，任重而道远。"

"鸭池"就是昆明，罗庸的这些思想和阐述，是扣紧了西南联大读书生涯的。

关于校歌，《鸭池十讲》（增订本）前有蒙木的《提撕刚健的儒家真精神》一文，提供了一个线索：

> 据 2016 年 7 月 19 日《广元晚报》报道，"罗庸《满江红》歌词手写稿现身广元"。该手写稿长 10 厘米左右，宽约 7 厘米，

文字用清秀的小楷。歌词正上方则写着“请雷院长批示指正，教务处”，左下角落款处则写着“若有不妥请修改指正　罗庸　二八年元月五号”。西南联大歌词和纪念碑书丹使得身后寂寞的罗庸先生终将不朽。

罗庸《满江红》歌词手写稿现身广元

该份手写稿的发现，或为多年来的《满江红》作者之争提供有力佐证

人物名片 罗庸

罗庸，蒙古族，1900年生，中国著名古典文学研究专家和国学家。1937—1938年任教长沙临时大学与国立西南联合大学、云南大学。1950年病逝重庆北碚。著有《中国文学史导论》《陶诗编年》《陈子昂年谱》《魏晋思想史稿》《汉魏六朝诗选》等。

1938年，当时的教育部命令各校呈校歌、校训。为此，西南联大组织“校歌校训委员会”进行校歌创作，并最终作成《满江红》。但此后，该歌曲的词作者到底是罗庸还是冯友兰的争论就一直没有停歇。

1980年，冯友兰在回信中称《满江红》的词作者是自己，但曲作者张清常却说是罗庸。多年来，海内外许多学者介入考证，也没有一个准确结论。

近日，罗庸当年的一份《满江红》歌词手写稿在广元现身，该份手写稿的发现，或为多年来的《满江红》作者之争提供有力佐证。

旧书店“淘宝” 发现《满江红》手写稿

两年前，在广元一家旧书店里，酷爱收藏古旧字画的杨先生在一堆杂乱的旧书中翻出了一张泛黄的纸片，伴着旧纸张特有的味道，杨先生仔细阅读了纸张上的内容，发现其内容竟然是著名学者罗庸先生的《满江红》手写稿，但不知是第几稿。

“《满江红》的作者难道不是冯友兰先生么？为何这张手写稿又出自罗庸呢？”杨先生告诉记者，他也知道关于西南联大校歌《满江红》词作者的争议，因此觉得该份手写稿具有较大的收藏价值。

一番讨价还价后，杨先生以几百元的价格从旧书店老板手中买下了这份手写稿。之后，他还利用到北京出差的机会专门到清华大学，了解该校关于西南联大历史的研究情况。杨先生说，他会将这份珍贵的手写稿捐给研究西南联大的机构或单位，让它体现自己应有的价值。

手写稿为清秀小楷 落款为“罗庸”

近日，记者辗转联系找到杨先生，亲眼目睹了该份手写稿。该份手写稿长10厘米左右，宽约7厘米，纸张泛黄，边缘已破损，其背面为一张化学元素周期表，正面则是清秀的小楷。

从文字的内容看，纸张上写的是西南联大校歌《满江红》的歌词，正上方则写着“请雷院长批示指正，教务处”，左下角落款处则写着“若有不妥请修改指正　罗庸　二八年元月五号”（注：民国二十八年，即1939年）。

“如果这份手写稿落到了不知道这段历史和争论的人手里，可能会被当成废品丢掉，能落到我手里，也算是缘分。”杨先生说，关于西南联大校歌《满江红》词作者的问题，他有自己的看法，他觉得这份手写稿更有说服力，“感觉比较真实，不仅有落款，有时间，而且还是亲笔书写。我认为，冯友兰当时可能是参与或者提了建议，也有可能是改动了个别字词。”杨先生分析道。

杨先生收藏的疑似罗庸为西南联大创作的《满江红》手写稿

历史回眸>> 朱自清日记曾录“通过罗的词”

据史料记载，1938年7月，当时的教育部命令各校呈校歌、校训，西南联大常委会在同年10月6日决议成立“校歌校训委员会”，聘冯友兰、朱自清、罗常培、罗庸、闻一多为委员，冯友兰任主席。

10月30日，校歌校训委员会开会，罗庸提交自己创作的校歌词曲。

朱自清在日记中记下，“通过罗的词，但未通过曲。”同年11月24日，校歌校训委员会在冯宅开会，讨论校训和校歌，决定把所拟校训“刚健笃实”和校歌词《满江红》及沈有鼎所制曲谱呈报联大常委会。

1939年6月校歌进入评审阶段，6月30日，校歌校训委员会开会讨论，决定用张清常的曲谱，也就等于接受了《满江红》。最终定稿全文如下：万里长征，辞却了五朝宫阙，暂驻足衡山湘水，又成离别。绝徼移栽桢干质，九州遍洒黎元血。尽笳吹弦诵在山城，情弥切。千秋耻，终当雪。中兴业，须人杰。便一成三户，壮怀难折。多难殷忧新国运，动心忍性希前哲。待驱除仇寇复神京，还燕碣。

广元晚报记者 杨春 文/图

“1岁幼儿得怪病”追踪

好心人齐聚昭化古城 募集善款28900元

13日，昭化区张女士致电广元晚报新闻热线，反应其家住昭化古城的同学吴仕林儿子吴翰患上了血友病甲（俗称“玻璃娃娃”），同学朋友微信募集3万余元善款一事。

15日，昭化古城微信公众平台、昭化区摄影家协会、中国烟酒会广元魅力女性分会齐聚昭化古城吴仕林家中，为吴翰募捐了善款28900元。

“太感谢大家了，有这么多网友还有同学给我们献爱心，我真的很感动。”吴仕林说，其儿子的病情经广元晚报、众筹网、昭化古城微信公众平台等扩散后，得到了全国各地网友关注，目前已募集善款超10万元。

广元晚报记者 鄢怀林

“电灯只有油灯亮”追踪

荣山煤矿供电区 并入广元电网

今年4月，晚报曾以《电灯只有油灯亮 村民盼能正常用电》为题，报道了利州区荣山镇荣山村由倒闭的荣山煤矿水泥厂供电，电压非常低，村民盼望能正常用电一事。昨日，记者从国网广元供电公司获悉，荣山煤矿供区将移交该公司，并入广元电网。按照农网改造和精准扶贫工作安排，目前该公司组建了9个施工队，全力以赴推进荣山、高坑、岩窝3个村的农网改造工作。　广元晚报记者 鄢怀林

20天专项整治 交警严查雪峰片区违章

广元晚报讯（记者 任茂心）去年底以来，我市城区新建片区大幅扩容，雪峰、万源多个片区新建道路和立交桥梁集中。建成运行以来，由于还未规划红绿灯和中心隔离线，部分车辆途经上述片区部分路口和桥梁时，逆向行驶、强超硬会、抢道争先、乱停乱放现象严重，极易诱发交通阻塞和安全事故。

昨日，市交警支队正式展开20天

《广元晚报》2016年7月19日发表《罗庸〈满江红〉歌词手写稿现身广元》一文

《广元晚报》已于 2020 年停刊。从当年轨迹判断，四川是最有可能获得这份手稿的地方，因它邻接云南；重庆又是战时文化中心，多家文化机构安居于此，往来甚密切。何况当年“陪都”在四川，联大总要有人来往，校歌也须报告教育部。

我于是委托四川方面的朋友们就地寻访，他们很快给我发来了这篇文章的版面照片。

据该文称，一位民间文化人杨先生在旧书店里发现了这张薄纸，上书于 1939 年 1 月 5 日呈交雷院长，也就是雷海宗。

遂将这些线索交与北大校史馆，但愿能查寻鉴定。

西南联大的“想象误区”

西南联大这些年来成为社会热点，“以文学想象写史”的作品大量流行，网络时代的“段子”具有传播优势，催生很多与历史脱节的任意发挥，是谓“想象误区”。

比如，“刘文典踢蒋介石”，实际上刘文典并没有这个动作（参见石慧庐《记安徽大学校长刘文典被蒋介石扣押》）。但此类想象，很受网民青睐，因为凸显了文人与政坛的矛盾，满足了某种社会情绪。可是它经不起推敲，一个饱学之士，先下脚踢人，这损坏的其实是刘文典的形象，而蒋介石居然容忍，既不符合其性格，也美化了当局。诸如此类，不胜枚举。

但我以为，最值得关注的是对三校联合办学的想象误区，这涉及西南联大形成的一部大历史。

现在有一种流行的说法是，张伯苓对梅贻琦说“我的表你戴着”，三校的合作从此亲密无间。这种交代轻描淡写，有点“软文”的风格，轻巧逗趣，可是与这段厚重的历史实情不相称，不能涵盖长达九年的联合办学的过程。

我深信，一切学风乃至人格都植根于体制之中，有必要深究其奥。

三校都是名校，已经非常成熟，有自己的学术高度和风格。因抗战风烟陡起而“联合”办学，共同利用社会资源与学校资源，但并非

“合并”。其中很多差异与鸿沟需要弥合，绝不只是“校长个人关系”那么简单的事情。

组建“湘黔滇旅行团”的起因

长沙临时大学的大批师生及家属都从香港绕越南去昆明，同时，学校也组织了一批志愿者步行转移。

这些年来，我采访到的很多校友，例如沈克琦先生，都谈到一点：当局和学校认为，全体人员从境外转移至滇，有失尊严，必须有一些师生作为代表，从尚未被占领的国土上走过去。

据《浦薛凤回忆录》记录：

> 吾辈布置大致就绪，同仁中闻风继起组织。计第二批为二月二日，第三批为二月五日。（后均受影响未果。）吾辈第一批本定一月廿七日。廿五日上午与化成嘉炀到段长处问讯，当场听电话中约好，所排二等车一辆，廿六日中午可抵长沙，晚间可以上车，不禁引为欣幸。晚六时回韭菜园，忽喧传教育部又变更计划，好像不准此时迁移。且有部长翌晨将到，蒋校长取消飞滇计划。

浦薛凤，号逖生，出身清华，当时任教于西南联大。曾参与“二战”后《联合国宪章》的起草。

在准备迁滇的过程中，忽然听说计划变更。浦薛凤与教员们去寻访梅贻琦，梅不在住处，又与陈岱孙和潘光旦等一起计议。后来得到一信：

> 大意仅云“听部长口吻似乎嫌搬得太早”。“两次长尤力主学生应步行。成群结队，弄护照，过安南，不甚像样”。“闻部长廿三或廿六飞湘，诸先生可面谈”。（同上）

次长们所反对的，成群结队办护照之事，指“海路”转移要过两处殖民统治之地：一处香港（英属），一处安南（法属）。“不甚像样”，有失体面，这种想法也是符合人们的民族自尊心的。

部长要亲自到长沙来，“大致学生步行，势在必办”。（同上）

部长，就是陈立夫，后来没有到长沙，但“湘黔滇旅行团”（也称“步行团”）应运而生，一批师生自愿报名，决定以步行为主，辅以车船，西行到昆明去。

闻一多喊出“去认识我们的祖国”的口号，除了体谅当局苦心，也是学人爱国热情的爆发。

可见，组建湘黔滇旅行团，有着令人痛心的深刻原因。而当年报名参加旅行团的师生，无疑是担当起了这样一种使命。浦薛凤后来从政，他的这份回忆，可知亦非空穴来风。

> 一月底学期考试完毕后，学校就将在校的学生，从事填写赴滇就学志愿书，查清赴滇人数，然后男生经过体检，合格者，可参加徒步的“湘黔滇旅行团”。当时我身体比较差，体检未合格，但是身无分文，走不了海运，海运每人需100多元，学校

只津贴20元，徒步路上一切食宿学校全包了，不用自己花钱，于是我申请参加旅行团，后被批准了。（李象森《忆湘黔滇旅行团》，载张寄谦编《中国教育史上的一次创举》，北京大学出版社，1999年）

清贫、艰苦，是这次步行的另一个要素。

近300人徒步3000多里，形成了西南联大精神的一个奠基。后来胡适在美国为这次步行举办图片展览，展示危亡中国流亡大学师生的精神风貌，并给予高度评价。

西南联大的这一壮举被称作“世界教育史上的长征”。但“长征”这个词，在中国已经成为一个家喻户晓的特定事件，若贸然使用，会导致人们对旅行团很多不切实的联想。这一次师生的步行与工农红军的军事转移是不能混为一谈的。无论是外在环境还是内在结构，二者都完全是两回事、两段史。

对历史一定要从具体环境出发，不能用一个“冠名”来涵盖一切，更不能赶热点攀附。

最初的格局并不和睦

有些事情，我是在采访中逐渐感知的——

当年的湘黔滇旅行团由三校组成，计有教师11人，学生200多人。在1938年2月20日离开长沙，至4月28日抵达昆明。旅途68日，全程3000多里，完成了中国教育史上的一次壮举。

在穿越山野的路途中，学生分成了小队，但带队的黄师岳团长并不要求师生们列队而行，都是按其体力，散漫而行，赶到目的地即可。自然，打绑腿之类的事情也就各行其便了。

按理说，在这个过程中，三校的师生们应该发生很多交集。然而，我在采访中发现，湘黔滇旅行团里的人们各守各校的界限，相互间交流并不多。

采访吴征镒时，他回忆了与老师李继侗同行，采集植物标本的经历。有时路遇闻一多等人。这三个清华教师是一起走的，在路边一同休息，也有照片。

吴征镒当时是清华助教，他没有谈到与学生或其他人的接触交往，显然活动范围只在清华教师圈内。

旅行途中写生的闻一多

当时教授们虽然与同学同一旅行团，但生活不在一起，他们专有吃住的地方，也不和同学们在一起走，有时在路上遇见了像曾昭抡先生，穿着一件兰布长衫，布鞋，身挂相机，样子很奇怪；闻一多先生戴着眼镜，穿着一件古铜色的长衫；袁复礼先生穿着一条灯笼裤，西服上身；李继侗先生穿着一个灰色长衫。他们都走的很慢，三三两两各自走路，反正到宿营地集合。还有教过大一国文的许骏斋、李嘉言等先生，所以同学们，对在旅行中的教授们，印象都不很深。（同上）

后人想象的那种如散步一般的轻松、融洽，在“步行中授课”之类的行为，是不存在的。

采访北大哲学系的任继愈与清华大学土木工程学系的冯钟豫时，我发现他们当时对彼此都没有留下什么印象。到昆明以后，任继愈与冯钟豫之妹冯钟芸恋爱结合，但两人都没有提及旅行团时有过接触。

其他旅行团成员，采访中也没有涉及与别校的老师同学接触的事。

写过《忆湘黔滇旅行团》的李象森是小分队队长，他的小分队里有季镇淮，那是教过我们的先生。

可见当年的步行中，不仅师生有别，学校也是各有“门槛”。当年那些学人的癖性与行止，三校之间以及人与人之间的关系，远不是我们后人想象得那样粗放简单。

任继愈曾对我说过，当时三校学生，一望便知是哪个学校的。北大学生很显眼，就是那种不修边幅、散散漫漫、高谈阔论的样子。就看今日清华与北大，也是风格各异的。

三校合作，本非易事。处此国难最后关头，自然诸多容忍。闻北大与清华学生方面，有些意见。据云起原于步行入滇团。盖彼此各自团结，曾到外互争卧地，而发生小冲突。南开学生甚少，固无所谓。北大自蒋校长到后，屡开会谈。闻钱宾士曾独排众议，谓此刻无所谓北大精神。清华则仍然个人主义，例如梅先生来，同仁绝未想到，设宴开会。（《浦薛凤回忆录》）

“文凭”分类

采访没有“名人之累”的校友，更真切入微。我在滇南采访余树声学长时，他曾经讲起一个细节。在长沙上课的时候，北大、清华的学生同系别的合并开课。有一天，突然来了一批南开中学的直升生，大家都很惊愕，下来后就发牢骚了，因为北大、清华的学生都是经过严格的考试录取的。

南开是一个体系，中学生直接升入大学，也许是它的惯例。但进入了长沙临时大学，在学历的资质认证上就发生了歧问。于是北大、清华的学生不满意，担心他们的学历认证发生混淆。

学历的问题，到昆明后正式解决了。于情于理，皆见出管理者的智慧。

抗战前三校肄业的学生，入联大继续就读者，保留原校学籍与学号，在原学号前分别冠以英文字母“P”（北大）、“T”（清华）、“N”（南开），毕业时分别由原校发给毕业证书。在联

大入学者，学号前冠以“A”，发西南联大毕业证书。（《国立西南联合大学校史》）

发放不同的文凭，认定三校学生不同的学历。北大、清华以及南开原来的学生依然得到原学校的文凭。1938年6月10日成立“1938—1939年度招考委员会”，正式统一招生，统一考试，录取的学生毕业可得到国立西南联合大学的文凭，如此完成了“学历与文凭的统一”。

可见，在战火中坚持与打造一段文化教育的历史，是一个非常细致和理性的工程。任何历史与现实，都离不了体制与人。联合的过程就是一场“战火中的人文整合”，其中饱含了多少心血、智慧与承当。

三校的“联合”，并非“合并”，而是合中有分。联大的结构是奇特的，体现了三校的创新精神—— 1939年6月13日，常委会决定：“自1939—1940年度起，本校各学系教授会主席一律改称系主任。关于各学系设备及课程之支配，均由系主任主持。”6月27日，常委会决定：“以北大、清华、南开三校现有教师、设备为基础，依照分工合作原则，酌行恢复各校原有的研究院及所属的研究所、部，研究生奖学金等费亦由三校自行拨发。”（同上）

现在一些作品把西南联大写成了“大锅饭”，用现在的学校状况和人物关系来杜撰当年，有点想当然。

当1998年我开始采访时，西南联大的高层管理者与筹划人早已离世。几位参与者，施嘉炀院长是参与清华物资撤离的，中风不能言语。董树屏是亲自转移物资的，把他那一路说清楚了。杨业治是校歌委员会成员，把校歌说清楚了。被采访的其余教师没有参与校务。

在对大量学子的采访中，得到的信息都是“联合”的一面。统一招生，统一授课、考试与毕业，在学生眼中，这是一个大学，一个校园。

学生们是“联合”的受益者，故不晓得其中的纷争。而在教师与管理者的眼中，始终是三校。所以，观察西南联大的历史，一定要注意到这样的两面性。

我们今天对“分”的一面了解甚少。北大、清华、南开三校在昆明各自设立办事处，保留着各校原有的某些行政和教学系统，负责处理各校自身的事务。参加联大工作的三校教职员，除由各校仍发给该校的聘书外，另由联大加聘。三校的组织机构对诸如学校经费、房子租用、教师薪水等的管理都是独立的，三校各自的编制一直存在。

而据《浦薛凤回忆录》，联大第一次招考竟然是由教育部协调而定：

> 九月一日联大假云大招考，前后共五六日。予第一天往监考，想起从前每夏在旧都监考情形，真是思潮溢涌，感触万端。今年招考，在汉昆许多地点举行，考卷阅批后，汇送教育部，去取由部中决定。此在联大可免去许多复杂难题（例如用三校分招，抑由联大总招等等）。

可以想见，如果不是分歧太强烈，无法统一，三校是不会把招考大权交给教育部的。

“合中有分”

在《郑天挺西南联大日记》中，记载了很多“合中有分”的情形。如，几次发薪水时，清华总在前面，薪水也高于北大（清华有庚款），资金占优势，搞得北大教师局面不稳，于是只有提薪。《日记》没有写南开如何，但作为私立学校，没有政府拨款，南开更困难。

西南联大作为一个实体运转，必须构建一个重要的框架，联合成立“教授资格论证会”。这在《日记》中有详细记载。到昆明后，北大教员出于傲慢，鼓动郑天挺不参加这个联合性的资格论证会。但郑天挺深知此为联合大局的重要环节，力挽狂澜，终于说服诸公，顺利成立教授资格论证会，保证了统一聘请教员的联大体制。

教授会，也是学校运转的一个重要机制。这些会议的记录现存于北大档案馆，我当年采访时曾浏览、拍摄过，其中关于学校用地、校舍建立，关于招生分数与人数等，皆有与会者签名。这是西南联大实行“教授治校”的一个重要程序。

这个“合中有分”很重要，它保持了三校在联合中的个性、特色与各自的尊严。

“分”是有远见的。抗战胜利之后，三校势必重新回到原来的体制，在学术上进行平等的竞争，各自保持住教育的优势。

大家都明白，一朝北回，各还是各的学校。所以在“联合”中，各校都要保持自己的学术水平、学术制高点，这是心照不宣的。

傅斯年就叮嘱再三，北大一定要保持住学术力量，在战后依然要占有领先的地位。郑天挺一直不肯就任西南联大总务长，也是要继续自己的明清史研究，不愿意因为战时杂事而耽误学术。

今天人们津津乐道，认为西南联大在同一个校园里实现了学术的多样化。几位老师同时讲一门课，各说不一，结果是学生得到了最大的益处。他们不光是接受了学问，也见识了原来学问可以是多元的，开阔了眼界和胸襟。这是古今中外都罕见的大课堂，惜昙花一现，一去不返。

形成这个奇观的原因，虽然出于校长教师们的民主思想，但“联合讲课、分而治校”的机制才是保障。这种罕见的课堂民主，一门课程有多位教师开设，不同的讲课风格与学术路径并存，是三个学校实体竞争形成的格局。

前面曾提到闻一多与罗庸都提出要讲《楚辞》，后来朱自清从中调停，同意他们同时开课。

闻、罗二人的研究方向、路径不一样。闻一多是“闯进来”的，他将考察到的民间方言和神巫大典等纳入了对古代诗歌的诠释中，有新的思想活力。而罗庸是一直在体系中的，从中国古代语言文学的发展史出发，有传统的厚度。

此二人的背后分别是清华与北大，这种各据一方的背景，决定了不能轻易将一人取代另一人。联合办学的背景，决定了必须取“兼容并包”的态度。

理科也是如此。沈克琦回忆，在物理课中，有的先生偏重热力学，有的偏重电学，有的偏重粒子，都开出很多参考书，让学生去深挖，这就叫“开窗户”，可以各自发挥，各有倚重，并不是按教学大纲照本宣科。

因为每一个系的主任由北大、清华轮流担任，所以不会只容许某一种讲授重点或方式出现在课堂上，教员们依然故我，体现的风格也异彩纷呈。

冯友兰在西南联大纪念碑碑文里说："三校有不同之历史，各异之学风，八年之久，合作无间。同无妨异，异不害同；五色交辉，相得益彰；八音合奏，终和且平。"这是有着深刻的不可复制的历史条件的，在世界高校中也是罕见的。

待到1945年西南联大结束历史使命，没有读完的学生则随校北归，相同院系的可以在北大、清华中选择，而南开宣布不接收学生。至此，那种热气腾腾的学术态势就消失了。

"请贤"

任何时候，最难的永远是"人"的问题。

当年的学子何炳棣说，三校都服膺的人是郑天挺，只要郑天挺主事，三校合作就有了保障——这也说明真正能够顾全大局、维系众望的人，少之又少。

郑天挺兢兢业业，不徇私情。有一次，与他相厚的罗常培去大理，拖延不归，郑天挺就"联电"他"速归"：

昨日莘田分函余与雪屏，谓部请其筹备东方语言学校，并令其在大理候张廷休。莘田意甚游豫，就询于余二人，余与雪屏均主其速归，不必久留。余意无论愿筹备与否，均以先回来一次为宜。否则，在联大支薪不任课，而在大理筹备复支夫马费，何以求谅于人？故联电促其归。（《郑天挺西南联大日记》1942 年 3 月 19 日）

看《郑天挺西南联大日记》，梅贻琦、蒋梦麟这些如今被“偶像化”的人，也会发脾气、撂挑子。郑天挺却没撂过挑子，他是这些主持者中最成熟、刚毅的一个。一部《郑天挺西南联大日记》，浸漫着浓厚的忧国、忧民、忧校的士子之风。

北大的一位博士生曾经问我：“当时的人都那么高尚吗？”显然，她对很多偶像化的描写感到疑惑。

在南迁与联合中，教职员们循着抗日、爱国、敬业的方向，追随学校转移，这些都是值得大书特书的。而后，时间漫长，家属随至，后方生活窘迫，各种问题与矛盾层出不穷，也是时局与人性使然。中流砥柱，永远只是少数杰出的人。

浦薛凤在联大的时间很短，不到一年，就去重庆从政，故他的回忆录中时有“揭短”。其实，钱锺书与联大的关系也类似。

在昆明时，为了住处问题，矛盾冲突有时也超出三校界限：

易词言之，六间只容十八人（三人住一房）。今则于大小教室中，已住二十四五人。究将谁留谁移？雨僧及少壮派如涛每、省身、信忠以及北大如昭抡等，早即声称留住，主张向学校交涉。但岱孙、福田、端升、龙荪，诸人则高唱迁让，尤不赞同交涉留住。故雨僧、昭抡及少壮派联名致书学校当局，请求留居农校，不愿另移别处而多周折。校方模棱，置之不理。（《浦薛凤回忆录》）

很多“不成体统”的事情，必须由这些局外人来补充，我们才能了解全貌。

令浦薛凤非常生气的是他自己的住房亦曾被学生占据，直至教授们群起干预，那学生才撤退了。学校内部的混乱状况，也是他决定去重庆任职的一个原因吧。

他回忆梅贻琦到重庆时讲到联大有学生群起涌到酒馆，吃客人剩下的饭菜一事。梅贻琦的原意应该是诉学校财政困难、伙食差，而在浦薛凤笔下却有“不堪”的味道。

《郑天挺西南联大日记》中记载了大量的生活纠葛，都可能影响到学校正常教学的进行：

钱端升因为儿子不能入师大附小就读，一怒要离开联大去重庆，梅贻琦急忙找黄子坚做交涉，事情才得到解决。这件事反映出北大、南开与清华之间的利益协调有问题。

梅贻琦曾经因为疲劳小恙，下乡休息一周，昆明的一摊人事立时失了主宰。后来是郑天挺去将梅贻琦请回来的。其中道了多少甘苦，也只有二人才知。

蒋梦麟长期在重庆，不时有风声说要离开北大。他留在昆明的太太贪图安逸、独占汽车，激起北大教授们的公愤，冲突几起。郑天挺顾全大局，劝说众人，平息纷争。

政府高层时常风闻西南联大有大逆不道之举和言论，蒋梦麟在蒋介石身边化解，写信回来，通知内情，这些都是可能直接影响学校教育经费发放的因素。

教育部要派人接管大学各院系部门，蒋梦麟急叫郑天挺安排当时在职的教授们加入国民党，避免外界势力介入校园，如陈雪屏，都是这样入党，这样主持学校党务的……

三校来到云南边城生活、教学，真的是需要一个大家都认可的当家人，而这个人非郑天挺莫属。

1940 年 1 月，冯友兰与黄钰生、查良钊、杨振声、施嘉炀等西南联大“股肱之臣”劝请郑天挺担任西南联大总务长，留条写下了“斯人不出，如苍生何”的名言。

“封锁”只能使学术与教育萎缩

有人鼓吹一种“越艰苦越出成果”的高调，这是完全不能成立的。

西南联大的成果并不是“日本人打出来”的，而是靠“吃老本”。

如果没有日本的野蛮入侵，40 年代的中国大学正处于一个黄金发展时期。而战争时期的中国大学之所以能幸存，主要是依靠战争爆发前的那一段积累。

北大、清华的掌舵人蒋梦麟和梅贻琦，他们的头脑一直是清醒的。

（五四运动的）暴风雨过去以后，乌云渐散，霁日重现，蔡先生也于 9 月间重回北大复职视事。

北大再度改组，基础益臻健全。新设总务处，由总务长处理校中庶务。原有处室也有所调整，使成为一个系统化的有机体，教务长负责教务。校中最高立法机构是评议会，会员由教授互选；教务长、总务长，以及各院院长为当然会员。评议会有权制订各项规程，授予学位，并维持学生风纪。各行政委员会则负责行政工作。北大于是走上教授治校的道路。学术自由、教授治校，以及无畏地追求真理，成为治校的准则。学生自治会受到鼓励，以实现民主精神。（蒋梦麟《西潮》）

可以看到后来三校联合的西南联大，基本上也是遵从这个框架来搭建的。蒋梦麟的眼光和行政能力，使北大从学潮后的混乱走向治理与提升。

此后七年中，虽然政治上狂风暴雨迭起，北大却在有勇气、有远见的人士主持下，引满帆篷，安稳前进。图书馆的藏书大量增加，实验设备也大见改善。国际知名学者如杜威和罗素，相继应邀来校担任客座教授。（同上）

北大的这些制度和规程，引领着全国的文化运动和思想潮流。

敏于行、讷于言的梅贻琦校长，则在九一八以后，有计划地向内地转移设备和资产。在战争中，保护这种精神和物资的积累，国家、社会和学校各方面都做出了努力。并不是“越艰苦越封锁就越出人才”，实际上因为战乱，辍学的人很多，8000学生毕业不过约3000人。

科研几乎停止，本应从事学术前沿研究的教授都投入了本科教育。

而如果战争再拖下去，恐怕“老本”就要吃光了，毕竟学校不可脱离世界学术和文化的主流太久。当时只有部分教科书是能够与世界一流大学接轨的。

在昆明，西南联大整个学术已经处于一种“缺氧”状态。我的很多采访可以说明这种困境。

江丕权、江丕栋回忆，他们的姑夫胡适从美国给他们的父亲江泽涵寄了一本新出的拓扑学著作，书到昆明，算学系的所有人都来手抄。陈省身也说过，他曾经手抄教材。

李政道回忆，当年有一个学者绕道印度从英国回来了，吴大猷马上安排他与这个人谈话，讲国际科学前沿的研究动向。

文科，也到了内部交流的饱和阶段。据朱乔森回忆，由于昆明远离重庆，学术刊物几无，当时纸张匮乏，朱自清与王力、闻一多等人互相传看手稿，借以激发学术思维。

用现在的话，就是外循环与内循环都停滞了。如果战争不结束，学术萎缩，教育水平滑坡，是必然的。

对于西南联大这个在当今社会日益“走红”的庞然大物，媒体与网络总是带着一种取悦受众、遵从多数的法则，所以臆想和“误区”就不可避免地发生，这也是一种社会学和人类学现象。

那么，通过这部《回望：西南联大沉思录》，人们对往事的印象，会更加接近本质。

日记与灵魂的失落

那些年我沉浸于海量的西南联大文史档案与资料中，为了制作两部纪录片，也满足一点个人的兴趣和探究。

《吴宓日记》，是清华大学的徐葆耕老师从北京带到昆明送给我的。他说，你要做这方面的片子，光看正史和正统的回忆还不行，要进入那时候的感觉和气氛，还得看当时的日记。

于是，我每天床头灯下看吴宓先生的心路历程，转眼历冬至夏。我感到，《吴宓日记》才算得上一部心灵史，才是真日记。《吴宓日记》的写作和出版，本身就是对这个时代的独特贡献。

在此后的采访中，遇到西南联大的人们谈起什么记不确切的事或有争议的问题，有资深者说："你去看《吴宓日记》吧，那上面写着呢。"

从联大校歌的作者是谁，到当年很多人的作为与作文，都要以《吴宓日记》为凭。北大西语系杨业治老先生就如是说。他翻译歌德的诗，可是他自己的诗却失落了。《吴宓日记》出版后，他发现他的诗彼时彼地已被记录在案。

吴宓先生自觉自愿地充当了一段特殊时期和一个特定知识领域的史官。他的记载简明如实，不做增删粉饰。那厚厚的日记有漏必补，有误必纠。真是"撼山易，撼史笔难"。我不由联想起小时候父亲告诉我的“在齐太史简，在晋董狐笔”，这是文天祥《正气歌》里的诗句。中国需要这样的笔。

吴宓巨细无遗地为我们记下了他的“生之责任，事业之计划，德智之进步”，也为我们记下了大时代与大环境的变迁，记下了学者与学术、与社会的关系，记下了时事与闻见，记下了文化人之间的交往以及其特有的品格与精神。这是《日记》的一个重大成就，是无可取代的贡献。

试问我等如今能有此“等量级”的日记吗？无也！难哉。汗颜之。

《文学自由谈》2000年第1期文章《论毛彦文之不嫁吴宓》，专论吴宓的感情生活，说吴宓恋爱失败活该；这倒也罢了，但以其日记来评其“生态心态”，云其无成就者是因为“过多地将时间和精力，放在了对根本不可能到达的婚恋境界的追求上”，此实不敢苟同。

在乎什么，才会记下什么。如果说吴宓满心都是追求异性，以至于影响到他作为学者的素质与境界，那么他是不会如此细密地记下西南联大学术录、事务录、活动录的。吴宓用了如此大的心力观察体验，他在昆明简陋的居所，有时是与众人合住的繁杂环境中，不间断地记日记，这正是一种学者的坚守、文人的操守。

正如吴宓自己对日记的追求：“唯求详实，不厌琐细。立意但直抒胸臆，不计外人之毁誉、吾论之偏颇与否。”只有有赤子之心的人，才能为民族为后人为文化为社会留下如此真实负责的日记。

以日记为证，日寇入侵，国家遭受重创，学校颠沛流离，生存条件恶劣，吴宓依然读书读书再读书。读书就是他的大人生。在那一灯如豆的环境里，吴宓既无妻儿相伴，又无其他嗜好，诸如麻将之类，他除读书外最大的欢乐就是散步，看电影，与友人相叙，与知音倾诉。

还有一个伴随他凄清岁月的内容，就是对女性的向往、想象与追求。这种想象并不是卑琐的、肉麻的，它是一种渴求，渴求得到对方的灵肉的自由赐予。吴宓不知道什么是收买和暴掠，他简直是在恳求，谦恭得过头，包括对电梯里的女性，他的一番赞美亦不见轻薄之词。

吴宓尊重与体恤女性。他的跑腿效力，借钱出去，也常常为了某教授夫人拖儿带女的到来，而每当同事夫人为他补衣缀扣，或“手削水蜜桃食宓”，他都感念于心，记载在日记中。对于前妻的评述，也未见有过分之词。不仅负担经济，还要为之分忧，与之讨论儿女教育。这些都是日记中确凿有之的“生态”。

吴宓以一个旧式才子的方式和“心态”去追求那些已然时髦化了的女子，为她们一一服役效劳，看作业改诗校译借款陪着同悲喜，活活一“宝玉”也。

他的恋爱心态和对女性的理解，仅限于《红楼梦》一类：迂呆之人，难遂众女心愿。但他倾慕时不伤对方，失恋后仍关注对方幸福，甚至担心人家的丈夫性格是否体贴。一切苦酒唯自饮之，并没有招致当时女性的什么指责。

吴宓在日记中对毛女士及诸女性那种所谓的“反复无常”的判断和决策，其实不过是苦恋者的一种心态。吴宓并没有在外散布诸女士的坏话，但他有权保存这一自我折磨的内心角落和私人记录。

吴宓对所恋之毛忽怨其势利，忽恋其才情，绝望之痴，种种不统一，正是一个堕入情网中人理性与感情的混乱状、自然状，也是最原生态的记录。

情感的慰藉，是人活着的一种需要，尤其是吴宓这类生活单一的旧文化人。吴宓的慷慨与寂寞，曾被知性女流在半个世纪前大肆利用过。作为一饱学之士，他自己亦不明智。书本恰恰局限了他。可以说，他是一个被知识“辐射”过量的人，伤了元气。

吴宓的缺陷也是那个时代的文化人难以克服的。而现代文化人的缺陷则刚好相反，是“辐射”不够，太过浮躁。

国难当头，这是中华民族不能回避的一个大生态，亦是吴宓先生的生态和心态的大来由，也造成了吴宓先生的大不幸，造成了他著述不畅、人生不怡等悲凉。因此，任何一种剥离了历史背景和民族感情的分析，都是我不能接受的。

我倒佩服吴宓的静气。每每写到心情烦乱、异性绝情，或是家事不顺，或是银行邮局不畅，或是居室嘈杂，或是亲朋不友等种种不如意时，他就开卷而读，依然能读进去。甚至在病中，在敌机轰炸后，日记上写着“晨轰炸，死十余人”，下午又接着读书或上课。

他的读书，一为备课，二为做学问。总之，是在做对得起中华民族的事情。这就是在国家破碎、山河飘零时，一个知识分子的责任表现吧。这也就是西南联大的那种“尽笳吹弦诵在山城”的精神。

联大师生们有一个总体情结，也可以说是“南渡情结”。他们“万里长征，辞却了五朝宫阙”，含着深重的国恨家仇，教书读书于昆明。他们为保存民族文化命脉，或寻求现代化科技以强国力，或倡呼民主以促社会进步，或直接投军去筑成血肉长城，方式虽有不同，但这段在昆明的生活成为一代知识分子共担国忧的大人生。这幅义无反顾、荡气回肠的图画，正是一个群体的内心生活的写照，是他们一切个性生活的总背景、总色调。

吴宓先生在其中，并自觉担当起描述记录之文责。

吴宓的幸运，是他还有不少真诚关怀他的朋友，和能听他倾诉衷肠的知己。他在昆明城内、翠湖之畔还有不少饮茶、散步、会餐、走访，相陪相助，迎来送往，以此得到生活的充实和慰藉。日记中屡记这些相濡以沫的文化人的活动。

吴宓与陈寅恪情谊深重。“文革”之中，吴宓自己尚被监督劳动，还写信给广州中山大学革委会，恳请人家告诉他陈寅恪的状况或是陈夫人的地址。此信的原件也已发表。吴宓不管革委会对陈寅恪的看法和对他的看法如何，只是苦苦地说出他心中的思念，希望能有挚友的一点消息。至于牵连之祸，不在他的顾虑中。

物以类聚，人以群分。陈寅恪被称为一代文化“托命人”。吴宓与陈寅恪是同类，只是个性不同。他们都是以中国文化为自己生存的使命和理由的。王静安与老舍先生亦是此种人，故有以死抗争之举。

至于以“旧文学”来贬斥吴宓，那已经是文化逻辑上的混乱。旧文学与新文学都有生存之理。旧文学也是中国文学的一部分。在一个民族垂危的时候，传承也是忠诚与气节的象征。

朱自清的日记里有一篇写道，在某教授的家里举行派对时，他的夫人“舞姿不佳”。徐葆耕便问朱自清之子朱乔森，你父亲这样写你母亲，她生气吗？朱乔森说：“我母亲从来不看我父亲的日记。”诤诤一语，那位“舞姿不佳”的朱夫人立刻显出雍容气度。朱自清日记中也谈到对闻一多的一些不快，但并不妨碍他为闻一多写出“你是一团火”的著名诗篇。

日记，又是人的性格的容器。人总有些幽微之思是属于自己的，要有个地方安放。每个人都不可能完全地接受别人，即使是爱侣、情人和密友。如果说“能”，那是虚伪，或肤浅，或有心机。

汤因比说：“个人内心的发展，经由外在的行动，才造成了人类社会的成长。”而日记，正是一个人发现真实自我，并发展和形成独立人格的过程；也是一个审视并与自己的内心世界交流的手段。

中国古人对内心生活的涵养早有系统的学说。“我善养吾浩然之气”，养气养性亦是内心生活的一种。中国人说“士别三日当刮目相看”，就是这种心理积累和前进的过程。如竹林七贤、扬州八怪，即是将心形于外相，使精神体现于形式，所谓“放浪形骸之外”也。那一股精神的潜流被中断了，人的行为便失去了性灵。

“思想无罪”，可以引申到“日记无罪”。日记并不算是外在行动，它只对个人产生作用，是个人思想的载体、情感的盛杯、灵魂的扁舟。而吴宓的外在行为是经过了个人约束的，他并没有把日记中的一切统统推到社会上去让人们承受。

古今中外，但凡有成就者、有作为者、成大器者，无不具有充实、丰厚、活跃的内心生活，具有有别于常人的精神发展史。那是一个宏大的、值得深入探究的世界。

日记书写者，真诚地剖开自己的思想和灵魂，忠实地记录自己的情感和心理，为后人呈现出可供析解的人性之深刻与复杂、时代之流转与变迁。吴宓半个多世纪如一日行此“极难事”，为我们提供了殊为珍贵的文本，这是无法替代的，是一个应得到足够尊重的宝藏。

从“老滇票”到“第二故乡”

——冲突与融合

南迁过来的人们，教授、学生和家属，都会以一种亲切的口吻提到“老滇票”。

在清华园，杨振宁有一番从容的回忆：“昆明是个四季如春的地方，我在那边度过了七年。昆明，等于是我的第二故乡。我们刚到昆明的时候，对昆明有个特别好的印象，因为蒋介石跟龙云大概做了一个什么交易，把以前云南的纸币，叫作‘老滇票’，跟重庆的法币定成十比一兑换，使得我们忽然变阔了。因为我们拿的是法币，买昆明的东西变得非常便宜。”

老滇票，如杨振宁所说，是令这些北来的人们“忽然变阔了”的本地货币。其实它应该被称为“新滇币”。

我的父亲与新滇币有相当深的关系，他对我说过这段经历。

当时龙云请缪云台回云南开办银行学校，我父亲是第一届银行学校的毕业生，并以第一名的成绩进入富滇银行。富滇银行发行了新滇币，使云南财政相对独立，社会平静安宁，为抗日战争做了财力物力准备。抗战中的重大工程，如滇缅公路，如滇军出征，都是由富滇银行集资支持的。

李佩说：“我刚到昆明时，昆明还用老滇票，我们的伙食就非常好，向我们收八块钱一个月的饭钱。后来云南改了币制，滇票完全不用了，那伙食就不行了。”

但是在当年联大人的口中，老滇票又被引申为贬义，因为它比法币的币值低，被用来代指“昆明人”，意思是“老土”。

在北方迁移过来的人群眼中，昆明人文化低，见识少，而性子犟，有脾气。

一开始，北来的人们傍晚在翠湖畔散步，男女挽臂同行，当地人看不惯，暗中投掷小石子。而联大学生在南屏大戏院看好莱坞电影，本地的口头翻译太粗滥，引发联大学生起哄。

新滇币样票（在北来人群口中一律称“老滇票”）

冲突终于由一篇文章引发。

一场轰动社会的舆情冲突

采访杨振宁时，他跟我们说了几句地道的昆明土话："一么一亩地，二么二丘田。"然后他突然收口了，可以想见当年北方人是打趣这些方言的，而我们摄制组就是从昆明来的。其实我们不在意。

他随之说了一个故事："当时还出了一件大事。那时候有一位作家，叫李长之。李长之是一位很有名的作家，他对鲁迅有很深入的研究。他到了昆明以后，觉得云南民风淳朴，就写了一篇文章，叫《云南人与牛》，引起了大辩论，因为有些云南人不满意，认为这是侮辱云南人。其实我看了那篇文章，我觉得他并没有侮辱的意思。他的意思是说云南人民风淳朴，讲话比较慢，没有外省人那么滑头。其实他是讲好的。假如你们去查 1938 年四五月的报纸，你们大概还会发现这一阵子的辩论。"

这个事我也听父亲说过。李长之因此被云南舆论界宣布"驱逐"，而后离开了。

1998 年我从海南回到家乡时，看到云南的办事节奏、观念与沿海差别很大，很不习惯。时逢翠湖图书馆春秋讲堂邀请我做讲演，我准备的题目是"论边民之优劣"。

父亲看到后严肃地告诫我："你以为你就不会被驱逐吗？"我才意识到，自己太急切地想把沿海的效率传达给乡人，却没有顾及他们的自尊心。

李长之先生也是希望云南人进步，但从“讽刺”入手，人们不买账。

这场公开的“侮慢”与较量，以云南本地人的胜利告终。

无疑，这件事给中学时代的杨振宁留下了深刻印象，造成了比较大的社会震动，使北方来的这批知识分子重新审视了自己对待边地人民的态度，从中受到很大启示。这对于后来的相处是有积极意义的。

事实上，两个文化差异巨大的实体，突然间发生这么紧密的接触，冲突是不可避免的。如何处理这一冲突，最终结果怎样，也很值得后来的历史学家研究，具有一种广泛的意义。

落后地区与先进文化的衔接需要过程，尤其需要诚意与耐心。

现在的说法是：当年关系一派和谐。其实何必粉饰、矫情？真正的共情，是产生于时间和努力中的。

近来与人讨论起五四运动的口号：科学与民主。我意识到，这个提法还不太完整。这两个都是手段，而主体缺失了。主体就是“人”，以人为本。假如违反了人的意愿，强制化地要求别人接受所谓的先进意识，也是违背规律和侵犯人权的。

在谋求进步和发展时，人们的尊严感应该得到尊重。丢失了尊严的发展，毫无意义。

任继愈是肯定云南民风的，他对我说：“我很喜欢云南的民风，人民的风情，非常朴实。过去在上海，有些事情出了些问题，拿些钱就能够摆平了，解决了。云南不行，给了钱也不行。”

云南人有脾气，讲感情，对尊严看得很重。任继愈说：“这是非常可贵的。”

首先征服北方人的是云南可爱的气候

哲学系学生郑敏说："昆明是'慈善'的，老天爷很慈悲，冬天只要一件毛衣或者一件薄棉袄就能过了。我们都是很穷的，我记得好像都没有袜子穿，也就这么过来了。……在那种生活里面，当时我们没有感觉到特别穷苦。"

李曦沐深有感触："我们当时在云南很穷，我就靠一件毛衣过来的。冬天的时候，有钱的同学，把棉袍借给我穿。当时我们的茅草棚窗子都没有，就是几根木头。要不是那个气候能够只穿一件毛线衣，否则不可能生活下去。"

梅校长之子梅祖彦说："我对昆明了解不多。从前的印象里，这里比较隔离，不是很发展的一个地方。不过，到了昆明以后，这里的风土人情还是给了我非常好的印象，天气四季如春，物产非常丰富。抗战初期，沿海各地都很混乱，但是云南还是有一点世外桃源的感觉。头几年，我们在昆明住得还是很愉快的。总的知道是在打仗，但是战争好像很遥远。"

我家乡古滇宁州一位翰墨领袖有题写太华寺的诗句，近来屡为人们所引用：

渔灯初照四三点，春色高凭十万家。
起灭不须悲世界，劫灰今已被桑麻。

云南大地，原野辽阔，四季常绿，桑麻遍布。

王力的太太夏蔚霞说："我在昆明住得非常高兴，因为昆明实在是好地方。……我为什么怀念昆明？昆明天气好，物价便宜。我们刚去的时候用的是滇币，老滇币一块抵十块。后来又变新滇币，一块抵五块。物价便宜，东西又大，圆白菜很大，萝卜很大。我记得当时别人跟我说，一个人挑萝卜，只挑两个萝卜，前面一个，后面一个。这个我没见过，可是挑四个萝卜的我见过，前面两个，后面两个。"

"我们住在农村，什么东西都是吃新鲜的。后来有很多东西我都是从昆明学会的，做咸菜，昆明的茄子鲊、韭菜花、干菌，干巴菌最好吃了，我非常怀念。昆明的米线，我认为焖鸡米线比过桥米线好吃。后来我们再去昆明的时候，我不好意思自己出去吃焖鸡米线。他们开他们的会，我就偷偷地一个人出去吃。还有一种普通老百姓常常吃的烧饵块，圆圆的。粤秀中学的学生来上课以前，就吃门口的烧饵块，我觉得那有什么好吃？后来吃吃看，真的是好吃。擦上辣椒酱，真好吃。螺丝米线、腌菜、大头菜，大头菜我喜欢空着吃，因为不咸。在我们住的地方的底下有一个包子铺，卖一种破酥包，特别好吃。我现在还非常怀念那个破酥包。所以，我对昆明特别有感情。"王力夫人几乎是开出了昆明的"小吃清单"，有的东西我这个昆明人也没有吃过。

那一年，衣锦还乡的杨振宁在欢迎盛宴上提出，要吃"烧饵块夹油条"，那是一种和战时生活相伴的平民早餐。他曾带着两个弟弟回到乡下住过的龙院村去，并与当地的青年交谈。

烽火连天中的转移，为学校选择昆明为目的地，是蒋梦麟校长之功：

> 在这样的气候之下，自然是花卉遍地，瓜果满园。甜瓜、茄子和香橼都大得出奇。老百姓不必怎么辛勤工作，就可以谋生糊口，因此他们的生活非常悠闲自得。初从沿海省份来的人，常常会为当地居民慢吞吞的样子而生气，但是这些生客不久之后也就被悠闲的风气同化了。（蒋梦麟《西潮》）

蒋梦麟为“悠闲的风气”辩解，他看到了“云南性格”的价值，这就是现代生活中为人们所稀罕的“钝感力”和“慢节奏”。在当下，它们已经成为时代生活的一种新取向。

云南质地古朴，使人褪尽铅华，回到生活的本相及生命的源头。云南人倔强真挚，从善如流，相处愈久，愈显示出其魅力。在这悠然之下是一种大智慧，是一种天人合一的生命观。蒋梦麟在此透露出为学校“选址”得当的欣慰。

北平，不仅是首都，还是古都，另有一种闲韵与兴亡之叹后的淡定。北平的这些名人与南京本来就不相配，去重庆也不当，蒋校长深谋远虑，不如到昆明合适。

很多旧照片表明，联大的教授最喜欢游览的昆明名胜是大观楼。他们爱在楼下合影，这意味着一种认同。大观楼以“天下第一长联”著称。作者孙髯翁在乾隆年间作下此联，联中表达的是对汉朝以来征讨边疆的追述、对瑰丽风光的赞美和对沧桑历史的慨叹：

莫辜负，四围香稻，万顷晴沙，九夏芙蓉，三春杨柳。

父亲曾经给我解释为什么“三春”在“九夏”之后。这种有意颠倒，正是表达自然与人类社会的周而复始、生生不息、永无“绝地”的乐观精神。

闻一多的女儿闻铭回忆当年的悠然时光：“在晋宁的时候，我父亲休假。正好他准备开上古文学史的课，有时候，他备课间隙，就带着我们出去。在晋宁郊外，有一个草地，有田。他带着我们在草地上，带一块毯子往草地上一铺，再泡上一壶茶。他跟我母亲就坐在我旁边——一边喝着茶，一边坐在那儿。然后，我们在那儿翻跟头，抓蝴蝶，在草地上玩儿。他和我母亲就坐在那儿看着我们，笑眯眯的。”

闻立鹏说：“他（闻一多）给朋友的信就写过，他要诗化生活、诗化家庭。”

这样的理想，闻一多大概也未曾料到，居然是在躲避轰炸的乡间得以体验的。因为有这些精神的展现，所以把闻先生归纳为“民主斗士”，我认为是很不全面的。闻一多的本性与本质依然是“诗”。

民风淳厚　宜结良缘

昆明人因为地理偏僻，生活闭塞，对外来事物不习惯，容易产生抵触情绪，但那也只是止于一种“赌气”，不会演化为暴力，一遇善意，立即和解。

日久人心见，北方来的人们与当地人相处得越来越融洽。戒备一消除，态度立即积极热情起来，且当地人对新事物、新观念很好奇，吸收力很强。翠湖边对情侣扔小石子的事情很快就过去了，当地青年也形成了男女挽臂散步的风气。

对这片注定要栖身年久的土地，联大人认同感与日俱增。年轻人之间很容易沟通。在一次石林的旅行中，联大学子李凌对当地少女黎勤一见钟情。

我们采访他们时，黎勤回忆："李凌跟我讲了好几次，他说我第一次认识你，不是在学校里，而是在路南。他们在路南玩，我正好是放完假，那时候还没进联大，要到昆明去。我那时候坐大卡车，他们也是坐大卡车。他说我第一次看见你，我对你这个云南姑娘就……我就有这个印象，你这个云南姑娘不错的。他的意思就是说，不是像'下家人'讲的那种'老滇票'。""老滇票是云南富滇银行发行的省内纸币，当时相对中央银行的法币要低值。用这个外号来讲云南人，是贬低。云南人就在街上揍（他们），说：你们'下家人'——把外地人叫作'下家人'——老滇票？没有老滇票你们吃什么？"

倔强的云南人与发达地区过来的人们，开始时相互看不起与不信任。所以，黎勤说："父母不知道。父母要知道就要反对了，父母不希望自己的孩子嫁给外地人。大量沦陷区的人到云南以后，他们看不起我们云南人，觉得是'老滇票'。"

李凌是广东人，才子，笔头来得快，后与王汉斌一起办《现实》壁报，在民主墙影响很大。黎勤是云南石林人，后来考入联大。他们的恋爱就是读书，一块儿读。

在他们二人的关系中，看得出来，黎勤是占上风的。她在云南人的立场上说话："租房子你还不得租我们的房子，你们吃喝拉撒能离得开吗？云南人热情忠厚的一点使他们感动。他们打不过，那些'下家人'就是嘴巴说说。"

日久，外来的人们逐渐感受到云南人的宽厚与包容。黎勤说："一开始是冲突，但是学校里没有。后来外来人一看不是那么回事，这个'老滇票'是非常热情、非常朴实的，对'下家人'给予很大的帮助。"

任继愈给我讲了一个故事："王瑶的爱人就是你们云南人。……那时候家长不同意，说这么一个小勤务人员，你怎么能嫁给他？她私自跑出来的。原来约好在一个汽车场见面，她从家里走，他从学校走，两人会面以后就走了。"

我上学的时候，王瑶先生是我们的系主任。任继愈夸奖道，这位姑娘"有眼力"！

台北的湛淳霈学长对昆明的评价与众不同，他说："昆明这个地方啊，从重庆到昆明，这都是我人生中最得意的地方。一个是气候好，再一个，我在那里啊——这样讲啊，人的行为依靠的是个观念。有了不要钱的观念，你才有不要钱的行为；你有爱老百姓的观念，才有爱老百姓的行为。我的观念是在昆明养成的。"

湛学长是台湾地区有名的廉政官员。见到他的时候，他一身皆白，夹克衫，鸭舌帽——这也许与他洁身自好的信念有关。他说："昆明的气候啊，人很好啊，昆明人很善良啊。我在昆明从来没有人骗过我、欺负过我。"

战火中饱受沧桑的联大人，渐将昆明视为"世外桃源"。西南联大校歌唱："尽笳吹弦诵在山城，情弥切。"表达了北来的人们对昆明的感恩与赞美。

在《吴宓日记》中，对翠湖、文化巷等颇多赞美之辞。

吴宓教授信步于翠湖，因得灵感而将好莱坞影片译为《翠堤春晓》，首映于南屏大戏院。南屏街上的这座大戏院成了联大师生和城中文化人的重要休闲之处，战时文化享受的难得之地。五分钱一包的五香花生米吃得香，电影看得过瘾。这令联大人至今回味。

此前，南屏大戏院放映的好莱坞电影都是用话筒现场翻译的。在西南联大迁到昆明之前，电影里所有的男人都叫“约翰”，女人都叫“玛丽”。

在梅贻琦校长的介绍下，南屏大戏院的老板请吴宓教授来担任电影的翻译。《魂断蓝桥》《出水芙蓉》就是从南屏大戏院放映之后，传播到内地去的。昆明人也从此结束了一个“盲看外国电影”的愚昧时期。

陈省身先生是将新娘接到昆明，在“共和春”举办婚礼的。他对我们回忆，昆明难忘，因为是在这里成家。梅贻琦做主婚人。

中文系罗常培教授把自己居住的昆明寓所百梅馆戏为“百媒馆”，声称要做100个媒。任继愈与冯钟芸在为人代课的时候相识了，后由罗先生做媒撮合。

战争在继续，一个民族的文化与生存也必须继续下去。由于战火隔绝了师生们的父老乡亲，西南联大有了一条不成文的规矩：教员结婚，梅校长主婚；学生结婚，教授主婚。

在昆明郊区的宜良县岩泉寺，有钱伟长留下的题词：“岩坚泉清，宜结良缘”。它纪念着钱伟长当年曾经来到这里，在他叔叔钱穆教授处，度过了新婚蜜月。

“乡土中国”的多彩缩影

一种春天般的温暖，不只是气候可以给予人的。

昆明有着连接中华历史的余脉幽韵，吸引着北来的人们，令他们可以寄托悲壮忧思。

崇尚气节，在昆明是有历史记录和文化传统的。这块土地上的人们尊重坚贞不屈、视死如归的精神。近代史上在这偏僻之地爆发出了“护国起义”的惊世之举。

蒋梦麟的《西潮》中细致描绘的都是我这个昆明人童年熟悉的故事和地标：“城里有一个石碑，立碑处据说是明朝最后的一位流亡皇帝被缢身死的故址。石碑立在山坡上，似乎无限哀怨地凝视着路过的行人。”

当已经成为阶下囚的永历帝被带到吴三桂面前受审：

> “你还有什么话要说没有？”据说吴三桂这样问。
>
> “没有，”明代的末朝皇帝回答说：“唯一我想知道的事是你为什么背叛我的祖上？你受明室的恩泽不能不算深厚吧？”
>
> 吴三桂闻言之下，真是心惊胆战，他马上下令绞死这位皇帝。后人在那里立了纪念碑，上刻：“明永历帝殉国处”。（《西潮》）

蒋梦麟所述的，正是世代流传于昆明人中的版本。很小的时候，父亲带我走过五华山脚下那个陡坡时，指着路牌告诉我，“逼死坡”就是吴三桂逼死永历帝的地方。

这位皇帝在死前面不改色，大义凛然，斥责叛贼。国家将亡，而国格不辱，故昆明人悯之而纪念。

父亲还说，后来吴三桂又举旗反清，还到永历帝墓前祭拜。这真把幼小的我气炸了，世上竟有如此无耻之人！这也拓宽了我对人性的认识，一部中国历史并不都是志士仁人。

许渊冲学长在校碑前曾经说过一句话：“我们这代人苦难深重。”我感觉，“苦难深重”四个字，很大成分是由吴三桂这类人造成的。

> 离城约十公里处有个黑龙潭。春天里，澄澈的潭水从潭底徐徐渗出，流入小溪浅涧。黑龙潭周围还有许多古寺和长满青苔的大树。明朝末年曾有一位学者和他的家人住在这里。崇祯帝殉国和明朝灭亡的消息传来以后，他就投身潭中自杀了。他的家属和仆人也都跟着跳入潭中，全家人都以身殉国，后来一齐葬在黑龙潭岸旁。西洋人是很难理解这件事的，但是根据中国的哲学，如果你别无办法拯救国家，那么避免良心谴责的唯一方法就是以死殉国。抗战期中，中国军人以血肉之躯抵抗敌人的弹雨火海，视死如归，他们的精神武装就是这种人生哲学。（同上）

黑龙潭，是我家人常去郊游的场所。寺庙香火兴盛，潭旁有“唐梅宋柏”，足见中国人是以唐宋为自己宗本的。《西潮》中记述了那一赴清池的学者薛尔望。父亲说，当时他家的狗都跟着跳下去了。潭旁还有义犬墓，记得是很低小的一个土包。

黑龙潭的古迹尤其打动联大人的心。罗庸曾著有研究文章。

蒋梦麟说，西方人不能理解这种殉国行为，包括在整个“二战”中中国军人那种不惜以卵击石、舍生取义的选择。

父亲曾带我到圆通山看远征军纪念碑，他指着那些阵亡将士的名录对我说：“你说，为哪样？他们又是为哪样？是为了我们，为了这个民族，去死的。”

那座碑后来被毁，但这些“为哪样”的榜样，却已经活在我年少的心里。这个世界上有很多不知名的人，我们永远也不知道他们是谁，但我们这个民族的生存与尊严是他们争来的。

在昆明人心目中，对这批北来者，也有着关系“民族气节”高度的考量。所以，以龙云为首的政府，以及以下各机构、学校等，都明白这批学者的价值。

我认为，正是这种共同的对气节的崇尚，使西南联大与昆明本土发生了精神的共鸣和情感的交融。君子喻于义，小人喻于利。云南人民与联大人的情感，有一个最大的共通之处，就是“家国情怀”。

父亲说，自从西南联大的名人教授来到昆明城，昆明的富家人就不好意思穿绫罗绸缎了，因为觉得国家将要灭亡了，这么多名人来到这里都如此俭朴地生活，自己还摆什么阔气呢。太太小姐们纷纷收起那些讲究的衣服，穿起蓝布衫走进学堂。山城中那种狭隘的夸豪斗富的风气为之一改。

西南联大，把这种民族的羞耻之心，把风雨同舟的民族意识，带到沉睡的边城。

而对学者来说，能够给他的专业研究带来文化资源的地方，一定会令他喜爱。

费孝通说，昆明生活对于他个人来讲是很值得留恋的一段历史。当年，他从英国回来就到了昆明，先进入云南大学，后来转到西南联大，是这块土地成就了他："我学术上的主要成就，在云南这一段，以这本书（《云南三村》）为代表。云南的三个村子，在滇池旁边，我们自己去跑的。前几年我也去了一趟，去看一看旧地方。云南风景美丽，气候很好，是值得我留恋的地方。同时我接触了云南的很多乡亲，在生活方面了解他们，觉得很亲热。我常常想念他们。"

滇池附近，他都去走了。在云南的考察中，费孝通创立了新的社会调查方法，引起了国际上的注意，他信为对自己最好的奖励。

当年，费孝通在西南联大和云南大学讲授"乡村社会学"课程，这些内容应当时《世纪评论》之约，而写成分期连载的 14 篇文章。

> 我当时在大学里讲课，不喜欢用现存的课本，而企图利用和青年学生们的接触机会，探索一些我自己觉得有意义的课题。那时年轻，有点初生之犊的闯劲，无所顾忌地想打开一些还没有人闯过的知识领域。我借"乡村社会学"这讲台来追究中国乡村社会的特点。我是一面探索一面讲的，所讲的观点完全是讨论性的，所提出的概念一般都没有经过琢磨，大胆朴素，因而离开所想反映的实际，常常不免有相当大的距离，不是失之片面，就是走了样。我敢于在讲台上把自己知道不成熟的想法，和盘托出在青年人的面前，那是因为我认为这是一个比较好的教育方法。我

并不认为教师的任务是在传授已有的知识，这些学生们自己可以从书本上去学习，而主要是在引导学生敢于向未知的领域进军。（费孝通《乡土中国》重刊序言）

我以为，费孝通在战时的考察研究中提出“乡土中国”的概念，其理论是否成熟完整并不特为重要，它的价值在于指明了一个方向，鼓舞和支持来自象牙塔的人们，去发现自己本土的文化和资源，有“振奋士气”之功。

而云南所具备的丰富的社会历史与自然资源，正可以作为“乡土中国”的一个缩影。

当我去采访吴征镒学长时，在他家中客厅，巨大的书案上面铺开了很多植物的素描图。吴先生正拿着放大镜凑近了分辨。后来他完成了《中国植物志》这一历史性突破。

吴征镒在南迁的时候是助教，刚刚留任清华。一件伟业就从当年协助导师的工作开始：“在西南联大八年，影响我思想变化的，先是分类学的老师吴韫珍先生。他是江苏青浦（今属上海）人。他到了昆明以后，有很多工作做不了。这个时候他怎么办？清代有一个学者叫吴其濬，写了一本书叫《植物名实图考》，里面画的很多植物非常像，而且都是昆明附近的。吴韫珍到了昆明以后，经常到近日楼去买花。当时卖的都是野花，他把这些野花一个一个画下来，来考证《植物名实图考》里面的中国本土植物。我也帮助他做这些工作，得到了很多切身的教育。”

先贤们择地而居，总是以事业为重。当吴征镒选择了云南作为事业基地，他的妻子也来到边地，以后儿子直至儿媳也安居于昆明北边郊区的山林中。

我记得，那个山中的小院长满植物，略微潮湿，显得很陈旧，周围空气清新。

吴征镒说："八年在昆明，我印象很深。特别是因为我是学植物的，我感觉到云南是研究植物的一个最好的地方——全世界恐怕都很有数的。1958年之后，我又回到昆明，一直到现在。所以，我的大半生，除去在北京，还有家乡扬州之外，其他时间都是在昆明度过的。"

闻一多则是在云南开辟了他对中国古典诗歌的全新阐释，不只是方法路径，更是与人类学接轨，有未来气象。这一点在后来的学者中渐自获得认同。

闻一多有一幅著名的照片，是他在石林。那里时常举办少数民族的歌舞表演和祭神大典。

闻一多将《诗经》《九歌》与云南少数民族的祭神大典进行类比，寻找新的诠释，在学术上开创了用人类学解释古典的先例。

我看到过闻一多批注《九歌》的原稿。闻立鹏在接受采访时也谈起过云南民俗对闻一多学术的影响。

无论是住农家调查民情，还是用神巫文化重新阐释《诗经》，闻一多、费孝通他们对学术的重新审视，与"草根"之民俗汇同，意示了一种回归。

闻一多可能是最早用人类学的眼光研究中古史的学者。费孝通则在云南建立了"中国社会学"的国际地位。他们二人的目光，在文科学界是最长远的。

郑天挺喜欢蒙自的火把节，认为是生命之火的象征。而买蜡染布的教授夫人们，都爱这古朴、天然的布料。沈从文总是收集一些竹木手工编盒，展示于人。邓稼先在几十年后还与妻子回忆昆明五华山鸣炮报时的传统。如联大出身的哲学史家任继愈先生所言："中国的文化在民间。"

教授们到大理讲学，潘乃穆给我提供了一张照片，是潘光旦在大理一座亭子里的背影。这位独腿的学者，依然喜爱旷野生活。

费孝通写散文赞美洱海与渔姑。2000 年 8 月，他重返昆明，携带着氧气瓶去了丽江多地。我派摄像随同，留下珍贵影像。在农家小院和山道上，坐在轮椅里的费老自己也笑得像一朵山茶花。在云南的山川与山民间，他忘掉了他经受的磨难与忧伤。

大规模的人文关怀与互惠

早在 1938 年，西南联大接到教育部的文件，奉命协助云南开办师范学院。

> 西南联大师范学院是 1938 年遵教育部命令增设的。当时在全国共增设师范学院 6 所，除西南联大外，中央大学、中山大学、浙江大学、西安临时大学（后改名西北联合大学）同时增设，另在湖南蓝田单独建立一所，称为国立师范学院。为了加强对师范教育的领导，教育部同时颁布了《师范教育规程》，对培养目标、入学资格、学习年限乃至院长的聘任等等，都做出具体

规定。(《国立西南联合大学校史》)

师院学生虽与其他学院的学生一起上课，但要求标准不同：

> 作为未来中学教师的师院学生所需要的知识结构，与文、理学院各学系学生不尽相同，即使是同一名称的课程，其深度、广度、重点也不完全一样，因此，师范学院在发展过程中，针对师范教育的特殊性曾独立开出一些专业必修课程，以适应师院学生学习的需要。……教育部很快择定黄钰生为师范学院院长。(同上)

从此，云南的中学师资教育得到了大幅度的提升，升学率也大为上涨。

“两弹一星”功勋奖章获得者之一王希季，被誉为中国的“火箭之父”，一个白族青年，就是从云南大理考入联大的。

西南联大来到昆明后，还以更多的自觉意识与行动，为当地政府与民众解决现实问题。

吴征镒说：“这个精神，一个是集中，一个是自由的学术空气，大家都是为了救国救亡而工作的。当时，我的老师，像李继侗先生，到了昆明以后，头一两年带着我们或者让我们自己到昆明附近，大理、宾川、鸡足山，一直到滇西南，就是现在滇缅公路这些地方，去考察荒地，预备难民到那里去开荒，等等。”

冯钟豫学长回忆，当年他们在施嘉炀院长的率领下为云南开展水利工作，扩建滇池出口石龙坝发电厂，以及进行相关勘察等。

清华的研究所曾经对昆明周边的人口、气象、语言等进行过调查、记录。一曲《小河淌水》之登上大雅之堂，亦与学人们组织的民间采风有关。

对昆明市民而言，影响最广泛、效果最轰动的是联大教授们的社会演讲。当时很多是在至公堂举办，状若盛典。

我父亲说，店铺到下午就把门板上起来了，因为老板和伙计都要去听先生们讲课。

我曾看到当年由云南政府印的一本小册子，上面是这种社会课堂的内容，有梁思成的建筑学、潘光旦的优生学、吴晗的历史学、刘文典的《庄子》。

这些当代中国最前沿的学问，就这样向幸运的昆明市民们开放了。我父亲那时已在银行就职，听这些演讲成为他这样的职业青年难得的学习机会。

据何炳棣先生在《读史阅世六十年》中回忆：

> 1944 年春间在联大新校舍遇到闻先生，他问我的近况，我告他为解决住的问题，我在大西门外昆华中学兼课已半年多，虽只一间，宿舍楼固窗明，条件还可以。他说住在乡下本来是为躲避日机轰炸，往返二十余里很不方便，如果昆华中学能供给两间房子，他可以考虑去兼课。我立即把闻先生的意愿告诉李埏（云大文史系讲师，兼任昆中教务主任），他和徐天祥校长喜出望外，立即决定以原作医务室的小楼楼上全部划为闻先生全家住

处。我记得楼转弯处的平台还不算小，可以煮饭烧菜囤放松枝。楼外空旷，住定了后，闻师母开辟了小菜园，颇不乏田园风趣。

昆华中学是我的母校，也是父亲与弟妹的母校，在昆明中学中是资质最高的。其校园环境开阔，嘉木林立，湖滨幽美。既称名校，殊重才学。后来更名为昆明市第一中学。

我自己亦在插队下乡多年后被母校专程寻访，捞回去做了一年的语文教师和初一的班主任。所幸竟与闻一多先生为隔代的同事了。

据李埏的回忆，闻先生名为兼课，但校长徐天祥却慷慨地给予专任教师的待遇。报酬是每月一石（100斤）平价米和二十块云南通行的“半开”（两块“半开”合一个银元）。这二十块“半开”的待遇是我们一般兼课的人所没有的，银元在当时是非常“顶事”的，更何况闻先生已开始以篆刻收入补家用，所以那时闻先生全家的生活并不是像一般回忆文章里所说的那么困难。我所要讲的正是闻先生生活“苦”中“乐”的方面。（同上）

这种直接介入当地学校教育的举动很快蔚然成风。来自中国最高端和最开放地区的文化输入与教育熏陶，在西南联大落户云南的漫长时间中，迅速地成为一股势不可挡的潮流。

例如，王力在粤秀中学任教，还为这所中学写了校歌。

我母亲当年在昆明市女中读书，她们的老师有联大学子、东北流亡青年，除了上课，还教她们唱救亡歌曲，讲抗战形势。可以说，她们每天耳濡目染的都是“联大文化”。那个年代的昆明中学生有福了。

大批联大学生因为家庭在沦陷区，经济供给断绝，还有很多人到云南的专县上去当中学老师，其深入的程度，达到一个历史水平，后来很少有这么多的高校学子去边地任教。

学子郑道津后来就留在云南，做了个旧一中、二中的校长，他总结道：“联大到了昆明之后，由于联大的学生往往没有经济来源，生活无着，不得不到校外工作。昆明的就业范围是有限的。但随着抗日战争这个大形势的振动，各个地方势力也感觉需要人才才能赶上形势。抗战不久，各个地方办教育的形式也大大小小地多了起来。有些地方大力发展教育，办的中学能扩展到一些小的县份。在这种情况下，联大学生为了自己解决求学的需要，相当多的人开始下乡，就成为县城和城镇中学老师队伍中的重要力量。这些人到了地方，开始使云南的教育在教学的深度上大大改进。……随后每座县城至少都有一所中学，有条件的还有一所高中，学生就能到昆明来考大学了。联大后期云南籍的学生所占的比例是很大的。地方教育马上就打开一种新的局面了。”

云南的边远地区，也受到了西南联大的精神洗礼。很多年轻人，尤其是女孩子，因而得到了受教育的机会。当时有些带着孩子的女性来上学，令联大女生惊讶不已。

云南女性渴求知识与自主自立的意愿一向是非常强烈的。那一代云南女子有很多是“解放脚”，那是曾经裹足，后来放开，脚形已经有拘束，但可以正常行走和劳动的脚。

李曦沐曾说：“西南联大的学生爱国民主运动在全市全省都有很

大的影响。其中很重要的一条，就是很多中学的老师是联大学生，因为联大学生生活困难，都得找点工作来增加收入维持学习。联大同学在中学教书的非常多。当时卖报的……干什么的都有，但教书是最好的了，是比较稳定的职业，比较适合这些同学。其中特别进步的同学和党员，在中学里起着很大的作用。”

云南省委原书记普朝柱是我的同乡，他告诉我，在长城中学念书时，他同桌是后来“一二·一”运动中的“四烈士”之一张华昌。长城中学是东北流亡人士办的，教员来自联大的东北学子。所以普很早就参加了抗日民主运动，后来去“边纵”打游击。普朝柱说，假如没有西南联大，云南的发展会推迟至少 20 年。

我母亲在市女中有一位相处最好的同学，我叫她王孃孃。她原是圆通山下大户人家的小姐。母亲说，王家是三进院，王母慈祥，时常在家中请这些外地的同学聚餐，尤喜爱我母亲，给她做了一件刺绣的棉袄。

我父亲则夸说王家大小姐生得美貌，性格开朗。她有一张照片留在我家的相册上，大眼睛，凸鼻梁，有点像演员白杨，时代的新潮女子，有一股爽劲。

“一二·一”运动后，王孃孃去了“山那边”。临行前夜半敲母亲的门，我母亲给了她路费，把一条大毛围巾给她围上，说：“那边天气凉。”

蒋梦麟在《西潮》中谈道：

学术机构从沿海迁到内地，对中国内地的未来发展有很大的影响。大群知识分子来到内地各城市以后，对内地人民的观念思想自然发生潜移默化的作用。在另一方面，一向生活在沿海的教员和学生，对国家的了解原来只限于居住的地域，现在也有机会亲自接触内地的实际情况，使他们对幅员辽阔的整个国家的情形有了较真切的了解。

大学和诸多现代机构迁到内地，“有划时代的意义”。“经过这一次民族的大迁徙，未来开发的机会已远较以前为佳。”

云南与中国的最高学府在距离和内蕴上是相隔甚远的两个文化群落，在这个生死攸关的时刻的相遇，是历史的互惠。

那是云南近现代史上的一个黄金时段。西南联大，美军“飞虎队”，滇西保卫战，怒江大桥炸毁重建，史迪威公路修建，“南洋机工”驾运军用物资，中国军队出征缅甸，直到“一二·一”运动，赤子血染胜利花……凡那个时代中国最开放、最引人注目的焦点事件，皆集于云南。

后世研究者认为，假若不是这温煦的气候，与龙云执政时代宽和的社会环境，西南联大在云南不可能持续八年之久。

王汉斌说：“抗战期间，龙云在昆明对进步力量的发展、对民主运动的发展起了积极的作用。龙云一直跟我们党保持联系，他在云南当省主席时，一些民主力量受到保护，如李公朴、罗隆基等人。罗隆基是他的政治顾问。”

李曦沐说：“龙云在昆明主政的时候，那几年没有人被捕，或者他透露消息出来，大家都转移了。每次开大会的时候，游行示威的人很多，学生也得到了很好的掩护。昆明的学生运动之所以能够蓬勃发展，与此关系很大。如果西南联大不在昆明而在四川，学术上绝不可能这么自由，民主运动绝不可能这么高涨。这是一个很重要的条件。”“1945 年日本投降，蒋介石把龙云搞掉以后，昆明的政治形势发生了变化。”

同时，奉教育部命令成立的西北联大后来难以维持，也缘于西北自然环境恶劣，与社会政治斗争不息。

第三辑

纪念

诗歌折射的联大岁月

在采访中，常常听到学人们吟诵诗句，或说起他们喜爱的诗，以及那些写在日记里的诗。那些带着他们生命体温的诗句，表达着每一个独特的自我，和那段共同的历史。

人走了，历史远去，诗还在。一些有意味的故事，像珠子，穿在这诗歌的红线上。由诗句，可以重新听到他们心灵的歌唱和历史的叹息，使人感受到文学传达出的生命质感。诗歌折射出的这段历史，多彩绚丽，闪耀着人性的光辉。

当时年少春衫薄

2009 年秋，在台北一个植有兰花的小院中，在颇有北平风范的客厅里，九旬的刘长兰学长装扮清雅，等待着我们的到来。

她一开口即是“少年时代春衫薄”，“那个时候年少气盛，我要考就考北大，别的学校，考上我也不上”。

好一个才气横溢的学姐，我将一枚北大的木制胸针戴在她的衣领下方。

“（我是）1936 年（读的北大）。一年后，就赶上了七七事变……那时候在北大不喊谁博士、硕士……‘先生’两个字是最高的敬意。”

刘学姐娓娓动听地讲述了当年沙滩的那个老北大，上课不点名，旁听生多，理发店因为胡适来过而闻名，叶公超上语音课区分各地口音等韵事。

临别，她对我说："我生为北大人，死为北大鬼。"这是永诀之词。

再去台北，已是五年后。与她的儿子相见，他说："母亲已经不能辨认人。"

我庆幸，学长丽影已永留视频，与老北大的风韵与故事一并留下。

"当时年少春衫薄"，这句诗恰透视出北大与清华以及中国的很多高等院校那蓬勃发展的青葱岁月。而日本的侵略，正为着阻断我中华民族这一上升的趋势。

七七事变，国民政府宣战，中国军队奉命抵抗。但这临危方醒的反抗，终敌不过在东北养翼已久的日寇。当守城的将领宋哲元退出北平时，街头横陈着战死将士的遗体。

有一位老人陪着他们去死。他是当时的诗坛领袖、中国最后一位传统诗人——陈三立。

"岁时胸臆结垒块，今我不吐诚非夫。闻者慎勿嗤醉语，点滴泪血沾衣襦。"陈三立的诗句，透露出中国当时的衰败气象，也展现出士子的气节。

北平有五朝宫阙，是国粹集重之地。北平沦陷，对于文人，无异于"文化的亡国"。

2001 年，我到北大朗润园访季羡林。季羡林回忆恩师陈寅恪的一家："他给我印象最深的，是他家三世爱国。第一代就是湖南巡抚陈宝箴。……1860 年，八国联军（英法联军）烧圆明园，那时候陈宝箴在北京城里面。在酒楼上，别人请客，他看到西边圆明园大火弥天，正是被烧的时候。当时有人讲，陈宝箴痛哭流涕。后来慈禧太后将光绪给囚起来了，陈宝箴巡抚也干不成了。她始终不放过陈宝箴，最后还是赐死，赐他自尽。这是祖父爱国。陈宝箴的儿子陈三立，就是陈寅恪先生的父亲，当时是‘四公子’之一。他的地位不在于‘四公子’的名号，而在于他是诗人。当时诗坛上第一个就是陈三立。陈三立也是得他父亲的遗传，非常爱国。后来陈寅恪先生把他父亲迎到北平，让他颐养天年。1937 年卢沟桥事变，陈三立拒绝吃饭（忧愤而死）。”

陈三立的选择令我想到屈原。“赴水”是中国向死文化的一种传统，凡士子气节到了欲尽未尽时日，总会想到“赴水”，一了百了。散原老人其时已经进入“赴水”的深途中，前面有一个身影，“魂魄毅兮为鬼雄”。其时儿子呼唤他吃饭，已是世外之音。

陈家爱国有“遗传”，这是一家三代皆入《辞海》的唯一世家。

2000 年夏，我走进陈家旧址姚家胡同，知了声声，绿荫依旧，仍能感受到一股肃穆之气。《吴宓日记》记载，当年他去悼念陈三立先生时，陈寅恪告诉他，父亲的丧事还没有办，就已经接到日本宪兵司令部送来的邀请函，要他到日本使馆赴宴。为保全气节，避免日本人的迫害，他决定秘密离开北平，继续走自己的路。陈寅恪以为：“文化不可以亡”，“救国经世，尤必以精神之学问为根基”。

在《西潮》里，蒋梦麟写他回老家告别父亲，当说到“中国将在火光血海中获得新生”时，老父亲目光炯炯。此后老父隐入深山，没有看见胜利就去世了。

当年在战乱中有无数的中国父亲，迎着气焰嚣张的日本军队，显示出刚毅的背影，用不屈服的目光，将儿孙送上征途。

宋代诗杰陆游留下一句："家祭无忘告乃翁。"陈三立的绝食之举，再现了中国古诗中这位期待着"家祭"的永恒的父亲形象。

一个诗人的死，结束了一个屈辱的旧时代，开始了一个抵抗的新时代。

"如此星辰非昨夜，为谁风露立中宵。"借前人的诗，冯友兰道出一段情节。在月色清朗的夜晚，清华园内两个手无寸铁的斯文学者——物理系教授吴有训与哲学系教授冯友兰——相约巡察护校。

今天从旧照片上，我们还可以看到他们穿着长衫、戴着眼镜的儒雅模样。两位人过中年的学者，想要自己来保卫这沦陷了的校园。他们的举动可谓天真，而愈动人。

随后，学人们一批批脱离北平。《吴宓日记》有一首诗写"辞京"：

晓发北平十一月四日

十载闲吟住故都，凄寒迷雾上征途。

相携红袖非春意，满座戎衣甚霸图。

鸟鹊南飞群未散，河山北顾泪常俱。

前尘误否今知悔，整顿身心待世需。

吴宓曾设想过，日本人来了，自己躲在北平隐居、读书。但陈寅恪影响了他。吴宓振作起来，决定到清华大学的转移地长沙去。

他登上开往南方的火车，车厢里有很多日本军人。日本军官看他是一介书生，还给他让座。而在吴宓看来，日本人拿着武器血腥地占领了北平，却还在假装礼貌与文雅，内心更添气愤、屈辱与痛苦。

在这首诗中，他庆幸师生们未散，他们将在远方会合，为一个理想去奋发。

对中国战时大学西南联大观察体验深刻的西方学者中有一位英国人，他就是诗人、批评家燕卜荪。他曾经在战火中履行聘请协议到长沙为中国的大学讲课，与各个年龄层的诗人们畅快地作诗评议。

燕卜荪是北京大学聘请的教授。1937 年，他乘坐跨西伯利亚列车来到中国。

本来中国遭遇战事，学校转移出北平，暂时安顿在长沙郊区，他可以不来，留在当时还没有战火的英国。但是他辗转香港，来到衡山。在泥泞的山路上，他的眼镜跌碎，只能摸索前行；在没有灯火的教室里给学生们上课，他凭借自己的记忆，背出莎士比亚长诗。

从 1937 年到 1939 年，燕卜荪先后在北大西语系和西南联大任教授，讲授英国文学。“燕卜荪”是他为自己取的中国名字，这个名字永远地留在了中国教育史上。

作为西方的著名诗人，他将此段阅历写成长诗《南岳之秋》，将中国战时大学的师生们比喻为西方神话中的文艺精灵。在这首诗里，表达出艺术与文学是人与生俱来的天赋感应，任何黑暗与暴行也不可能阻止人类文明的传递：

课堂上所讲一切题目的内容
都埋在丢在北方的图书馆里，

因此人们奇怪地迷惑了，
为找线索搜求自己的记忆。

燕卜荪写他“同北平来的流亡大学在一起”的体验：

哪些珀伽索斯应该培养，
就看谁中你的心意。
版本的异同不妨讨论，
我们讲诗，诗随讲而长成整体。

珀伽索斯，希腊神话中的海神之子，形象是骏马，长有双翼。相传这匹飞马在赫利孔山上踏过时踩出了希波克里尼灵感泉，诗人饮之可获灵感，因此珀伽索斯也被视为文艺、科学女神缪斯的标志。

将这批流亡到岳麓的学生们称为“珀伽索斯”，可见他对他们的欣赏与期待。而后来果然从这批人中走出了一批优秀的诗人、作家与学者。

另一方面，燕卜荪是一个强调东西方差异的保守主义者，但诗人的敏锐与同情心时常超越他固有的思想框架，从而迎来柳暗花明。

弦诵不绝，即文明的薪火传递，是苏格拉底和亚里士多德都有的思想。东方与西方，不能孤立起来看。

战乱中，中国教师们缺乏教材，却仍凭借记忆片段传授知识。《南岳之秋》记录了长沙临大的困境。多年后，作家、翻译家赵瑞蕻回忆起这段往事：“战事倥偬之中，上燕卜荪的课，让人恍然觉得如

秦火之后，天下无书，儒士背诵整部经书授徒。”（刘宜庆《先生之风：西南联大群英谱》，辽宁人民出版社，2020 年）

中国历史上有过“诗书丧，犹有舌”的传统，《尚书》就是这么来的。

学校迁到昆明不久，伦敦也被炸了。燕卜荪说，“现在该是我回到祖国的时候了”，于是返回英国。

一个民族已经起来

植物学家吴征镒出身江南书香世家，古典诗词功底好。他投考清华时，所作游记就得到过朱自清先生欣赏。后来在昆明又与闻一多先生相处甚欢。

他说：“抗战一开始，我就像杜甫诗里讲的那样，‘支离东北风尘际，漂泊西南天地间’。我跟西南联大差不多是‘同命运’‘共呼吸’的。我毕业以后，虽然是教师，但是没有在北平做过事，而是一直在西南联大。（全面）抗战八年，我也就在西南联大八年。”

他是七七事变的头一天到西北考察的。西北就是现在的陕甘宁、内蒙古等地。他到宁夏的贺兰山后面，就不能再前进了。北平已经沦陷。他就从宁夏、包头一直回到老家，在老家教了几天书。忽然接到学校的通知，清华、北大、南开三个学校要在长沙成立临时大学。他就从扬州赶到长沙，在长沙待了两三个月。后来长沙也被轰炸，南京失陷，于是他继续向西南方漂泊。渺茫前程慨叹，正与杜诗相符。

这位当时最年轻的助教，参加长沙临时大学的湘黔滇旅行团，从湖南、贵州一直走到昆明，走了3000多里。

1946年，胡适在西南联大九周年校庆纪念会上说：“临大决迁昆明，当时是最悲壮的一件事，引得我很感动和注意：师生徒步，历六十八天之久，经整整三千余里之旅程。后来我把这些照片放大，散布全美。这段光荣的历史，不但联大值得纪念，在世界教育史上也值得纪念。”

照片内容有：旅行团出发、乘船渡湘江、步行在崎岖山路上、山路休息、溪水洗脚、山间等候、住宿、挑脚泡、用餐、水边、闻一多写生、闻一多的素描图画、江流、荒野坐地歇息、步行三教授、教授们歇息、山民背篓、盘江激流、每船五人、惊险渡江等。

知识分子走出了象牙塔，走入民间，走向大地。

闻一多说：“去吧，去认识我们的祖国！”

任继愈回忆：“中国的这种民气始终不衰……底层的老百姓生活非常苦，但是，当亡国奴，他们是不干的。”

师生们路过一个偏僻的小乡镇时，地保敲着锣，通知赶集的乡民不要涨价，要按照平价把东西卖给师生们。这种细微的似乎不足道的关照，已经是这块贫困的土地能够给予他们的最大关爱。

穆旦写作的长诗《赞美》就是这个背景：

> 走不尽的山峦的起伏，河流和草原，
> 数不尽的密密的村庄，鸡鸣和狗吠，
> 接连在原是荒凉的亚洲的土地上……

穆旦那一代青年深受英国诗人 T. S. 艾略特的影响，有一种走向大千世界又敏于自我省察的思路。艾略特的长诗《荒原》，有种“异国《离骚》”的气质，广阔，深远，有恻隐之心。穆旦的诗有《荒原》的影子，然而又从中国的荒野中发现了主角与力量，这就是底层人民：

> 我要以一切拥抱你，你，
> 我到处看见的人民呵，
> 在耻辱里生活的人民，佝偻的人民，
> 我要以带血的手和你们一一拥抱，
> 因为一个民族已经起来。

西南联大初到云南时，文、理、法学院设在蒙自。正是南湖荷花盛开时，陈寅恪与吴宓一起散步。陈寅恪说：“像北平。”吴宓说：“像西湖。”陈寅恪在蒙自作诗多首，以下这首最为著名：

> 景物居然似旧京，荷花海子忆升平。
> 桥边鬓影还明灭，楼外笙歌杂醉酲。
> 南渡自应思往事，北归端恐待来生。
> 黄河难塞黄金尽，日暮人间几万程。

诗中用了“南渡”这个典故，留下了“北归”的质疑。

自古北方是中华民族文化重心。历史上，凡“南渡”，就意味着丢弃北方的山河，很难再回去。由于这首史家之诗，“南渡”与“北归”成为诠释学人们迁徙轨迹的两个时段的标记。这首诗也使得蒙自边城的南湖进入了历史的视野中。

文科的教授们住在湖畔的歌胪士法式洋楼里。有时年轻的教员们归来大声喧哗，独居的陈寅恪就会用手杖敲击楼板。于是人们肃然。这位半盲的学者，他的遭遇与心境，已经成为国恨家仇的象征。他是西南联大的灵魂人物。

“无名安市隐，有业利群生”，这是吴宓先生题赠蒙自街头一位卖粥人的对联。

任继愈说：“我看见过这对联，当时就用纸贴在那，也没有什么装裱，叫作‘无名安市隐，有业利群生’。‘市隐’，一般人隐居在山林里，他是在都市里隐居。‘无名’，不求名，安于在都市里过隐居的生活。‘有业’，是有职业，对群众有好处。卖了粥他很高兴，大家吃了粥也很满意。这个老头是四川人，不知什么时候来到昆明的。”

这样的题赠，显示了西南联大学人与当地人的友善关系，以及学者对民间文化的同情与尊重。当年他们融洽如邻舍。

“他卖稀粥，糖稀饭，有枣有豆的这种稀饭。常吃这个稀饭的有吴宓老师，他常去，别的老师也常常去。那个主人很不俗气，有点文化，不是一般的小业主，只知道赚点钱。他不，他谈论国家大事，有时候谈点历史掌故，很有文学修养的这么一个老者。我印象中大概有五六十岁的样子，比我老师看着年纪还大。那时候吴宓老师也就40多岁，他可能还大一点。”任继愈说。

蒙自有一个周家大院，我到过那个大院，有水潭和月洞门。门畔是吟风弄月的对联。水边的石桌上画着棋盘。周家大院的主人时常请教授们在这里吃饭。教授们一半以上来自乡绅家庭，只是出了趟洋，现在算是重归，应感亲切。

内中的女眷楼捐献出来做了女生宿舍。我曾经上楼拍摄，里面有一架脚踏风琴，还可以弹出音调。楼上的窗口被巨大的浓荫遮挡，非常适合闺门的隐秘性。

吴宓将此处命名“听风楼”。他说，在那里可以听到女生的京腔，是一种安慰。这是一个诗意的封号。

弦诵幸未绝

朱自清之子朱乔森回忆，在日寇妄图对我中华“亡国灭种”之际，很多人自问“我们能做什么”，朱自清提出：我们应该保持“弦诵不绝”。

到了昆明，教授们的时日渐自艰苦。朱自清有《近怀示圣陶》一诗：“健儿死国事，头颅掷不数。弦诵幸未绝，竖儒犹仰俯。”

由于在昆明生活困苦，朱自清甚至无法维持妻儿的生活，只能把家眷送到重庆去，独自在昆明度日。在寒冷的冬日早晨，朱自清披一件云南赶马人的毛毡，走过街头去上课。

诗的苦调与杜甫的《茅屋为秋风所破歌》相似。但就在这愁苦的诗里，他举起了“弦诵幸未绝”的旗号。“弦诵不绝”也成为支撑战时大学的坚定信念。

还有一段流传甚广的刘文典跑警报时讽刺沈从文的逸事。刘文典曾拍着肚子说："我跑是跑我肚子里面这点东西，你跑什么？"他认为他肚子里的东西（一说是《庄子》，一说是国学）是他值得活下去的理由。他贬低别人，有轻狂之嫌，但话里也透露出一种对人生价值的毫不含糊的追究。

在那种严峻的环境里，每个知识分子都会自问：活着有什么价值？

答案至少是，在前方将士拼死抵抗的时候，自己要坚守自己的职责和本分，教书读书。

那段时间，大学里的年轻人喜爱西方现代主义诗人里尔克、艾略特的诗歌。他们写的诗看起来驳杂，风格不确定，却在顺应着一种青春的原始姿态、愤怒的情绪和实践的感受。

穆旦的情诗不是定向投递的，而是带有一种共性；不是像传统情歌那样，"阿哥找阿妹"，而是追求一种精神的共鸣。

> 再没有更近的接近，
> 所有的偶然在我们间定型；
> 只有阳光透过缤纷的枝叶
> 分在两片情愿的心上，相同。
>
> 等季候一到就要各自飘落，
> 而赐生我们的巨树永青，
> 它对我们的不仁的嘲弄
> （和哭泣）在合一的老根里化为平静。

在文明与开放的世界里，男女之间美好的情愫是一种开阔的精神状态。穆旦的情诗显示出那一代青年学子感情的深度和爱的力度。

在我看来，诗是一定要有私人呈现的，如果没有这种元素，诗就失去了灵魂与魅力。

学人的日记中常常记录冯至的诗，如《我们站立在高高的山巅》：

我们站立在高高的山巅
化身为一望无边的远景，
化成面前的广漠的平原，
化成平原上交错的蹊径。

这是在战乱中的中国知识分子的漂泊情状。

有一首情诗非常坦率：

我们有时度过一个亲密的夜
在一间生疏的房里，它白昼时
是什么模样，我们都无从认识，
更不必说它的过去未来。
……
闭上眼吧！让那些亲密的夜
和生疏的地方织在我们心里：
我们的生命像那窗外的原野……

诗人是如何看待男女之间在战乱中的情感和交错的呢？冯至的这首《我们有时度过一个亲密的夜》，令人感到战争中的生命的短暂和可贵。

可叹当年的这几位诗人与他们的诗，已往事如烟。

在未名湖畔，我等到了赵宝煦。他告诉我："我年轻时最值得回忆的日子，是在美丽的春城昆明度过的。""感觉一切都很自然，没有什么矫揉造作。……老百姓非常淳朴。……没有浮华都市的东西。"

他吟诵的是自然主义的诗：

树特别绿
水特别蓝
林荫路上还没有
华贵
而色彩不调和的衣衫
扭动
所以
一切都完整
真挚

包着蓝头巾
　早起的妇人
走来汲水
在水边

弯着腰洗脸的
兵士们
嘻嘻笑着
把草鞋都弄湿了
……
我第一次看见
翠湖这样美

赵宝煦记得，在昆明泡茶馆，没有钱，你可以要一杯“玻璃”，就是白水。

昆明人质朴中有一种雅，很令西南联大的人们喜爱。如，吃米线不加辣椒，就说“免红”。

邓稼先多年后跟妻子回忆昆明，对每天中午五华山鸣炮报时印象尤为深刻。他认为昆明非常古朴。当年鸣炮的，也是勤工俭学的西南联大学生。

郑敏，哲学系女生，“九叶诗人”中唯一的女性。她的父兄都擅长吟诗，那种清淡平和的士大夫的闲品。但她那一代青年学子意识到：诗歌不再是休闲小品，它也要承载鲜血、历史和一些沉重的东西：

终于像种子，在成熟时必须脱离母体，
我们被轻轻弹入四周的泥土。
当每一个嫩芽在黑暗中挣扎着生长，
你是那唯一放射在我们记忆里的太阳！

昆明南屏大戏院放映的好莱坞大片《魂断蓝桥》，男女主角分离时跳了一支烛光舞，插曲被译为《友谊地久天长》，歌词其实是英国诗人彭斯的诗：

怎能忘记旧日朋友，心中能不怀想，
旧日朋友岂能相忘，友谊地久天长。
我们曾经终日游荡，在故乡的青山上，
我们也曾历尽苦辛，到处奔波流浪……

这首歌唱响昆明，传遍中国。当年我的父亲正青春年华，他非常喜爱这支歌。

由于歌曲而流行，在当年的昆明传播，为知识男女所喜爱的，还有刘半农的这首《教我如何不想她》：

天上飘着些微云，
地上吹着些微风，
啊，微风吹乱了我头发，
教我如何不想她。

这首歌是母亲教给我唱的。她当年在昆明市女中读书，她们的老师是西南联大学子、东北流亡学生。

她们看到，老师的鞋帮与鞋底是用麻绳绑在一起的，不然就会散开。

母亲说，她的老师说，诗里的这个“她”，也可以是“他”或“它”；可以是一个人，也可以是一件事、一个地方。

我觉得她的老师讲得很妙，深谙诗之精奥。

母亲的老师将国仇家恨传达给了这些少女。“一二·一”运动的时候，昆明市女中的游行队伍就跟在西南联大队伍的后面。

江月何年初照人

春江潮水连海平，海上明月共潮生。

闻一多的女儿闻铭回忆，在昆明有月亮的晚上，她们的父亲会把窗户打开，让月光散到整个屋里，教小儿女们背诵《春江花月夜》。

乐府诗本是可以配乐演唱的歌词，也曾是市井娱乐文化的一部分。而张若虚的这首乐府歌词却能够作为千古名篇流传下来，将乐府的绮丽优美，乐句的徘徊摇曳，融入诗的格律中，甚至被赞赏为“孤篇横绝”“宫体巨澜”（王闿运《湘绮楼诗文集》，岳麓书社，1996年）。

“人生代代无穷已”，是此诗的最高境界。“江月年年只相似”，在相似的天地之间，演出一代代人生故事，这就是家园、乡土与山河的延续，也是一个族群的信念与寄托。

通过闻一多的眼光看《春江花月夜》，它具有现代诗歌的一些元素，诉思妇游子之情感，与抗战时期的人们有交集；它还有一些抽象的美术元素，留下了很多文化符号，甚合这位美术出身的中文系教授的审美眼光。

同是抒怀于江上月色，我觉得白居易的《琵琶行》更入心，有情节、人物、场景、对白，更有“同是天涯沦落人，相逢何必曾相识”的千古心声。

可能我的心境比当年一多先生的更加苍凉和边缘化。而《春江花月夜》的初唐气象也更吻合闻先生诗情的开阔、明朗、高昂，当仁不让。

在烽火逼近、贫困缠绕的生活里，闻一多和孩子们在乡间的草地上，在皎洁的月色中，读诗，背诗，表现出一种超越性的精神力量。正如他在与湘黔滇旅行团走入黑暗阴湿的山洞的时候，会唱起那充满激情的名曲，使人们振奋前行，化悲苦为美好。

联大的学子们回忆起来都说，闻先生具有人格魅力。

闻一多喜欢吟屈原的两句诗：“望崦嵫而勿迫”“恐鹈鴂之先鸣”，表达了珍惜时光、有所作为之心。

曾为“新月派”诗人的闻一多，在联大时期对中国古诗极为推崇与喜爱，并在校园开设《楚辞》课，折射出一种刚毅不屈的人格。

冯友兰说“一多近乎狂”，闻一多唯美的艺术气质与生活理想，最终推及他对纯粹道德人格的执着追求，以及与邪恶势力的殊死对抗，这是古往今来士子之“狂”的极致。

这种“人、史、诗”统一的风格，在西南联大时期得以体现，并淬炼得愈加纯净透明。诗歌仿佛是人们的呼吸、饮水那样，来得自然、切实、契合。

臧克家的诗《感情的野马》，是学长刘孚坤在台北给我们朗诵的。

刘孚坤是四川贫苦农家的子弟，考入西南联大后，他在戏剧与朗诵活动中大显身手，曾经受过光未然的指导：

开在你腮边的笑的花朵，
它要把人间的哀愁笑落，
你的眸子似海深，
从里边，我捞到了失去的青春。
爱情从古结伴着恨，
时光会暗中偷换了人心；
我放出一匹感情的野马，
去追你的笑，你的天真。

诗的后面有一个真实故事。

刘孚坤是一个率性的才子，虽然有台湾的女学生爱过他，但他并没有结婚。他告诉我，在海峡两岸刚刚开放的时候，他跑回大陆，找到他年轻时曾经暗恋的女生。那个女生已是寡妇。年过半百的他们结婚了。

可是，他很伤心地说，后来他发现，那个女人和他结婚，是因为她儿子想在台湾做生意。他离婚了。

这首诗饱含着一个学人的眼泪、他的美好青春和对爱情的回忆。“时光会暗中偷换了人心”，臧克家的诗句，恰恰命中他的情感苦果。这里有两岸隔绝的原因，更有人生的变幻莫测。

2009年中秋节，在台湾新北市，吴宓的学生及小友李俊清邀请我共度佳节。他赠送我他的译著《艾略特诗选》。内有撰文，他认为艾略特的突出贡献是“反战”，讲述战争给人们、给参战者带来的痛苦：

20 世纪被石油、
沥青污染得发黑的泰晤士河面，
传来荡着桨的庸俗男女们风骚的笑声，
时而夹杂着无人理会的受骗女子哀怨的哭诉。

李俊清后来在东吴大学做教授，这本书就是他讲课的内容。这样的理解与讲述，与他后半生在内战中背井离乡的悲痛是相连的。

我拜访他那天一进门就看见我送给他的诗幅悬挂在客厅正中央，那是我屡访台湾学长们所得的体会，诗名《台湾行》：

万里河山梦里归，天高海阔也相随。
年年不在年年在，夜夜未归夜夜归。
一峡风雨两岸情，百载苍黄竟为谁？
素心不改寸草念，暗香缕缕绕翠微。

2009 年春，在北京威斯汀大酒店，李俊清回乡祭祖并庆祝他的九十大寿。我也应邀前往拍摄。许渊冲学长带着他的《联大人九歌》来赠予李俊清。

许渊冲是李俊清的同学，有一年他到香港讲学，给我寄了一份当地的剪报，上面有他讲学的报道和他的文章。许渊冲说，“昔我往矣，杨柳依依。今我来思，雨雪霏霏”，这是一个战士的还乡，他看到乡土在战争中败落的景象，心中充满哀痛。中华民族是爱好和平的民族，中国的诗歌具有歌颂和平生活、诉说战争悲苦的传统，不像西方的《伊利亚特》是歌颂征服者与战争英雄的。

他们都是外文系的，对西方文学都有深入的了解，虽然他们的情思与对诗歌的探究为海峡风雨阻隔，但它阻隔不断悠悠中华文脉的赓续和传承。

姚秀彦学长在新竹"清华大学"历史系任教，具有一种巾帼英豪的气概。她对我说："联大校歌不得了啊。那是整个的近代史的一个缩影。'万里长征，辞却了五朝宫阙'，暂时停留在衡山湘水，'又成离别'，大家分别到了西南。这个校歌就是整个历史和抗战的一个缩影。'绝徼移栽桢干质，九州遍洒黎元血'，九州到处是老百姓的血。'尽笳吹弦诵在山城'，这就转过来了，这个调子是《满江红》，一下子就转过来了。原来那首是宋朝岳飞写的，他是骂了'靖康耻，犹未雪；臣子恨，何时灭'，这是原来的那一首。我们现在就改了，很强韧。原来那一首是悲观的。'千秋耻，终当雪；中兴业，须人杰。'我们这个校歌，把古代的历史和抗战统统包括在内，气质高傲……"

她对西南联大校歌的评价，发自一个亲历那段岁月的历史学者的内心。

陈寅恪在听到日本投降的消息时作诗《乙酉八月十一日晨起闻日本乞降喜赋》，虽为"喜赋"，却掩藏不住内心的无限感慨与沉郁的忧国之情。深谙国运的史学家，知道中国的前景还有若干未知数。

降书夕到醒方知，何幸今生见此时。

闻讯杜陵欢至泣，还家贺监病弥衰。
国仇已雪南迁耻，家祭难忘北定诗。
念往忧来无限感，喜心题句又成悲。

在采访中，我看到学人们的衰老与飘零，更感到这些人活得“有分量”。

在诗的滋养中，生命成长为完整的精神之树，结出沉实之果。

这些承载着他们人生的诗句，表现了那一代学人的辗转流离，与他们的欢喜悲辛。这一切都与这个民族的命运息息相关。

带有个人“体温”的联大小说

——也谈《围城》《南渡记》和《未央歌》

抗日战争时期，中国的许多大学都有着流亡的经历。至今能够搜集整理出来的史料甚微，仍需有识者继续努力。

然而，先于史料整理的是，在文学领域，诗歌、散文、小说均不乏对战时大学岁月的吟唱、书写、思考与记录。

几位身历其境的有心人，或是教员，或是家属，或是学子，在其小说创作中，诉说他们在战时大学的境遇与故事，使这段悲壮的文化教育史得以在文学领域“雁过留声”，存芳流韵。

由于“正史”未成，小说的作者反而得到更多的个性创作之自由。无论是写一个故事，还是试图完成西南联大的“全景图”，都是带着鲜明的个人“体温”的文学创作，于“大史”仅是“一斑”，而由于有生命的关联，它们又具有后来创作者不可企及的亲历的印痕。无论这些作品在文学上的价值如何，首先它们皆有社会学与历史的折射，具有综合的价值。

这几部小说，作者都与西南联大相关，就是说，他们都在这段历史中生活过。而由于走进这段历史和这个人群，我对这些小说比一般读者多了一些感触。

《围城》：钱锺书是否在“影射西南联大”

初读《围城》是在20世纪80年代，大学时光。

这部小说几乎是与《管锥编》一起进入大学校园的。恢复高考后进入大学的那批大学生，正处在如饥似渴的求知状态，囫囵吞枣是我们的读书方式。

我给钱先生写过信，谈读《管锥编》的心得。先生用潇洒的毛笔字给我回了信，令我那个“红学”男友看了艳羡不已。他说钱锺书给他们《红楼梦研究》题写刊名，字字珠玑，我却得了整篇的真迹。

钱先生说我“已大彻大悟”，并邀请我到家里去聊天，地址是三里河——后来我非常熟悉的地方。那位男友却说先生惯喜欢诙谐，叫我不要当真。

可惜我那时太书呆子气，觉得自己对《管锥编》没有写过一篇论文就信口开河，怕去了耽误先生的时间，于是错过了登门得识的机会。在《管锥编》巨大的学术身影下，当年我们诚惶诚恐。

《围城》主人公的“留学生”身份对我们是完全陌生的，读着很隔膜。

作为小说，钱锺书的《围城》写得太“略”了，感觉是写给“聪明如他的人”看的。后来，电视剧《围城》走红荧屏，尽显诙谐趣味，我重读小说，才渐入佳境。

主角方鸿渐，钱锺书给他一个难堪的出身，“假文凭”的留洋生，靠给人家“当女婿”得到学费供养。可是在后面的故事中，方鸿渐的感觉与处境却是全书最正面和正派、最能够引发读者同感和同情的。

这就是钱先生的幽默。他的正面人物并不“正面”。小说里那些正经八百的人物，却屡屡被方鸿渐嗤之以鼻，也被读者所厌弃。

方鸿渐在书中最具有“真实体温和灵魂之痛”，令读者同情。这样的设计和写法，在小说中并不常见。一般小说最令人讨厌之处，就是作者重点造就的主角人物总是被施以偏爱，成为一个平面的“优秀者”，没有多维的灵魂空间。

这是一部提炼出哲学纯度的世情小说。战火点燃之际，地方小姐还在玩东施效颦的游戏。西潮涌进，来去匆匆。全书没有一个“正人君子”，也没有一个完美淑女。那个动人的女性唐晓芙不过是个孩子，是个梦境。

小说用一种不流俗的审美趣味写成，可以说“处处带着批判的眼光”，显得新鲜夺人。可惜习惯于看故事的中国读者却很少咀嚼其深味。

关于《围城》，还有一段公案，与西南联大有关。

钱锺书 1937 年从牛津大学毕业后，又去法国巴黎大学做研究，本想攻读博士学位，但后来放弃了。1938 年，钱锺书将要回国时，不少大学想聘他，最后，还是他的母校清华大学占了上风。当时竭力促成钱锺书回清华任教的，是西南联大文学院院长冯友兰。请钱锺书来西南联大教书的除了冯友兰，还有钱锺书的老师吴宓。

然而，钱锺书在西南联大任教的时间却很短。1939 年暑假，钱锺书去上海探亲，再也没有回西南联大。

钱锺书为何舍弃了西南联大，选择去湖南蓝田师院执教？关于这件事，坊间有两种说法：一曰钱锺书被西南联大解除聘约；二曰他自行离去。总之，钱锺书与西南联大有此不快之瓜葛。故而有人认为，《围城》中的三间大学“没好人”，有影射和贬低西南联大之意。

《围城》是在影射西南联大吗？如今“人去楼空”，我们只来看这小说。

主角方鸿渐自身充满了矛盾，所追求的现实世界也充满了变数。经历多了人情冷暖，他对异性的要求一降再降，最后只想要一点真实的温存，不料妻子又走上“养宠物狗”的虚荣之途。

人生百态，在流徙之间，更易于表现。其中茫然、窘困、贫穷、不安宁等，是战时气氛的基调。但小说没有一处是“坐实”具体历史事件的，或者是指向某大学的。其路线、规模，与西南联大难以对应，似乎也没有一个人可以“套得进去”。

人物中写得最成功的，有“发现”旨意的，是苏文纨，一个淑女式的工于心计的女子。而且，钱锺书对这位女性是有最近距离的观察与感受的，其必有现实原型。

不如认为，小说的主旨不是写大学，而是写“婚恋之变数”与人生之辛酸。

钱锺书一生性格隐忍，不得罪人，留下的这部小说却四处见刺。里面的人物爱发文化议论，颇具春秋微词。

大约钱先生对家庭、人生和文化界的各种隐忍不发都在里面了。在钱先生这样聪明犀利的睿智者眼中，是不可能有“完美”这个词存在的。

这部小说无疑带有钱锺书的“灵魂之痛”。在钱先生身后，无论是谁，派生出“心灵鸡汤”来，都是不符合他的性格与智商水准的。

书里有一个细节，方鸿渐接收了朋友赵辛楣的书籍，里面有一本拉斯基的《共产主义论》，被同人向学校当局告密，校方遂决定“下学期只能解聘”他。

我庆幸，这个细节可以洗白钱锺书先生的“写作动机”，《围城》并不是影射西南联大的。西南联大从来没有发生过教员间告密、为一本书解聘人的事情。

于是我又回到了起点：钱先生的这部小说是写给聪明人和知音看的。

说《围城》是写“人性的两难选择”，似乎立论更从容些。从文学书写人性的泛义而言，说它有西南联大生活的痕迹，也没有冒犯这所战时大学的意思。钱锺书写到知识分子的那些心理与现象、名利的计较与人际的复杂，许多嘲讽意味，也未尝不可以延伸到西南联大？

人们对历史的态度，往往不是遗忘，就是夸张与粉饰。再看看当下种种变形的趋时的“回忆”，相较而言，钱先生的文笔一如清醒的点拨。

《月与灯依旧》的私人写作

2000年春，我住在勺园。

一天，我去查阅《西南联大北京校友会简讯》。校友会秘书长曾骥才老师从柜子里取出一本海外校友寄来的书。他说：“你看看这个，需要可以拿去。”封面是彩色的，印着一轮明月与旧式的油灯，还有一个少女的侧影。书名是《月与灯依旧》，作者何恺青，由美国西雅图中文书店出版。后来我才知道，何恺青是我曾采访过的何兆武先生的姐姐，原名何兆男。她后来去了美国落脚。

小说的包装和语言都有一种陈旧感。开头写一个旧时代的大家庭，老太爷与青春的女佣在那个传统的格局里有了孩子。为保持体面，大少爷认领了这个孩子，使她成年后受到良好教育。但她总感觉老太爷与自己有一种特殊关系。

这种怪诞的情节，"旧道德"的人看了会以为"不伦"，新思想的人更难以接受。可是作者却将这个过程写得很温馨，如童话般美好，倾注了一种感恩之心。

书中这个叫顾念芸的女孩进入北京大学，被胡适"点将"为博学之冠才，瞬间引发全校关注。

这种真实的名人与虚构的人物相逢的情节，我怀疑是何兆男女士的亲身经历，因为写胡适，写女生与校园，都太贴切了。

下面接着写去听傅斯年讲课，描述了北大跨系听课与辩论会的情况。

而一段描写女生宿舍的文字，显露了作者与角色性格的合一。小说初作者难免将自己"代入"情节中：

> 念芸是大家的大姐姐，更是大家的好朋友，因她性格开朗乐观，只要有她在场，欢声笑语就不断。

何兆男正是家中的大姐。

在“衡山湘水寄深情”一章里，更是完全实录了当年长沙临时大学的情景：

> 到南岳来的三校老师都是全国知名的学者：如朱自清教陶诗、闻一多教《诗经》、罗常培教语音学、罗庸教杜诗、魏建功教音韵学史、冯友兰教中国哲学史，还有叶公超、柳无忌、钱穆、贺麟、吴宓、陈福田等都是鼎鼎大名的名教授。每次上课，教室里总是挤得满满的，虽然山路崎岖难行，念芸仍然冒着烈阳或细雨，赶去上课。

下面写到昆明西南联大，有蒋梦麟校长为学生主持婚礼的情形。婚礼上的女生们穿着旗袍，在战争的大后方尽力维持自己的青春美丽。她们相互交流，怎么做一条好看的旗袍。校园生活的主调是快乐明朗的。

抗战结束，女孩以优异的成绩出国深造。这时出现了一位男生，时常在图书馆关照她，不计较她腿有残疾，向她求婚。此后她们定居美国，生活幸福，并拥有一定的学术地位。

《月与灯依旧》是何兆男女士的第一部小说，我想她的初衷是倾诉对战时西南联大生活的怀念。

一本单薄的小书，隔洋飞来，落在校友会的档案中，叙述了一个身体和家世有先天缺陷的女子的故事，感恩西南联大赋予她的温情与新的命运。读来更像一封校友的家书，传达着思念与人生感怀。

《月与灯依旧》没有连篇累牍的杜撰，却具备小说的本质元素，因为它倾注了私人的情感、私人的角度。这比某些脱离“私人”情怀、抹去个性色彩的宏大叙事，更能体现文学的本质。

时常有感于作家们在攫取宏大构思的时候并没有考虑到自己的积蓄与阅历，造成了一种“小马拉大车”的尴尬写作，那样的小说没有了生活的色香味，是不能吸引读者的。

而所有寄予了“回忆”的小说，都带着特有的温情与个性局限。

《南渡记》：教授子女写教授家庭

宗璞小说评选茅盾文学奖，在北大开讨论会。那年我住在勺园，她邀请我参会。

其时《西南联大启示录》正在紧张拍摄阶段，我们造访了燕南园冯友兰旧宅。

宗璞说，她 10 岁左右在昆明住，躲过警报。闻一多先生拉着她的手在昆明街头逛来逛去。年幼的她，替妈妈在做饭时挑红米中的虫子。还曾经跟着梅贻琦的夫人韩咏华女士提着篮子走路去冠生园卖教授夫人们自制的点心，鞋子磨破了脚。

冯友兰先生每天晚上在小油灯下面写东西，她说：“我父亲每天晚上总要写作几个小时，他不熬夜的，不过每天晚上总会工作一点。有时候就熏得脸上一块一块的黑，大家看了真是又好笑又心酸。”

那种可以挂在墙上，也可以放在案头的老油灯，在一个木头架子上装一只陶碗，盛放菜油，用棉花捻的灯芯，点起来油烟很大。我从旧家具店里淘到了一盏。

宗璞拿出《野葫芦引》中已经出版的两卷《南渡记》《东藏记》赠我。这两本书和冯友兰先生的"贞元六书"一起摆在茶几上，顿时令人感觉到它们的分量和不凡的来路。

带回勺园，连夜看，感觉有燕南园那套宅院的幽远书香。

不过，宗璞的早期之作中那曾令我心醉的《红豆》里的少女灵魂，却没有在里面搏动，个人的倾诉已经让位给对历史的描绘。构图宏大，但是缺少了一位林妹妹，或者宝姐姐。

书的封面有"道情"，似仿《红楼梦》。她整合出了南渡、东藏、西征、北归这样一些概念，来做小说各集之名，具有均衡之美，吻合历史事件的方向，含"起承转合"之意，见出她的世家修养。

《南渡记》虚构出一个明仑大学，和以孟樾为主的教授群体。地名坐得很实，就是昆明。作者身为南迁中随家庭行动的幼女，带有强烈的叙旧冲动。

"南渡"，原来是一个历史情结。历史上有晋人南渡、宋人南渡、明人南渡。用南渡来寄托这批师生当时的命运之叹，最早可见于陈寅恪先生《南湖即景》诗中"南渡自应思往事，北归端恐待来生"。后来在那篇著名的西南联大纪念碑碑文中，冯友兰先生以胜利者的姿态重提南渡："吾人为第四次之南渡，乃能于不十年间，收恢复之全功……"

在当代文学作品中，宗璞是第一个使用南渡这个典的。战争逼使清华北大等校从北方来到南方生活与教学。她抓到了当年离开都城时知识分子的某些深层感情与内心活动。

比起早期的小说《红豆》，她更深地向着中国古典传统迈进了。这也许是对现实世界的某种退避吧，也许由于那一粒"红豆"被无情地践踏之故。

《东藏记》，这个名字带着一种幽默。教员家庭在昆明居住时，在遭遇日本飞机轰炸的日子里，撤退到东郊的农村里去住，条件比昆明更加艰难。年幼的宗璞对这段经历有深刻的印象。

《南渡记》《东藏记》里面的许多人物，在我这个历史寻觅者的眼中，几乎都能看出他们的真身——那个家住猪圈上的教授，恰似费孝通对我讲过的一段经历；那个仰望着日本飞机，不愿意躲警报，却站直了大喊“我们中国的飞机呢？”的男孩，令我想起当年在北平城里不愿对日本守军鞠躬、将日本军旗扯碎的中学生邓稼先。

而那位“千古艰难唯一死，伤心岂独息夫人”的文化汉奸，他的自解与不能自解，他女儿的那种“亲者痛”的感受，则令我想到周作人。汉奸的性格亦没有脸谱化。

宗璞在小说中表现了中国文化人的儒雅之风，那种对人的淳厚、善良和尊敬态度。她所描写的那些人物的言谈举止中，有一种中国文化的尊严感。

这就是文化人，他们无论到了何种乡野边地，无论遭遇什么不测之灾，其家庭、其夫妇、其子女、其同僚、其亲友、其师生之间，无不保持着真挚关切和彬彬有礼，没有油滑，不会彼此提防或诬害。

父慈子孝，而贤淑主妇忍饥挨饿持家，协助丈夫支撑学校——这就是东方家庭。

师徒如父子，在这片文化土壤上，即使存在非常激烈、非常大的分歧，也不会背离彼此之间的责任和伦理关系。

她描绘出一个兼有中国传统家庭伦理与西方独立人格观念的文化

家园，“君子”与“绅士”的风度融合成一个礼仪之邦。在这部小说里，校园内外，城市乡野，皆正气沛然。有那样一群人，他们不仅同其国难家仇，也同其美丑善恶。可以说，“气节”二字无时不体现出顶天立地的力量。

在我看到的这两卷里，融进了大量的中国古典美学意象，譬如梅园的描写。有的花草名，就好像是《楚辞》中的香草异卉之名。这都是当代小说中罕见的。

深谷幽兰，这是宗璞的写作境界吧，她的生活一直幽闭于所谓主流社会之外。

2000 年 8 月，我曾邀请她与一干北大校友来昆明。她固执地要下滇西，为完成《野葫芦引》的第三卷《西征记》。我们都很担心她的身体和眼睛，其实远征军的足迹今天已难以寻觅。

西南联大北京校友会原会长沈克琦先生曾赠我一书：1944 级西南联大从军同学所写所编的《国立西南联合大学八百学子从军回忆》。书打开来就是地图，当年联大学子们从军的踪迹几乎遍布全国主要战场。一些人直接参战，到环境险恶的缅甸蛮荒之地去；有的追随孙立人将军，有的还见到了马歇尔；还有人参加了芷江受降，做了现场的记录。这本书的前言，读来令人心酸，里面说：“我们只想说，自己无愧于历史，无愧于国人。”

宗璞执意要写《西征记》，记载他们的功绩，体现了她的史识。

如今她的《北归记》业已出版。蓦然想起那年在冯钟芸先生家里看见过一幅照片——在一部汽车上站着一群欢乐的青年。冯钟芸先生告诉我，这是她们准备要回北平了。“旁边的那个女孩，”她说，“那就是宗璞。”

宗璞的创作早年受过挫折，如今年事已高，志向却宏大。她要保存的不再是一颗红豆，在几乎失明的状态下，她用病弱的手试图保存一页巨大的史诗，堪比“杜鹃泣血”。

《未央歌》：联大校园里纯真而特殊的人群

2009年秋，在台北福华会馆，西南联大学长易君博拎着一大包资料来送给我，都是与西南联大历史相关的台湾报刊资料与书籍，其中有一本鹿桥的小说《未央歌》，完整版。

《未央歌》完成于1945年，1967年由台湾商务印书馆发行，立即风靡一时，被称为中国台湾版的《红楼梦》。

小说以抗战时期的西南联大以及昆明的风情为背景，主角是一群风华正茂的大学生。在烽火连天的岁月里，在平静纯洁的象牙塔中，他们彼此引为至友、畏友，有爱有怨，有笑有泪，勾织出属于青春和校园的爱情故事。

书中有关于友谊的描述、爱情的铺陈，以及对校园精神的探讨，洋溢着一代青年学子对真善美的追求与积极乐观的生命态度。对于大学生群体的描写与回忆，有十足的校园气味，其青春气息、青春语汇、青春审美、青春狂想，都是特有的，非亲历者不可编撰。

易君博学长，是西南联大政治学系张奚若的学生，台湾光复时，老师推荐他上岛参加接收，从此留在台湾，做过“内务部”的次席，可谓“资深”。

他说："吴讷孙写的，鹿桥是他的笔名……他写的那些人物，都是有所指的。他写的男男女女都是西南联大的……一位是我们老师的儿子，曾经做过国际贸易……还有一个女同学。他们都是西南联大的。"

果然，这里面是有爱情的内核的。它发酵，弥漫，最后失落，是全书的情绪节奏。

《未央歌》中的学生生活有奢侈之嫌。书中写他们经常收到家人寄来的罐头，还有时髦衣服。他们的所用所穿，与一般人的战时生活差别很大。

听易学长介绍，这部小说写的是西南联大的一个特定人群，出身上层的他们没有饥寒之愁苦，却有《牡丹亭》里的"游园惊梦"气息。

他们在校园中大概是"少数派"，比之西南联大的那些东北流亡青年、从华北沦陷区逃出的青年等，在生活的境遇和追求上，是不可同日而语的。在当时的西南联大校园，确实存在着不同的风景、不同人群的生活。其兼容并包之气量，像是浩瀚大海。

《未央歌》令台湾读者联想到《红楼梦》，其中一个原因是人物设置与爱情结局的类同。一向多愁善感、被人爱怜的"佳人"蔺燕梅，本来与"才子"余孟勤浪漫定情，却又意外地情迷他人，自愧而遁入空门，成为修女，演绎了由"色"而"空"的哲理，带有人生如梦的洞悟。而一直站在旁边的姐姐似的人物伍宝笙，则不动声色地取而代之。

伍宝笙是一个人际关系圆通的女生，尤其受教授夫人的青睐。最终，由教授夫人们将她与那位"人中之龙"余孟勤撮合。夫人们的背后站着教授，学生自然是要尊师的。这里透露出一种"钗胜黛败"的价值取向。

香港学者张惠在研究台湾邮票的变迁时指出，台湾对《红楼梦》的趣味发生了“拥钗弃黛”的倾向。

> 1998 年 7 月 16 日，台湾省邮政部门发行《中国古典小说——红楼梦》特别邮票 1 套 4 枚，用工笔重彩设计，色泽亮丽，人物细致传神，为近年来畅销票之一。台湾邮政公司介绍其印制的初衷：“为增进国人对古典文学艺术之认识，并期使国际人士了解博大精深的中华文化”，故以“宝玉游园”“黛玉葬花”“宝钗戏蝶”“湘云醉眠”为主题，来表现贾宝玉的聪俊灵秀，林黛玉的任性纯真，薛宝钗的理性练达，史湘云的旷达洒脱。（《方寸红楼大舞台—— 1998 和 2014 版台湾红楼梦邮票丛谈》，《明报》第 66 期 D6 版，2015 年 4 月 4 日）

《未央歌》的爱情结局与台湾在《红楼梦》人物上的取舍是一致的，颇耐人寻味。

> 台湾邮政于 2014 年 10 月 27 日发行《中国古典小说邮票——红楼梦（2014 年版）》邮票 1 套 4 枚。针对 1998 年版的细节修订如下：宝玉游园改成了宝玉题额，宝玉的蓝装改成了红装，宝钗的团扇改成了折扇。
>
> 然而更值得注意的是重心的转移。睽违十六年之久，仍旧是四枚一组的红楼梦邮票，选材却实堪玩味，分别为“凤姐登

场”“宝玉题额”“元春归省”“宝钗戏蝶”。其中，曾经最重要的女主角却缺席了。（同上）

林黛玉是传统美的产物，在今天的一些人看来不适于现实的生存，而遭到嫌弃。

但我认为，将文化诗意和理想之美与现实生存的本领相提并论，在文化引导上有庸俗化的嫌疑。

据易君博讲，吴讷孙写这部小说的原因，“是大多数人都觉得校园已经平淡消沉，不像抗战时期那样，社会对知识分子是赞美的”，“他想把校园知识分子的时代使命写出来，就是说，希望像抗战时期的青年一样，关心国事和时政，不要自私自闭。在校园里面，应该关心国家的前途”。

《未央歌》给台湾青年呈现了一个战时校园的文化气氛和青春男女的精神风貌。

在被殖民统治半个世纪后的台湾，《未央歌》唤醒了‘青春的中国心”。这是这部小说最大的贡献。

这本书在台湾销量很高，影响很大，它让人们知道了“西南联大”这所名校。

《未央歌》在写战时大学的环境方面异常真实：学生成群结队逛大街，从文林街走到凤翥街，看门联，看过大年，吃米线，喝盖碗茶……作者极其熟悉昆明的街巷市井，熟悉郊区的沙朗，他面对那些野外的风景产生了青春联想。

作者深深地沉湎于过去的学子生活中，流淌出大量的抒情文字。

这是隔着海峡遥望故土的情怀之作。

此部小说的感人至深处，不是“三角恋爱”，而是内含浓郁的思乡之情吧。

综上所述，西南联大的历史不应孤立来看。它是沉浮于中国抗战大历史上的一叶扁舟。其中人物，来来往往，出入于那个时代的大潮中。

这大潮至今没有平息，承载着先人与今人的体温与灵魂之痛。

《围城》重“哲思”，《南渡记》为“述志”，《未央歌》在“言情”。同是战时大学的题材，各有各的来路，资源也不同。

就长篇小说的积累程度而言，我以为，《未央歌》是最相称的。

西南联大与我们

——在北大演讲

按：作为西南联大的史料抢救者与研究者，张曼菱担纲制作的历史文献片《西南联大启示录》深得海内外联大校友认同，为中国高等教育史的研究做出了重大贡献。本文在张曼菱2003年北大演讲《西南联大与我们》的基础上修订而成。

主持人：北大校友论坛已经成功举办了三讲，今天这一讲的题目是“西南联大与我们”，主讲人是著名的女作家，也是北京大学中文系78级校友张曼菱学长。张曼菱学长的代表作品有小说《有一个美丽的地方》《中国布衣》《北大才女》《涛声入梦》，影视作品《青春祭》《天涯丽人》《涛声入梦》《知青行》《西南联大启示录》。出席今天报告会的还有北京大学校务委员会副主任、北京大学校友会常务副会长郝斌教授，北京大学校务委员会副主任、北京大学校友会常务副会长李安模教授。

张曼菱学长这次来京是参加11月1号在北京大学举办的她的作品《西南联大启示录》的研讨会。我们得知这个消息之后找到了张曼菱学长，提出了邀请，她非常爽快地答应了。下面让我们以热烈的掌声有请张曼菱学长为大家做报告。

张曼菱：同学们，你们好。感谢大家来听我的讲座。

我想起了大概25年前——我是78级的——我也像大家一样在学校里住，晚上到处看，什么地方有讲座就来听。我当时的心情也和你们一样，非常希望从导师那里、从图书馆的书里得到对自己最重要的知识。

我想说，人一生当中永远都需要一种最重要的知识——除了我们的专业知识，还有一种最本真的知识，这种知识影响我们的很多决定，影响我们的道路，影响我们的命运，影响我们成为什么样的人。这种知识会在很多关键时刻起大作用。这种知识对于我们应该是共通的，是我们一生的每一个阶段都孜孜以求，而且永无止境的。也许我们的专业知识在某个阶段已经很富足了，但是，我说的这种最重要的知识永远需要我们去寻觅和探索。

我今天要讲的“西南联大与我们”这个主题不是一两个小时能讲完的，我觉得这个主题应该能够启发大家获得我刚才说的那种最重要的知识。这是我想讲一讲的第一个原因。

西南联大和我们——北大学生——是有着直接关系的，就像母与子的关系。我对西南联大的认识是从中年以后开始的，它可以提供我刚才说的那种应该孜孜以求的、对我们最重要的知识。

这种知识里含有厚重的历史。历史决定着一个人、一个家庭乃至一个民族的起点，你是从哪儿开始的，以后的走向如何，在整个世界上的形象怎样，就像照镜子一样，我们可以在历史中找到一个参照，所以历史对我们很重要。但不是所有的历史和知识都是现成的，不是在图书馆、在导师那里、在一教二教听讲座可以得到的。像西南联大的历史，还有其他一些宝贵的历史，它们会被某种“沙尘暴”或者“大雾”笼罩，我所指的沙尘暴和大雾不仅在自然界里有，在人类的文化生态中也经常会发生。由于各种各样的原因，一件事物会掩盖另外一件事物，历史的道路总是曲折的。

西南联大的历史就是这么一部到现在为止还发现得不够、张扬得不够，大家认识得也不够的历史，这也是我今天要讲西南联大的第二个原因。

我自己为什么要做《西南联大启示录》？为什么要发现它、认识它、考证它、再现它？因为关于这段历史，除了我们在图书馆里能够寻求到的以外，还有很多被掩盖甚至被误解的部分，以及未被发掘和整理的部分，这些部分不经意间又会在我们身边点点滴滴地冒出来。

我生长在昆明一个普通知识分子家庭。父亲常喝点小酒，我五六岁的时候，他就让我跪在凳子上，拿一个筷子蘸一点酒给我喝，挺辣的。听我父亲讲，在抗日战争时期，昆明来了很多北方的名人、学者、教授。他们很多人都穿着长衫，有的还打着补丁，非常朴素，有的胡子留得很长，说看不到胜利就不刮。那些大学生们背着斗笠，下雨就戴上，也非常节俭。由于他们的到来，昆明城的很多有钱人家不好意思再穿绫罗绸缎，那些太太小姐们把绸子衣服都收起来，说国家有难了，日本人来了。

昆明的大户人家把那些老师、学生请去做客，并让孩子出来，让教授指点指点。教授一看就说：“怎么还缠足？放掉放掉！”大人说，已经订婚了。教授说：“还小还小。”那怎么办呢？教授说：“上学上学！”就这样，改变了很多人的命运。

我的母亲就是一个被缠了足又放掉、后来自己跑出去上学的小姐。时代改变了我父母的命运，他们自由恋爱了，而且一生都被这种民主的光辉所照耀。他们经常去听课。潘光旦先生瘸着一条腿到我母亲上学的昆明市女中，拄着拐棍讲优生学。那时候中国谁敢说优生啊？他讲怎样能够把下一代生得更健康、更优秀。潘光旦还经常单拐打篮球，大家都去看，不是因为他篮球打得好，看什么呢？潘先生有一句话："正常人能做的，我都能做。"就是这种毅力、这种精神照耀着整个昆明城，也鼓舞着我父母的一生。

抗战胜利后，老师们就回去了，之后整个昆明城又变得封闭起来，后来又经过了一些事情，变得跟其他城市一样了。

但是，我父母一直怀念着这群优秀的老师和学生。我母亲中学时的一个老师是西南联大的学生，靠教书来勤工俭学。她老师的鞋帮和鞋底是分开的，拿绳子捆在一起。她们看见老师的脚趾都露着。老师跟她们讲东北的情况，东三省沦陷了，他们当了流亡学生。老师痛哭流涕，学生们便也跟着老师哭。

到了北大以后，我很关注西南联大有没有详细的历史，但是由于很多原因，这段历史没有被完整地发现和整理。一直到我毕业，后来当了作家，又到海南下海，再到 1998 年被家乡云南省“人才引进”，我都惦记着这件事。我回去的第一个愿望就是做西南联大研究，因为我觉得这可以报效我的母校北大，也可以报效我的家乡。

这种寻觅、发现，是从我们身边的事情开始的。每个同学都能从你们父母的口中听到很多话，这些话里可能就有真实的历史。你们如果思索和寻觅下去，也许就会发现很多珍贵的、可以决定自己应该做什么的事情。我不只是因为小时候就不断听到这种传说，也不只是因为一时的兴趣，我感觉大学毕业以后，经历了国家前进得最快也是变革最多的一个时代，作为一个知识分子，应该在社会转型的时候投身和参加那种促使旧的、不合理的东西消亡，促使新的、合理的、有利于个性发展和社会民族生存发展的东西诞生并壮大的活动中来。我觉得寻觅西南联大的历史就具有这样的意义，也能够实现我作为一个知识分子的使命。以上这三点就是西南联大和我、和我们今天的一种联系。

第四点，我想说的是西南联大是一个大学史，它告诉了我们大学是干什么的。你们觉得大学是干什么的？上大学就是为了上研究生，为了出国，是这样吗？

一个民族、一个国家办大学，聚集它的财力物力，把优秀子弟选拔出来，花费无数父母、无数师长的心血，还有个人的努力，这是为了什么？

大学就是要培养出那些站得最高，望得最远，最能为这个民族求取生存，最能保护这个民族、发展这个民族，使之立于世界民族之林的顶天立地的栋梁之材。一句话，大学是培养有力量的爱国者的地方。

我说的“爱国者”，是针对形成一个国家、一个民族最广大的整体利益而言的。

大学是做什么的？这一点西南联大给予了我们最好的回答。中国的教育历来就有师承，有传统。中国的知识分子除了技能以外，还要学道。道，就是道理、真理。我想还是通过几个故事来阐述我的观点。

西南联大的第一个故事是关于“气节”的。

气节，是中华民族特别看重的。西方有些人不明白，为什么在抗日战争中，很多时候中国军队已经被包围了，在实力上根本不可能打败对方，但是还要屡屡“以卵击石”，这在理性上完全属于盲目拼命。因为中国人认为“宁为玉碎，不为瓦全”，如果我不能保卫我的祖国、我的民族，我也绝不苟活，宁可粉身碎骨，以死报国。中国军队在被围困的时候、在没有胜利的希望的时候还要战斗，为的就是这种气节。

联大著名学者陈寅恪先生，就是那位提出了“独立之精神，自由之思想”的国学大师，他们家是“三世爱国”，他的父亲陈三立是一位诗人，他做的旧体诗在京城非常有名。

日本人占领东三省，打进北平以后，占领了古都，所有人都要有良民证，到城门口就要鞠躬，不鞠躬就要被抓。鞠躬能让日本人得到什么好处？他们要的就是侮辱、欺凌，挫伤这个民族，使之失去锐志。

这时陈三立老人就绝食、绝药，谁劝也不行。这是季羡林先生给我讲的，陈寅恪是季羡林的老师。陈三立老人就这么绝食而亡了，因为他觉得自己老了，不可能去保卫祖国了，而国家已经饱受侵略者践踏，他不能承受这样的耻辱，只有以身殉国。

这时日本宪兵队送来了请柬，来请陈寅恪教授，因为他们知道，在京城学界，陈先生威望很高。日本人非常懂中国文化，他们知道如果这个精神领袖屈服了，这些文化人就没话说了。

陈寅恪先生如果拒绝，肯定要被迫害，他还要活下去，还要完成他的史学任务。他认为必须从史学上来救国，这是他的责任。所以在父亲的丧事还没有办完时，他就悄然离开了京城，汇集到了西南联大这支队伍当中。

西南联大这批学者，都是带着某种感情离开古都的。像闻一多先生，日本人打到城外时，他拿着几本书，带着孩子就走了。路上碰见臧克家，他问闻一多那些重要的书籍呢，闻一多说："国家的土地一大片一大片的丢掉，几本破书算得了什么！"这种时候，他依然不失其态。

当时日本人承诺：如果留下来，可以继续教学，照样保证丰厚的教授年金。作为教授，像闻一多，曾经有抄文的书记，有保姆，有厨师，还有洋车夫，那种舒适的生活还可以继续下去。

可是他们不能接受，宁愿带着一点家当，带着孩子，夹着几本书上船，混入难民的队伍，滚滚向南去，而绝不在沦陷区，绝不留在原地替日本人办大学。众多教授都是这样离开了清华、北大。

也有没走的，比如邓稼先的父亲邓以蛰，他因身患肺病无法南下，但是没有去日伪的大学里教过一天课，他就靠在街头卖自己家里的古董，卖完一件吃一段，吃一段时间又去卖，绝不去上课，绝不低头。还有一位是北师大的刘盼遂先生，他的事情是任继愈先生给我讲的。

后来抗战胜利，三校归来，到北平以后，有一个共同的约定：凡是在日伪时期，作为教授在学校里讲过课的，一律不再聘用。这说明什么？说明作为知识分子，必须有民族气节，必须有人格力量，不能甘当亡国奴，不能给侵略者服务，否则你就没有资格做教授，没有资格做中国人的教师。这种气节是贯穿西南联大历史的。

同样是气节，它有各种体现形式。比如吴宓，他不像闻一多那样有诗人的张扬，他性格比较内向，有的时候还不被人理解。著名的《吴宓日记》，我建议你们看一看，那是一部真实的历史。里面写到当时日本人的炮弹袭击北平，他坐在被子里，窗壁震动，他觉得炸死也无妨，但想到自己在这个时候对国家一点用也没有，活着有什么意思呢？“今后或自杀，或为僧，或抗节，或就义……”他痛苦已极，“愿毙命于此室”。

吴宓是哈佛大学的学生，他完全可以留在国外，西服革履，过一种舒服的生活。但这是根本不可能的，作为一个中国人，他为不能救国而强烈自责。

等到学校要往南迁，可以继续为国家培养人才，他就跟从而去，总算还有一个报国的出路。坐在火车里，车上有很多日本军官，“满座戎衣甚霸图”。他们没有想到这位沉默的、穿着蓝布衫的、非常谦和的教授到了南方以后将要继续培育人才，要为这个民族而奋斗。

那个阴沉的早晨离开北平的细节，吴宓先生用一首《晓发北平》记下了，其中写道：“鸟鹊南飞群未散，河山北顾泪常俱。前尘误否今知悔，整顿身心待世需。”这就是我们中国的知识分子，这就是他们对侵略者的态度。

转移到了长沙后，成立了临时大学，学生们中间也多次发生争论：我们现在还应该上学吗？作为一个血性男儿，应该去当兵打仗，应该在战场上杀敌报国。

当时钱穆教授说，要为国家保住读书的种子，用上前线的激情来读书，“学习也是救国”。这种论点很快就说服了大部分人，确定了西南联大读书的性质，就是为救国而读书，要用和前方将士一样的心情来读书。

当时钱穆教授在云南编写的《国史大纲》，扉页就是“谨以此书献给抗战的百万将士”，用这种行为来表明自己对中华民族的忠诚。

所以我想说西南联大的历史，首先就是一个关于气节的历史，就是刚才我所说的知识分子的人格力量，是知识分子在关键时刻对我们这个民族所负的责任。

从另外一个方向来说，西南联大的历史证实了我们的民族有一种爱惜人才、尊重教育、保护文化的传统。当时北大、清华、南开三校接到教育部的命令南迁，教育部拨发的经费只是原有的35%，长沙临时大学的开办费只能函商中英庚款董事会筹借。师生背井离乡，辗转千里，克服万难，来到长沙。沿途各个地方的政府都进行了保护。抗日名将、湖南省政府主席张治中将军也积极配合，全力支持。

但不久南京沦陷，武汉告急，校方还是决定迁往云南，当时组织了湘黔滇旅行团步行入滇，张治中将军给每个人都发了军装、棉衣、水壶等行军装备。这些学生都是刚走出象牙塔，不知道怎么走，怎么吃住，于是军方就指派了中将黄师岳担任团长护送。这位黄团长非常敬仰五四精神，带着这批人马穿越了湖南、贵州，一直走到了昆明。

这一段路非常难走，“天无三日晴，地无三里平，人无三分银”。黄团长开始时是带着这些人排成队走，走着走着，大家都找自己喜欢的伙伴说话，学生前前后后，还有老先生，就很散漫了，队伍慢慢就拉长了。黄团长一看，不能按照军队的规矩来，就尊重那些老师和同学们，大家爱怎么走就怎么走。

当时一位先生有一个“怪癖”，据说是曾昭抡，他不走小路。贵州的山路是“之”字形的，如果你走小路，就可以很直地插下来，但先生是君子，他不走小路，偏要走“之”字形的大路。他穿着长衫，一个人，见到弯道处就拐。

黄团长不说话，跟在他后面。他觉得知识分子有一些“古怪”的东西，体现了他们的一种哲学观或者思想方式，一种学者一种个性，不能像带兵似的。就是这种哲学、这种思想、这种走法，在黄团长的保护下安全地一路南行。

我采访过清华大学的董树屏先生，“两弹一星”功勋奖章获得者之一王希季先生是他的学生。

董树屏先生是东北流亡学生。在东北沦陷以后，他曾被日本人打、浇洋油，还看到日本人打他的校长的耳光，特别痛苦。后来他去找张学良，要求去参战，张学良当时是东北大学的校长。但张学良却跟他说：“我需要武人，我也需要文人，你们是文武双全的。”他要为国家把他们保留下来。他把东北大学学生转到内地上复旦和清华，这样董先生就被护送到了清华，以后就随着清华大学一直转到昆明。

他在清华大学转移到昆明的过程中，承担了把器材运往南方的任务。当时要骗过日本人，在路上和难民一起争船争火车。到了重庆，国民党的军队又想扣他的器材充公产，他想了很多办法，把器材保护了下来，完整地运到了昆明。这些努力使得西南联大的工学院成为设施最好的一个学院，因为其他学院都缺乏设备。施嘉炀教授也为转移器材做出了贡献。

当时，当兵是一条救国之路，董树屏说他的同学有的就战死了，而他被留了下来，这一留就成了“两弹一星”元勋的老师了。

我们的火箭、导弹的动力到底有多大？它们凝聚着好几代人，包括我们的将领们的期待，以及当时知识精英的意志形成的力量。

“爱惜人才”也是中华民族的风尚，当时在整个社会，包括下层都是这样。湘黔滇旅行团步行到贵州非常贫困的地方时，发生了很多事情，有的还有照片存世。

比如，到了一个地方，有个地保出来敲锣。敲锣干什么呢？他说：乡民们，注意了，今天老师同学们要从这儿路过，集市不许涨价，要方便老师和同学。

最贫困的人们用最朴素的方法来支持和保护这些老师和同学。有一个布告，是玉屏县的县长写的，说今有大学师生路过我县，国难当头之际，这些大学生都是“振兴民族的领导者”，民众必须予以爱护，并提供种种便利。

师生一路走来，没遇到什么地方涨价、造假以及无法住宿的情况，受到非常多的爱护。

当他们走到贵州某些地方的时候，看见集市上在卖鸦片，很多村民靠种罂粟来营生，而且是地方官员逼迫他们种，不种就要抽“懒税”。

师生们心里也很痛苦：自己的人民那么贫困，靠种大烟为生，但即使是这样，人们依然不愿当亡国奴，听到日本人来了，都是要拼命的，死也不愿意受辱。这些都是当年的旅行团成员任继愈先生后来告诉我的。

这种气概当时就教育了这些学生们，实际上他们走过的这段路程和社会下层对他们的爱护形成了一种互动的力量。如果说长征是宣言书，是宣传队，是播种机，我觉得西南联大这种大转移也是宣言书，它的宣言就是“不当顺民”，就是宁肯舍弃舒适温暖的家园，颠沛流离行走在他乡的土地上，也不当亡国奴。

知识精英的这种信念也使全国人民得到了一种精神鼓舞，因为我们这个民族最聪明、最有智慧的人，我们这个民族的名人，跟我们在一起，他们不投降，他们来了，和我们一起对抗沦陷区的敌人。西南联大的转移实际上也加强了整个民族抗战的信心和力量。步行者之一的诗人穆旦就写过这样的诗句，“一个民族已经起来”。

西南联大是一部教育史，更是一部求知的历史。西南联大的师生使我特别折服的，除了他们的气节，他们的以民族为己任，他们的不惜一切、赴汤蹈火的精神以外，还有他们作为知识分子，真正的知识分子，求知的那种穿透力。穿透战争、穿透国界、穿透生死，求知求知再求知。即使我不能拿枪，不能打仗，不能像农民一样种粮食，为了这个民族，我也可以把我的求知向前推进一步。

当时，陈寅恪先生研究《秦妇吟》，他不写抗战标语，也不写鼓动文字，就写古老的《秦妇吟》的注。但是你仔细想一想，在侵略者以为我们要亡国灭种的时候，还那么沉静地整理我们的国粹，整理我们的历史，这说明什么？说明我们对这个民族有信心，说明我们相信我们一定会挺过去，我们这个民族不会亡。

我曾经说过，西南联大的历史充分证明，我们的民族是遭遇危机了，但是我们没有末日感，我们这个民族永远没有末日感。我们历经了几千年，有过很多动乱，穿越了很多曲折，但是从来没有末日感。末日感就是完蛋了，不顾一切了，没有后来了，也不用交代了，也不用再保存什么了。

他们在这个时候抢救器材，抢救国宝，都是为了未来，都认为战争一定会过去，我们的民族一定会存续下去。我们的文字、我们的文化、我们的住所……我们的一首诗，都要好好注释，要留给后代。一切都会继续，一切都得继续，这就是这个民族不死的生命力。

这个穿透力还有一种表现。当时胡适在国外，他偶然看见有一本新出的拓扑学的书，马上买了下来，寄到昆明给江泽涵教授。因为邮费特别贵，他就把精装书的外壳去掉，光要书芯，寄到西南联大算学系。教授们就互相传抄。陈省身先生曾说，抄了以后马上讲给学生。这就能理解为什么西南联大可以在昆明那种茅草棚里教出与国际接轨的学生了。

杨振宁就说，他到美国的一流大学，没有感觉到我们落后，西南联大“这些学校的教师对教学的态度都很认真，比起美国今天最好的大学的老师教本科生的态度，平均来讲要好”。我们的教育很“瓷实”，很“透彻”，我们在美国也是杰出的学生。

所以，这种求知还有一种地域的穿透力。

赵忠尧先生可以说是中国核物理研究的开拓者，最早在中国开设了核物理课程，“两弹一星”功勋奖章获得者里很多是他的学生。他当年是蒋介石政府派往比基尼群岛参观美国原子弹试验的。参观完以后，他到处筹措资金想方设法购买一些试验器材，试图带回国来教我们的学生。在这个过程中，他经历了蒋家王朝的灭亡和新中国的成立，最后在50年代初，终于带着器材回国了。

虽然是蒋介石政府派他去考察，但他是代表这个民族、这个国家出去的，他必须把最先进的东西带回来。这种执着穿透了时代，穿透了政权更替，也穿透了党派。我认为知识分子的伟大之处就在这里，他的求知的愿望，他的为民族复兴、国家强大的愿望，永远有一种伟大的穿透力。

西南联大整体都有一种穿透力，这种穿透力可以排除万难，比如饥饿、贫困、匮乏，甚至空袭、轰炸、死亡。只有具备这种精神的人，才能从事真正的科学、真正的学问、真正的学术。

这种穿透力，在我们采访的很多学者专家身上体现得非常明显。比如杨振宁、李政道。我采访他们时本来有所顾虑，他们当时都是功成名就的美籍华人，对一些“敏感”问题，会不会有所忌讳？

结果，他们讲话就跟我们的老师一样，他们从未说过“你们中国”如何如何的话。——我记得曾看过一个报道，有个演艺人员出国两三年，回来就在电视上大讲“你们中国”……还有一个我认识的人，去了美国密歇根一所学校，回来见了我就说“你们中国知识分子”如何如何。那种立场，有点滑稽。

而杨振宁、李政道，仿佛从来没有离开过中国。他们非常关注我们现在大学教育存在的问题。他们不仅说的是中国话，他们的语气、立场、感受也“很中国”。

如果一个知识分子——不管是自然科学学者还是人文社科学者——没有这种穿透力，没有这种精神，他就不可能真正进入某一个领域，不可能取得大的成就，也不可能拥有圆满的一生。这种穿透力会使你成为一个完整的人、一个完整的生命，会使我们彼此沟通、凝聚。这样的穿透力，很感动人，很值得大家学习。

我曾采访过邓稼先先生的夫人许鹿希，她是许德珩的女儿。他们家都跟我们北大很有缘——邓稼先的父亲邓以蛰曾是北大哲学系系主任，邓稼先本人也在北大教过书，他的岳父许德珩先生是五四的先驱。

他们住的是过去的那种老筒子楼——中国“两弹一星”元勋的居住条件如此简朴，看了你真的会流泪。坐的是那种折叠椅，当时的原子弹专家和技术人员就曾坐着这几把折叠椅研究重大问题。一部红色电话，邓稼先当年曾用它指挥现场，一旦有什么突发情况，他就用这个电话指挥拉哪个闸，关哪个闸，来制止事故。他们的床单原来是很旧的，当年因为杨振宁要来，邓稼先夫妇专门去百货大楼买了一个床单，上面是“首都十大建筑”的图案。

去采访的时候，因为我们有很多拍摄器材，就租了北大勺园旁边的一个出租车，司机是北大子弟。一路上，他一直在讲他在俄罗斯如何做“倒爷”、卖羽绒服，一副牛气冲天的样子。

我们一起拿机器上楼。那就是一个普通的居民楼。到了屋里，我们坐下后，许鹿希先生说，我们坐的那两个沙发当年杨振宁来的时候和邓稼先坐过，吓得那司机赶快站起来，不敢坐了。

这个“倒爷”司机，一直在旁边听着，等我们出来给他结账时，他连说“不要”。我说：“用你的车就应该给你钱呀！”——或许他受到了某种震动吧。

第二天早上，我一下楼，就看到一伙司机围着他，他站在中间讲我们采访时他听来的故事。有一次，原子弹爆炸失败，降落伞没打开，原子弹摔下来，没爆炸，但不知到哪儿去了。这会有很大的隐患——如果哪天它突然爆炸了，就会严重影响当地居民的生活，甚至生命。而且原子弹本身很贵，试验没有结果，就没办法对全国人民交代。当时防化兵出去找，找来找去没找着，最后是邓稼先和一个副部长开着吉普车去找。后来到了一个地方，邓稼先说：就在这儿。下来一看，有足球场那么大的地方都是碎片。邓稼先说：你们停住，我进去。他作为一个专家，能不知道会有伤害吗？他进去后发现那个弹没有爆炸，就用手捧起那个弹——就是这次，他受到了致命的辐射污染，回来后马上就住院了，他的死也许和这次有很大关系。

杨振宁有一篇纪念邓稼先的文章说，美国的原子弹之父和中国的原子弹之父不一样，美国人在中国肯定造不出原子弹来，因为中国有非常特殊的国情。邓稼先非常忠厚真诚，他是中国人民最朴实的儿子。“文革”时，他能说服对立的两派群众组织，能够使不同阶层的人信任他，因为他没有私心，他只有奉献精神，他可以亲自去核区捡弹片。这样纯洁的一个人，当他出现的时候，一切的纠纷、殴斗和批判都自惭形秽。所以杨振宁说，“鞠躬尽瘁，死而后已”准确地描述了邓稼先的一生。

那个“倒爷”司机在那里大声喊：“应该是我去捡，我死了没什么，怎么是他去呢？！”我想，正是邓稼先的人格魅力强烈地震撼了他。这种力量，这种穿透力，可以打动每一个有良心的中国人，可以使这个民族凝聚起来。

这也使我相信西南联大的精神在今天会为我们的民族、为我们的下一代所接受，并转化成一种强大的力量。

西南联大有一个非常值得研究的现象，就是在面对侵略的时候，既保持了一致性——大家同仇敌忾，绝不屈服，此外还有行动、吃饭、上课、经费开支等要保持统一——又能够容忍和保全学者们和学生们的个性。师生们在自己的文化立场和家国情怀上，用最真挚、最具个性的方式来反抗民族屈辱。

比如朱自清，他在昆明电影院里看电影的时候，突然听见背后有人在叽里咕噜地讲日语。在国家被日寇欺凌的时候，他觉得这种声音特别刺耳，于是站起来走人——他用自己的方式表达他的义愤。

作为一个文化群体，西南联大留给我们的宝贵财富，在国际上也是值得研究的。同时它也给我们的教育史研究提供了素材，给我们现在的大学该怎么办提供了珍贵的历史借鉴。

学者的个性，包括自身的学术个性和个人生活的惯性，都受到了同样的尊重和保护，这一点我觉得尤其伟大。国外的知识分子面对战争时，要么选择投笔从戎，要么就是远走避难，不问世事。不像我们的学者和学生，在艰难困苦中努力生存，后来还有新的发展。北大的“兼容并包”、清华的“自强不息，厚德载物”和南开的务实精神，在这种特殊的历史条件下，反而更加和谐地融合在一起，创造了新的学风、新的人际关系和更加开放的氛围。

当时一些教授和学者走到长沙、昆明的时候，家属还没有来，他们就常常几个人住在一起。陈省身就曾经和吴宓同住一室，一个数学教授和一个人文教授，这种交叉产生了很好的效果。吃完饭以后，大家一起去散步，完全打破了门户之见。陈省身说他们很谈得来，吴宓也常对陈省身倾诉恋爱的烦恼。

朱自清的儿子朱乔森回忆，他父亲当时就可以借闻一多先生没发表过的手稿来看，也经常借王力先生的看，他们也借他的来看。他们可以在作品发表之前就互相传阅，这种现象今天看起来是不可思议的——大家都是研究诗词的，你看了把我的盗去了怎么办？当时那种发展学术的氛围，学者之间纯净的精神，真是令人神往。

这些都发生在战争期间，面对战争的残酷，他们的胸怀格外宽广，他们的目光格外开阔。闻一多先生就是在这期间开始从民歌中找到灵感做研究的，找出一些方言的发音方法来注释《诗经》；吴大猷先生也曾用当地的器材做一些简单的试验。

我们这个民族100多年来都危机重重。为了维护国家统一、民族存续，在战争期间，强制、集中、整齐划一是必要的，但是西南联大在需要团结、需要一致的时候，还能保持个性化，保持生动的生态——思考和生活的生态，这一点尤其了不起。

下面我想讲一讲“人杰”这个概念。

“人杰”这个词可以说是中国特定的，李清照就曾说“生当作人杰”。我们很难对人杰做出明确的定义，那些杰出的、独领风骚的、能够主宰时代的、能够对历史发生影响的人就是吧。西南联大的校歌里有“中兴业，须人杰”，通过它的校史，通过它的杰出的人物，如邓稼先、闻一多等，我们对人杰可以有一个新的定义。

现在“人才”这个词很流行，比如说你是哪方面的人才，那么你能实现多少KPI（关键绩效指标），你能达到多大贡献率，你能拿多少年薪……是可以具体衡量的，跟社会有一种兑换。而且你也是可以被替代的。

人杰则必须有我们这个民族所期盼、所需要的那种特质。人杰这个词在西南联大历史上再塑造以后，蕴含了一种信仰的因素，而且只有具有为信仰而献身的精神的人才，才能叫“人杰”。

当然，不是说人杰就不吃饭不要工资。但到了某种紧要的时候，人杰和普通意义的人才可能会有非常不同的表现。而且，那些只有才而无益于民族甚至有害于民族的人，人们也不大会记得他们的才。

任继愈先生说，秦桧的字写得很好，求他写字的也不少，但现在中国那么大，他的字却湮没不传，因为没人愿意保存。而文天祥因为一首《过零丁洋》永垂青史，“留取丹心照汗青”，浩然正气，慷慨悲歌。

中华民族几千年来能够形成一个自强不息、团结和谐的民族，正是因为不断地发展这种最重要的品质。

之所以阐述“人杰”这个概念，也是我对诸位的一种期待、一种期望吧。

第四辑

一所战时大学的『形』与『神』

开篇　先贤的预言

以前有一句话，叫作：开篇不谈《红楼梦》，纵读诗书也枉然。

这部名著从问世以来几度遭禁，更增其魅力。人们争相谈“红”，形成一时潮流。历史上也是“禁”不了的。

现今是“开篇皆谈西南联大”了。在学界，西南联大还是一个冷门，只有为数不多的人涉及，但在网络和其他媒体上已蔚然成风，大有不谈不“时尚”之势。

西南联大成了流行文化的资源库，但那些吸眼球、蹭流量的信息缺少真实性与道德力量，多数只谈“风月”，不涉“学制”，避重就轻，夸张偏狭，有庸俗化倾向。

如广泛流传的“刘文典踢蒋介石”之说，子虚乌有，不仅有辱斯文，更把当年“白色恐怖”下的士子风骨演化为一场戏谑。

再如一个段子，说梅贻琦因为替老婆看守地摊而上课迟到，进门就向学生道歉云云。常识是：梅贻琦在联大是不任课的。他一心扑在学校管理上。对梅夫人为维持家用的各种辛苦，他基本上不知晓，更不参与。他的夫人和儿子说，家里人是不是饿着，他都不知道。

假作真时真亦假，这些乱象令许多关注西南联大的人们焦虑。

2003年春，任继愈先生交给我一篇文章《〈西南联大启示录〉观后感》，他写道：

看过这一套光盘（《西南联大启示录》），印象很深刻。它记载的这段历史，都是自己亲身经历过的，事情的前因后果，我是见证人。

作为北大哲学系 34 级学子，他是与西南联大共始终的亲历者。

还有植物学家、清华大学的吴征镒先生，说自己“跟西南联大差不多是‘同命运’‘共呼吸’的”，以及曾在联大任教的先生：杨业治、陈省身、董树屏、费孝通……他们都以学者特有的博闻强记，为我提供了生动的讲述。

如任继愈先生所言，“当年亲历者多已逝世，少数健在者也都进入耄耋之年，而且住地分散，有的行动不便”，但追溯着西南联大学子的历史脚印，我从 36 级（甚至更早）到 46 级，在每一级里都找到有代表性的学子来叙述，因此形成了一部有梯队结构的口述史。

任先生曾叮嘱我道：“这批资料不能分散，只有集中才能显出价值。”多年来，我都拒绝那些要购买“名人”资料的商户，集中收藏这批资料。

任继愈先生曾说：

看《西南联大启示录》感到不足和遗憾的是，这一工程启动迟了几年。陈岱孙、周培源等老一辈先生先后谢世。今天能够提供信息的见证人，都属于西南联大第二代。这个损失已无法弥补。如果再迟几年，第二代见证人越来越少，即使有像张曼菱同志这样的热心人，怕也难以拍摄了。（同上）

事实正是如此，如今“热心人”大批涌现，而所剩资源已经寥寥。现在能叙述的多为45级以后的学子。再好的机器设备，因为对象消失，也只能是“平面扫描”了。

20多年前我所采访的这批联大学人逐一辞世，他们已成“经典”。重新梳理“二代见证人”的访谈，势在必行。这些有温度和深度的叙述，提供了纸本正史中没有的人文细节与生动情节，描述了战时大学的框架与风骨。西南联大的价值与精神，蕴藏于师生们所经历的那段岁月里，在他们的故事与刻骨铭心的记忆中。

任继愈评价这些内容：“生活中的一鳞半爪，连缀起来，集腋成裘，蔚为大观。当年师生的言行片段构成一串耀眼的明珠。”

由于三所大学在中国教育界的重要地位，以及这批学人对时代的巨大贡献与对后世的深远影响，这些当年学校生活的故事成为一幅幅独具魅力的画面，勾勒出一代卓越知识分子的群像。

这篇文字，取材于访谈而进入的那个战时大学的世界，并作者历年来阅读所得的史料佐证，试图描述这段历史的概貌，追寻它的“形”与“神”。

一、茶馆英才

茶馆是联大生活的一种“形”，而被注入的，则是联大的学风与精神。

在采访中，杨振宁先生说：“西南联大当时没有烧开水的设备，喝水怎么办？就去坐茶馆。在凤翥街、龙翔街、文林街、青云街，有好多茶馆，很多位置专门是给西南联大的学生的。黄昆、张守廉跟我三个人在食堂里吃饭，吃完饭就坐在茶馆里头，常常坐一个钟头、一个半钟头，高谈阔论。”

有时觉得，这些地名仿佛也有某种象征意味。凤翥、龙翔、青云，还有珠玑等，本是翠湖以西的几条平静的居民街道，并不繁华。当年昆明的繁华之地在翠湖以东，从武成路过去，直到金马碧鸡坊、南屏街一带。

非是茶馆能育英才，只因联大在西郊，群英荟萃于这些平民街巷，应验了“龙凤”之名。冥冥之中，自有因缘。

联大师生们所用之物，乃当年昆明市民日常之物。师生们活动与生活的场景，也是“放之昆明皆准”的市井之地。只要翻开他们当年的日记与书信，则翠湖、文化巷、文林街、龙花巷等比比皆是。如今的“寻常巷陌”，当年也曾群贤毕至。

联大的学习，绝不是只要听课就可以掌握所谓“知识点”，拿到考试提纲就可以蒙混过关。战时，因为研究停止，顶尖级的名师把重心都放在了本科教学上。那时候本科的教学其实是一种培养研究生的方式，讲课都是指导性的，具体学习、掌握和运用知识全靠学生课下独立进行，所以学习的任务非常繁重。

按照联大教师们那样的授课方式，“开窗户”为主，启发为上，学生们下了课还有大量的阅读，还有很多需要认真对待的习题、需要深入思考的问题，有时还需要讨论。这些后续的重要学习活动，到哪里去进行呢？

据《国立西南联合大学校史》记述：新校舍占地120余亩，除了图书馆和东西两食堂是瓦屋外，教室是铁皮屋顶，学生宿舍与各类办公室全部都是茅草屋。学生宿舍茅屋 36 座，每间宿舍放 20 张双层木床。

核物理学家朱光亚先生在采访中说：“40 个人（一间），上下铺，中间夹个桌子。”“铁皮顶、茅草顶都有。铁皮顶一般是教室。但是也有问题，下雨了，上课的时候上面就叮叮咚咚响了。我们宿舍是茅草屋，不好之处就是漏雨。”

出入这扇大门的人们，穷而有尊严。南迁以来，一直在借房舍的联大学人总算有了踏实的心态。

简朴的木制大门内外，没有花花草草，不见小桥流水、荷塘风月，无处可流连。而且，一个西南联大的学子，经过严格的考试入学，也不能保证几年后文凭就唾手可得。在联大学习的每一个学期，严格的筛选都在进行着。学分不够，就留级；再不够，就退学。

学校大阅览室虽有几十张长方阅览桌，放置木椅，可容几百人，但每天开馆前门外总是挤满了人，以便抢先借到一本书或者占到一个座位。

政治学家赵宝煦先生说：“因为图书馆需要占位子，大家都抢占位子，所以我就从来不上图书馆。”

物理学家沈克琦先生一语道破学子们的窘境：“虽然学校的图书馆还是不错的，有好几百个位子，可是我们住在新校舍的总共有 1000 多人，怎么也不够。宿舍里可以看书，可是一个窗户底下最多只能坐两个人，坐不下那么多人，还有两个人没地方看书。”

于是，他们就将学习活动搬到校外进行。昆明西边市井的茶馆，就成了联大校舍与图书馆的延伸之地，成了学子们“求一方读书静地”的最佳选择。

赵宝煦说：“不只是我，大多数人都是在文林街坐茶馆。那个地方的茶馆窗明几净，大伙都在那儿念书。”

沈克琦回忆：“西南联大附近的街上有好多小茶馆，这些小茶馆就是专门为西南联大的学生念书用的。进去以后，大家坐下，开始聊一会天，到一定的时候就没声音了，都把书拿出来看。老板娘一看，你们看上书了，就知道大概你们也不会再要什么了，火也给封了，最后炖几壶开水，给你们续续水，就完了。”

茶馆提供灯光、茶水、简陋的桌椅等。那样的小茶馆往往就是一个住家，把房间打扫打扫，弄几张桌子，额外赚一点钱。

学生们清早就去，去了就泡杯茶，茶杯搁在桌上，主人就沏水，不用再加钱。主人明白读书人的需求，不打扰。也没有别的市民来，这种茶馆就是专门看书的，可以说是“战时的书斋”。

朱光亚说：“茶馆、图书馆都是经常去的，特别是茶馆。那时候有首歌叫《茶馆小调》，大家都会唱。”

我说，听说邓稼先当年穿着一个短裤就去茶馆了。

朱光亚回答：“非常随便。茶馆那个时候很好，那个灯很亮，不像我们宿舍里面那个灯。一杯茶，可以泡一天。”“你要坐多久就坐多久。”

李政道回忆：“抗战的时候要用它（电）的地方很多，我们图书馆的电灯泡灯丝是红的，根本不能念书的。”“它电力有限。所以，事实上我们是在茶馆看书。”“它们（茶馆）实际上是代替了图书馆。图书馆有图书，不过图书馆的设备，我们晚上是没法念书的，白天还可以用。这样养成了一个学风，可以说是‘茶馆学风’。这更像人们常讲到的19世纪巴黎的咖啡馆，当时很多文学家、艺术家在巴黎的咖啡馆。昆明茶馆的这个风气，我在中国别的地方没有看见过，我觉得对当时的学生鼓励是很大的，可以说这是昆明人民支持的。”

茶馆在全国遍地都有，唯昆明独享美名。正是这一批批在求学渴望中的青年，赋予了昆明茶馆最有诗意和价值的一段历史。

卫星与返回技术专家王希季先生当年是工学院的，他说：“去文林街的茶馆，是在一年级。后来搬到迤西会馆，那一条路是金碧的茶馆。那钱是不多的，我也记不得，一杯茶可以坐一晚上。老板看我们这些学生也晓得，反正他撵也撵不走，答应我们在那儿看书。”

李政道也记不起具体的价钱，在他的印象里：“很便宜的。……我们的工作都是在茶馆里面进行，主要原因之一是晚上它有汽灯。这是晚上唯一可以念书的地方，别的地方都不能念书。”

这些茶馆是在联大来了以后才出现的。它们和那些打牌、划拳的休闲茶馆不是一回事。学生有时候也会到那种娱乐性质的茶馆玩一通，但出来后又赶快钻进自己的小茶馆里学习。

沈克琦的话中有一个细节：“（老板娘）赚不到钱。我们也觉得不好意思，就买一点瓜子，买一点花生，她就赚这个钱。”

品味这个心理细节，见出人与人之间一种朴素的善意和体谅。在茶馆主人与学生们的相处中，彼此体会对方的需求，联大学子也接了“地气”。

中国古话说：君子之交淡如水。这样平淡而可靠的关系，与这样的描述，现在很少了。“善意”如果夸张，就失去了真挚自然，也不符合人们生存的真相。

学校生活的程式被解构了。在读书之外增添了很多情节和细节，却又反衬了读书的尊贵。古人云“贱尺璧而重寸阴”，尽在其中。

依靠名校制度与导师风范，联大生活锻造着这批穿越战火的可贵人才，使得青年学子将爱国热忱投入学习中去。

我采访过上百名联大学子，有幸亲聆一批堪称“英杰”的人物的回顾。

生物化学家邹承鲁先生身材高大，面目隽秀。联大时期他办过壁报，演过话剧。他说：“经济条件稍微好一点，晚上就上茶馆看书，也是几个同学一起。因为茶馆灯要亮一点，还有水喝，在那儿看看书也挺好。”

他还谈到对他影响比较大的老师是杨石先。当时西南联大并没有开生物化学的课，而杨石先在讲普通化学课时谈到正在兴起的新学科生物化学，使他产生了兴趣。

邹承鲁说：“在艰苦的条件之下坚持做学问，我想这是我在西南联大学到的最重要的学风。”“蔡元培留下来的影响，做学问要讲民主，‘在真理面前，人人平等’。”“那时候相信科学救国。”

多年后，邹承鲁成为中国人工合成胰岛素项目的带头人之一。

我问过工学院学生王希季：“茶馆安静吗？”

王希季说：“茶馆怎么可能安静？”

我说：“那你能看进书去吗？”

他说：“我们学的就是这个本事。”

闹中能静，这是“有志趣”的缘故。

外国语文学系学子许渊冲对我说过：“对我影响最大的，应该是朱光潜先生的一句话。朱光潜先生说，读书要有兴趣，没有兴趣做不了事。”

沈克琦回忆物理学系“三剑客”：“杨振宁特殊，他 1942 年大学毕业以后考了研究生。当时同时考取研究生的有三位：一个是杨振宁，一个是黄昆，一个是张守廉。这三位是非常要好的朋友，他们一块念课。这三位都是很有创新精神的人，在物理问题方面想得比较深入，学习中间互相老有争论。这个问题怎么回事，各人有不同的看法。他们到饭厅去吃饭，吃完饭就回宿舍，在路上要走一段路，在饭厅可能就争论起来了，回宿舍的路上也大声争论一些问题。可能争论的是物理问题，也可能不是物理问题，或者是别的问题。杨振宁嗓门特别大，所以大家都知道有这么三个人。他们三个人后来也知道，就自称是‘三剑客’—— Three Musketeers。”

杨振宁也谈道：“有一天晚上，我们坐在茶馆里面，三个人辩论到底‘哥本哈根的解释’是怎么一回事。”他们在夜晚离开茶馆回去的路上还一直讨论，昆明没有路灯，还要提防夜间有抢劫的：“在茶馆没讨论完，我们一路走一路讨论到昆华中学，到我们屋子里，还在继续辩论。然后灭灯了，到 10 点钟电灯就灭了，我们躺在床上还在辩论。最后起来把蜡烛点了，把一本小书——海森伯写的，叫作《量子力学的意义》——拿出来翻，念其中关键的几段，然后再讨论，看看到底我们懂了没有。”

茶馆其实又助成了学子们之间的切磋。因为有自由的漫长的时光，所以可以与志趣相投的人朝夕相对，做持续性的深入讨论。比起校园内的格式化空间，茶馆对于这些思维活跃的学生更为有益。

杨振宁在采访中几次强调说："同学之间的切磋，对彼此有很多影响。我在研究院的时候，有一个同屋，叫黄昆，现在是院士，曾经做过半导体所所长。我最近还常常看见他。他的英文非常好，他尤其喜欢看英国大文学家的小说。他给我介绍了很多英国 19 世纪、20 世纪的小说。这些对我的视野或者说对我的知识面的增加有很大的好处。""我常常跟研究生说，一个研究生在念书的时候所学到的东西，多半的情形都是从同学那里得到的，不是从课本上也不是从老师那里学到的，因为同学之间接触辩论的时候可以真正地深入。你跟老师不能够接触得时间太久，而跟同学，你可以继续地不断地讨论。"

在台北，哲学系学子刘孚坤对我说过一番语重心长的话。他说，罗素说过，人有两种冲动，"第一种冲动是创造性的冲动，第二种冲动就是占有的冲动。罗素讲，要尽量地发挥创造的冲动，而减低和不要那个占有的冲动"。

刘学长则认为，"创造的冲动里面带有占有的冲动"。他更进一步将这两种冲动融合："享有的冲动融合在创造的冲动里面，你创造了就有，结果就融合在里面。这才是理想的。"

正是这种精神的追求、创造的享受，贯穿着联大学子们战时的学习生活。

深入这些人物的精神成长中去，就会发现他们自觉或不自觉地承接了东方文化的智慧与美德。《荀子・劝学》曰："锲而舍之，朽木不折；锲而不舍，金石可镂。"用心专注，珍惜时光，这看似不算高调的生活准则，却成就了大器。一种学习态度，其实蕴含了深刻的人格修养和文化精神。

中国古代的书生们为了避开世俗纷扰，经常个人或结伴深入寺院里租房读书。我父亲少年时代就干过这样的事。而战时大学的学子们则开创了“以街巷茶馆为书斋”的盛事。我不禁想到一句话：“大隐隐于市”。

《道德经》说：“含德之厚，比于赤子。”道德深厚的人，如婴儿一样纯洁，无所畏惧，他们具有专注而独立的品行，不从流俗，不附凡庸。

茶馆学风，还有个意思，就是将原来京师地区的传统风气改写了，学生们的气质更倾向于朴实淳厚。北大由京师大学堂所赋予的官衙排场，清华因留美而滋生的崇洋风尚，皆在这市井间的“茶馆课堂”里接了“地气”，学风变得“本土化”了。

二、“薜蟠”与“迎春”

联大女生是优雅的，是学校的掌上明珠。

在南迁路上，从长沙起，她们的住宿条件就比男生优越。

> 另在附近觅得陆军第四十九标营房三座，借为男生宿舍，又在涵德女校借用楼房一座，作为女生宿舍。（《国立西南联合大学校史》）

男生住兵营式的宿舍，也是从此开始的：

> 男生所住四十九标营房是两层木结构建筑，十分陈旧破败，虽加修理，底层仍比较潮湿，排满双层木床，光线尤其暗淡；楼上光线稍好，学生一律睡地板。下起雨来，多处漏水，只好在被子上蒙块油布，枕畔支柄雨伞，方能“高枕无忧”，一觉睡到天亮。（同上）

女生人数少，好安排，但更重要的是一种尊重女性的文化，女生被视为体现高等学府精粹的文明之花。

进入云南，先在蒙自，女生被安排在乡绅周伯斋家大宅院内的家眷楼里，名曰“听风楼”。

吴宓 1938 年 8 月 29 日在蒙自有一段日记，良多趣味：

> 是日下午，宓自城中西门步归。街中及城边，均不见诸多黄色军服之男生，与蓝袍或花衫之女生行聚。又不闻纯正爽利之北平官话。于是蒙自空城立成寂寞空虚，馆肆中尤阒其无人。而宓行过桂林街女生楼舍及早街之转角宅楼，不见倚窗人语，又有人面桃花之感矣！及出城，步绕南湖一周，风景依然，荷花正好。而寅恪诗中所谓“桥边鬓影，楼外歌声”者，渺不可见闻。即 Kalos 教授学生所居之楼上楼下，亦门窗严扃，栏柱尘封焉。（《吴宓日记》）

使吴宓与陈寅恪欣慰的，是南迁中同行的学子们随时闪射出来的青春亮色。虽然这二位古貌童心的教授只是从“桥边”“楼外”经过，但年轻人的笑语和身影，已经成为他们流亡苦境中的朝花夕拾。

他们在文字里都表达了与学生同行及同居一处所带来的不可取代的愉快。这是身心的安慰，也是南迁中学人们的希望和寄托。

有的文章写他们“好古”，而不近青年，这只是看到表面。各类人有各类感情方式，尤其书斋宿儒，多情感内敛，不形于色，却深铭于心。

《日记》中所言“黄色军服之男生”，就是那一伙从长沙步行而来的学子，因辞别衡山湘水之际，湖南省政府主席张治中赠送他们每人一套土黄色军服，还有军大衣等。许多贫困生就靠着这点“行头”在云南度过了多年光景。

我去蒙自拍摄时，造访过周家大院。门庭有高阶，过一道月洞门，庭内有藤萝缠绕的大榕树，十分茂盛。楼上小窗被榕树的绿荫遮蔽。小楼格局不大，温馨舒适。二楼有一架脚踏风琴。我上去试弹了一支《送别》，音色略暗。这就是“听风楼”，当年联大女生宿舍。

语言学家李佩说：“1938 年，我刚到昆明，住在农业大学院里。我跟杨典华，另外还有俞平伯的两个女儿同住。农业大学教学楼的旁边，有两排就变成了女生宿舍。每一排有七八间，我们有一个舍监。十个女生住一个屋子，五张双人床，两人一张，高低的双人床，木头的。每人有一个床位，还给木头的煤油箱子。所以那个时候，国外管我们叫作‘煤油箱子大学’，那就是西南联大。”

她说的应该是“农校”，那个时候昆明没有农业大学。而男生似乎没有得到“煤油箱子”，那个新校舍的宿舍也放不下这种箱子。

女生们很会安置生活：“比我早来的学生，她毕业走了，说‘我这两个煤油箱子送给你’。还有一个同学，说‘我这还有一张藤椅’，她一直都觉得非常珍贵的，‘送给你们那屋子’。我们的屋子又多了一张藤椅。有四张书桌，排成两排，学习什么的都方便了。”李佩说。

她们的居住条件总是比男生宿舍雅洁、安适，宿舍还有专人管理。

在采访中，除了地质学家郝诒纯、诗人郑敏谈到有时去泡茶馆，其他女生少有说到“泡茶馆”的。郝诒纯说：“我们也在茶馆里看书，打桥牌。这是我们联大学生生活的一部分。另外还有一些时间是在图书馆看书，还有就是在宿舍里坐在床上看书。”

《国立西南联合大学校史》中说，女生宿舍安排在南院，是一组古老殿宇，砖木结构的旧屋，根据大小，2 人住或 6 人、10 人住。这个记录还不是全部。

哲学系女生郑敏住的宿舍，更显自由，她认为颇像后来在美国的研究生生活：“我们那个时候在戏院住，……一进一进的很多，都是老房子。女生宿舍有一个女服务员，……她总是在那儿很忙。回来的人，进出非常自由。就是晚上很晚回来，也没有人管你。那时候生活很奇怪，宿舍也不像宿舍，就好像你在外面租的房子似的。也没有什么人管你，反正一切都是非常放松的一种感觉。”

郑敏说：“我有一首诗，叫《寂寞》，就是写有一天黄昏，我从外面回来，坐在我的屋子里，看见外面的一棵棕榈树，小院里的一棵棕榈树。”对于住在新校舍的男同学来说，这是不可思议的清幽。

“我很少参加社团活动，我跟我几个朋友有点独来独往的性格。

但是，我觉得我们可思考得太多了。我们的周围特别美，譬如那个时候有英国花园，现在我不知道还有没有。我有一首诗，叫作《白苍兰》，就是写那个英国花园。还有文林街，晚上的灯半明半暗的，有那种驮马，就是运货的马，马队，走过去……这些也在我的诗里面。还有街上小孩跑来跑去的情景……反正整个云南的东西，进到我诗里的是非常非常多的。”郑敏说。

这一段信息量很大，我很有认同感。只要环境能够容下独处和冥想，还有很多无言的美景可以交流，就不需要与人群接触。也许有创作感动的一类人都这样。

对女生的怜香惜玉，还体现在大家去打工时男生特别的感受中。

历史学系学子李曦沐说：“郝诒纯是我们的校友，她当过护士。她是地质学家、院士。我们校友会，她是会长。……郝诒纯年轻时很漂亮的，现在 80 多岁了，还是很秀气。她年轻时到医院里去做护士工作——不能当护士了，是做护理员的工作，洗脏的有血有脓的那种纱布。有的医生看了不忍心，西南联大的女学生这么漂亮，干这种肮脏的活儿不好，给她换点干净活儿干。”

李曦沐出身寒苦，被地下党选择培养。当时有个叫王树声的同志曾对他说：“我为什么注意你：第一你叫李晓[①]，讲天亮；第二你穷得很，头发那么长，没钱理发，床单都破了，你很穷，很可能倾向革命；第三你信特别多，刚一来大学，这么多信，说明你交友广泛，一定是个活跃分子。”李曦沐后来成为“一二·一”运动的骨干。

---

① 李曦沐曾以“李晓”为名，表达自己期盼黎明之心。

而郝诒纯其实是资历更老的中共地下党员，她在北平上中学时就开始做地下工作，16 岁入党。但男生们并没有因为她的进步与出色而认为她应该承受更多。这和今天的观念不一样。

李曦沐对郝诒纯的同情，是一个男性对一个美好女性的顾惜。他从内心觉得，一个仪表和内在都那样优异的女孩子，不合去做那种肮脏的劳作。

虽然郝诒纯具有坚强的毅力，但她所做出的这种牺牲却造成了人们心里的感伤。

在新校舍，男生们住的是兵营一般的长条草屋。刘长兰说："我们听说过，古代的历史上，中国人乡间住在草房，但草房什么样从来没有见过。"这让这些京师来的学子们开了眼。

因为女生不去住，所以刘长兰只能是从外观上尽情形容了一番："那个时候，西南联大盖了草房。每一间草房是豆腐块一样的长条。这个长条上头是草，旁边也是草，中间开一个大一点的口，就算门。旁边开几个小口就是窗户，里面就是摆上下铺，男生住。这个最有名。"

沈克琦说："宿舍造的是一个大屋子，有两排窗户，每排 5 个，一共是 10 个窗户。长屋子两头各有一个门。每个窗户底下放两张双层床，所以一个窗户下面可以住 4 个人，10 个窗户就可以住 40 个人。40 个人住一个屋子。"

这个格局让我想起我插队滇西的时候，一路上也曾住过赶马人住的马店。一个大屋子睡很多人，很多气味。

沈克琦说："地是泥地，条件应该说很差，可是在西南联大，大家在这样的条件下照样学习，照样生活。"

与马店不同的是，这些学生很有教养，他们能够在这样的情况下做到互不干扰。在这样的空间本来可能发生争吵，却没有。

“一到晚上7点钟以后，屋子里一点声音都没有，大家要自修，要念书。到9点半的时候，就要准备睡觉了，这下脸盆响了，什么东西都响了。到10点半的时候，一点声音没了，不能影响别人睡觉。”“假如有人不小心出了声音的话，人家就嘘他一下。他不会说：你干吗嘘我？没有这样的。他会表示：坏了，我没注意，真是抱歉了。就没事了，没有因为这个吵架的。”沈克琦说。

但与马店相同的待遇是，男生们也必须忍受同伴“打呼噜”。

女生有清静的住处，而男生宿舍比较简陋，所以他们就整日在茶馆里“散养”着。

据《郑天挺西南联大日记》1941年1月23日记：

> 四时偕月涵、勉仲视察女生宿舍，其新洁固较男生为胜，而家境似亦较富也。以一事例之：男生四十人一屋，有数室无一暖水壶者；女生五人一屋，无一室无之者，且有一室列暖水壶六。于此可见大学女生大都家世较男生为富，而寒素之家大都命男儿入学，女儿家居也。

这个分析符合国情。郑天挺以史家之笔，洞察世情，在其《日记》中是亮点。

我在采访中也留意到，女生出身书香世家的居多，几乎无一寒庶者。甚至在那些联大伉俪中，也往往是女方家境要高一些，在结合中女生也更加优裕，有个性。

吴学昭女士曾送我一份剪报，是联大学子吴仲贤在香港发表的文章《忆吴宓师二三事》，其中写道：

> 吴宓在讲《红楼梦》的时候，说到《红楼梦》之所以伟大，在于其中包括了当时社会中各种典型人物，而这些典型人物也存在于现实社会之中；他说自己杜鹃啼血，忠于理想，就像紫鹃，而林语堂称自己远嫁他乡，则像探春，他问："你像什么人？"我心中有数，不敢回答。重要的是，这些多是由自己而不是由别人确定的。

联大时期，吴宓组建了"石社"，要求参加者写一篇文章，将自己比为《石头记》中的某一个人物。吴宓号"情僧"，曾有人喻其为多情宝玉，而他自喻为紫鹃，是钟情其性格。

他没想到的是，那帮男生全部自比为"薛蟠"，玩世不恭，而女生则自认是"迎春"。

学生们已经走出了"大观园"，成天"泡茶馆"，且干着"贩夫走卒"的活计，大概他们觉得贾宝玉那一套与现实风马牛不相及，于是就故意戏谑起自己的老师来。

面对这般"粗鲁"的男生与"自认被忽略"的女生，吴宓一气之下，解散了"石社"。

近阅《绝徼移栽　笳吹弦诵——纪念西南联大建校80周年》（昆明市政协文史委员会编《昆明文史资料选辑》第66辑，云南人民出版社，2019 年），一位老昆明人自言小学读的是私立南菁学校，这所学校距离西南联大不超过 500 米，可以每天近距离地看到联大风景：

至于联大学生的衣着打扮，也很有气质和风度。记得联大的学生，胸前都佩戴三角校徽，校徽上写有“联大”两个字，白底蓝字，因当时还没有简化字，所以用的是繁体字，排列的顺序也是按照当时的书写习惯，从左到右。联大的男生多数都穿大褂（昆明人叫长衫），少数穿学生装，冬天都喜欢围上一条围脖。女生已不再穿“五四”时期和 20 年代的学生装了，那种白色大襟火扇摆上衣，下穿黑色长裙，白袜青鞋的校服，只有在银幕和话剧舞台上才能看到，我看到的联大女生多数都穿阴丹士林布学生蓝的旗袍，齐耳短发，大袜青鞋，大襟上佩戴三角形联大校徽，有时外罩一件红色、灰色或黄色的毛线上衣，冬天也围上长围脖，已经是电影或舞台上的林道静或江姐那样的打扮了。（段之栋《我亲见亲闻的西南联大》）

而联大学子胡邦定的回忆是这样的：

学生穿的更是五花八门，文学院穿长衫的稍多，法学院穿得略微整齐一些，工学院穿美军剩余物资的多一些。当然这都是相对而言。有人说自己裤子破了，找个橡皮膏药贴一贴就对付了。这可能是极个别的、生活自理能力差的同学的趣事。年轻人眼睛好，买根针，买点线，自己缝一缝也不是很难的事。总体来

看，穿不是太大的问题，因为昆明暖和，四季如春，冬天冻不着，夏天焐不着，是比较好对付的。（胡邦定《西南联大纪事》）

这就是当年与吴宓教授调皮捣蛋的那些男生和女生，自命为“薛蟠”与“迎春”的莘莘学子的风采。

其实在感情生活的处理上，男生们一点也不“薛蟠”，反而磨炼得沉稳含蓄，有力度。

联大发生过一起风流别致的“偷花”事件。

朱光亚曾说：“化学系的一位姓高的老师就卖花，就在校园里面种花。”这本来是老师为补贴家用的副业，那些花是要拿到市场上卖钱的。

化学系女生张履芳说：“当时我们化学系都是平房，很简陋的，前面就是土地。系主任就在那里种了很多花，非常漂亮。男女学生走过那里，都很喜欢。结果有一天晚上，那些花就丢了一些。他到哪儿找呢？到女生宿舍找。女生宿舍的房子很破，门是木头门。拉上之后，拿一个锁锁上，一推这么大一个缝。他看屋里有没有他的花，有就记下来这个号码，然后就找这个女同学问：你的花是从哪儿来的，谁送给你的？”

原来这花是男同学偷的，然后送给女生去了。

张履芳说：“后来要找男同学，找到得批评。怎么赔？没钱。后来就不知道了。”

不了了之。老师很宽厚，他也懂得，年轻人表达爱意，买不起鲜花、巧克力，只好应了那句话：“借花献佛”。

张履芳是摩擦学家郑林庆的爱人。郑林庆说起他的恋爱：“我老婆是在昆明娶的。她不是云南人，也是同学，联大的。当时我是老师。”“人总是这样的，总是有共同语言，才能够结为比较牢固的家庭。”“她是武汉汉口人，学化学的。她是1948届的，我是1941届的，我比她大7岁（届）。她跟我不是同一个专业。”

张履芳在一旁说：“不用介绍。大家在一起就熟了。他是很努力很朴实的老师，一心在自己的工作上。”“我们那个时候还是很拘谨的。十几岁、二十多一点的男女同学，大家在一起谈一谈文学。”

与联大的许多对情侣一样，过程是自然而然，却又是心照不宣的。

张履芳说：“那时候关系已经比较确定了。我的好朋友的哥哥，是他们老师，他同屋。她说你陪着我去找我哥哥，就一起去了。那个时候看电影，逛翠湖。”

郑林庆说：“我是工学院的，在拓东路，很远的。我跑马拉松跑到那里。她也明白：你跑马拉松干什么，不就是追我吗？她自然会明白的。”

采访那天，张女士穿一件天蓝色毛衣，风姿明艳。在清华园的草坪上，趁着摄像师倒换磁带，我问郑林庆：“你们是师生恋？”他点点头，说：“是。”

当镜头又开始工作，他对我摇摇手，指了一下旁边围上来的那些青年学生。

这段师生恋当年并没什么出格。他们一起散步、看电影，都有知心朋友陪同。张履芳说：“我们老在一起玩，还有别的人，都在一起。”而且，她说：“没有那么长时间老在一起，还要念书的。每个人都忙着上课、考试。”

郑林庆用“马拉松”式的探望反复表白，这一过程含蓄地持续了四年，直到张履芳学业完成，他们的守候才结了果。

郑林庆说得令人动情：“1943 年她来，我第一个就认识她。后来我 1947 年回来，她已经从昆明复员。那么多年，她知道我一定就要跟她在一起的。她自己会领会的。”

这就是联大工科男生那种努力、朴实与专注的性格。

所采访的几位，如李佩、黎勤、张履芳，都是颜值与个性很突出的女生，听她们的爱情故事，仿佛重温优美的《诗经》：“关关雎鸠，在河之洲。窈窕淑女，君子好逑。”结局都是花好月圆。

郝诒纯是男生们心中的“校花”，虽然联大没有评“校花”，邹承鲁说：“但是大家心目中有。她长得漂亮，功课又好，是学生会主席。”

任继愈也称赞她：“漂亮，活泼，多才艺，组织能力强。”

这样的女生，应该是众星捧月的，有很多男生追求的。

采访中我问郝诒纯感情方面的事，她说：“联大的风气，男女交往是非常自由的，没有谁要逼谁、谁强迫谁这种问题。也可以有一段时间走得比较近，但是觉得不太合适，说开了也就说开了。”

拒绝了以后，还可以是朋友。而郝诒纯入学前就有男友，以后两人又一同进入联大。

她说：“他在工学院，我在理学院，人家都知道我们两个人原来就比较好。那个时候的同学，我觉得都还比较理智，一看你们两个人已经好了不短的时间了，干吗去插足啊？再有就是，我到了联大以后，是以进步学生的面貌出现的，还当了两届学生会主席，所以一般家境好的公子哥这样的同学也不敢找我。”

那时候谈恋爱，对于思想的一致，是很看重的。人们表述的方式也比较爽朗。

郝诒纯说：“确实有不少同学跟我谈过这个问题，多半还是经常在一起的、思想上都合得来的进步的同学。进步的同学就无所谓了，合则来，不合则去。说开了就说开了，好像没有什么太多的麻烦。”

联大人的恋爱有一种气定神闲的韵味。

任继愈与冯钟芸，当年二人同在一个中学代课，当时就有接触。冯钟芸回中文系后又时常去拜会系主任罗常培先生。罗常培号“百梅馆主”，自云要“做 100 个媒”。罗先生感觉他们各方面都合适，一提即成了。

联大人恋爱，有一种“水到渠成”的模式，感觉就像在一个芬芳的百花园里，有充足的空间可以释放与享受这种春华秋实的过程。

爱情的结局，终是风流云散居多。在那些被时代大潮裹挟、命运多舛的学人身上，爱情也是人生的一种波折，甚至贯穿始终。

易君博学长与我谈起《未央歌》，说到作者鹿桥的大学时代也有过一位令他难忘的女生，就是书中的那位“公主”蔺燕梅。他说，鹿桥写这部小说，那些人物都是有所指的，大家都知道，他们几个人都是西南联大的学生。

台北学长刘孚坤则是一个追梦的人，一直追回大陆来寻当年的心上人，结局却也破灭了。人还在，感情却被时光“偷换”了。

今日校园中的学人婚恋，正在失去一种文化特色，裹同进了社会大潮中。欲望与利益权衡，几乎淹没了爱情的理性与灵性。

三、打工与“君子近庖厨”

西南联大的食堂一日两餐，早饭自己解决。食堂设施简单，没有椅子，也没有板凳，有很多张桌子，大家围着。哲学系女生郑敏说：“大家都是站着吃饭，念了四年书，没有坐着吃过饭。”

关键问题是，饭不够吃。

杨振宁回忆：“饭是拿一个大桶从厨房挑过来的，因为饭厅很大，很多人吃。很快我们就发现了一个基本的原理，就是第一碗饭盛的时候不能盛得太满，要盛得半满。为什么？因为你要赶快吃，吃完以后再去盛第二碗，就可以盛得很满。假如第一碗盛满了，你吃得比较慢，第二碗去盛的时候就已经没有了。”

这位物理学系的高才生练就了特殊的“生存之道”。

郑敏说：“你一到饭堂去吃饭，就可以听见所有人都在敲碗。为什么要敲碗？要把碗里的稗子、石头敲出来——那简直是掺杂得一塌糊涂，必须敲出来，不然没法吃。”

大量难民涌入云南，当地政府有先见之明，早几年就开始“积谷”，有陈谷吃，才没有断粮。宗璞回忆起她小时候干的家务，主要就是帮母亲拣米，小孩子眼神好，挑稗子、石子、虫子。

学生都希望能有一点钱，可以去外面街上吃饱肚子。郑敏说：“有时候家里也给我一点钱，我们就去吃米线。我还记得米线‘免红’（不放辣椒），吃不动，太辣了，鳝鱼米线。我们的快乐、我们的享受就到此为止。”

柴之棣学长在台北请我吃“大餐”时，还回忆起当年穷学生的馋态：“我在联大念书的时候，经过那个热闹的南屏街啊，这里有一家过桥米线的，里面吃得稀里呼噜的。哎呀，我们在外面看，没有钱，没办法进去。站那儿闻闻味道，味道好得很。当时没钱，所以现在我到台湾，拼命吃过桥米线。”

柴学长对过桥米线的嗜好，填满了饥肠辘辘的岁月和对故园的思念。

东北过来的流亡青年李曦沐说：“我一年级的时候找不到工作，一年级还不能找工作。早晨没有钱吃早点，大多数时间只喝一碗水，上四堂课，饿着肚子上四堂课，年轻人容易饿，大部分时间是这样的。偶尔，我的好友，家里有钱的，请我到联大门口吃一顿早点。那是偶尔，不好意思总让人家请吃早点，就说不吃了不吃了，不饿不饿。”

联大的现实就是：女生与男生都在饥肠辘辘中读书。

张履芳谈道：“大多数女同学都很少修饰，个别的有。大部分都比较朴素，没有工夫打扮。学生都靠贷金来过，交饭费都是贷金。实际上，这个贷金就是政府借给你的，那个时候是白借的。”

1994 年，陈立夫出版回忆录《成败之鉴》，把这一段政绩说得很详细。他“不顾当时行政院政务处和财政部内部人员反对”，批准了救济战区（也就是沦陷区）青年的方案，沦陷区青年在后方中等以上学校读书，由国库支给贷金。书中说“这一笔庞大的费用，在国家财务支出上仅次于军费”。（王鼎钧《怒目少年》，生活·读书·新知三联书店，2013 年）

陈立夫的观点是，至少他们留在沦陷区的父母不会当汉奸。

得到贷金救助的不只是沦陷区学生。在我所采访过的西南联大校友中，如当时从缅甸回来的华侨学生王汉斌，以及四川农村子弟刘孚坤、云南白族青年王希季等，他们都说，自己是靠着贷金度过读书岁月的。

叙永班的郑道津说："除了极个别的给当地一些有条件的人家当家庭教师，这大概也只是一两个人，其他的都没有这种机会。加上大一的功课也比较紧，就经济上来讲，基本上完全靠贷金生活。"

张履芳说："我们就是靠贷金，我们的零花钱都是自己做家教赚来的。我教过比较有钱的人家的孩子。一个星期去一次，教一个小时，或两次，几块钱零花钱就有了。"

但贷金太单薄，不足以维持一天比一天困难的生活。

李曦沐回忆，那时他非常穷，和家乡完全断绝了联系，一分钱也没有。除了靠贷金，他还一边念书，一边在天祥中学做教员。

他说："二年级我就在外面当家庭教师了。"当时他得到楚图南的帮助，用知识换取了一点稿费。楚先生是云南名家，我上学时，老乡曾经带我去过史家胡同他的家里。老先生对青年很热情。

李曦沐说："楚图南就介绍我找孙起孟。""孙起孟最开始的时候拿一本书给我，英文的，写印度独立运动的一些领袖人物，包括尼赫鲁、甘地。他说：你把它翻译翻译，赚点稿费。我就把这个小册子翻译出来，交给他，得点稿费。"

这些工作都是不稳定的。他一面做，一面找："后来他又介绍我给一个资本家的儿子补习英文，他要考大学。我就一个礼拜去几次，到他家里教英文。他家是个小洋楼。教了几个月，他就考取了云南大学。考取之后，我又失业了。”

邓稼先的妻子许鹿希领衔撰写的《邓稼先传》（安徽人民出版社，1998 年）中这样描述昆明：

> 这座城市到 20 世纪 40 年代还保留着一种古代遗风。每天正午 12 时要鸣炮，晚上 9 点钟还有一次。这炮声是全城百姓日常生活的指挥者。从繁华的北平来到此地的同学，听到这古朴的炮声，常常从心里引起“高贵的单纯”和“静穆的伟大”的感觉来。

可见鸣炮报时这件事留给邓稼先的印象之深。他就在这古风浓郁的边城学习 20 世纪的现代物理学。

有一段时间，鸣炮的是联大学生，他们是作为一项工作来做的。

邹承鲁说：“没钱就只好在宿舍里闷着。后来打打工，有点钱了，有时候就可以晚上泡泡茶馆。”泡茶馆也要有一点钱，也增加了消费，所以“打工”势在必行。

他说：“我父亲还在世的时候，我还可以跟他拿些钱花。后来，我父亲 1942 年去世了。我上二年级的时候，我父亲已经不在了，生活就比较紧张了。那个时候学校包的伙食只有午、晚饭，没有早饭，早饭就自己在学校门口地摊上吃。我父亲去世之后，早饭有时候就吃不上。后来只好勤工俭学，什么事都干过：做家庭教师，到餐馆去管账、跑堂，都干过。”“勤工俭学，维持到毕业。”

王希季的家人在腾冲，父亲是小商人。到他三四年级的时候，日本人已经打到滇西，于是家庭的接济也中断了。他说："联大打工那是非常普遍、非常正常的，几乎每家商店里面都有联大学生。恐怕所有中学学校的教员，有的全部是联大学生，有的部分是联大学生。"

朱光亚爱好文学，尤其喜欢诗歌，听过闻一多与朱自清的讲演，但是他不能尽情选课，因为还必须想法打工，挣钱来养活自己。

他说："那个时候生活还是很困难的，得靠自己努力。虽然我是这样的年龄，但当时的安排是去做家庭教师。做了之后好像很没意思，因为教的都是比较有钱的，少爷、小姐，他们也学不进去，所以我后来干脆就到中学去兼课。""那时候很有意思，为了使我们能够兼课，中学上课的时间跟我们大学错了半个小时，这半个小时便于你跑路来回。"

后来他不仅兼课，还成了住校的教师。他在天祥中学任教："任教也是很愉快的，因为在中学里面可以接触一些更年轻的、求知欲很强的学生。"

杨振宁打工是为补贴家用。他是一个顾家的人，对弟妹一直尽有扶持的责任。他说："研究生的津贴很少，所以我就找了一个中学教师的位置，就是在昆华中学。那时候昆华中学已经搬到现在的地方了。我们跟昆华中学的校长徐继祖商量，他同意我们三个人分一个教师的位置——这三个人一个是黄昆，一个是张守廉，一个是我，我们三个人当时是研究院一年级的学生。而且，昆华中学给了我们一个房子，我们三个人住在里面。"

昆华中学，就是现在的昆一中，学统深厚，是我的母校。校园也是昆明市最开阔美丽的。绿树成荫，有湖泊、草地，楼房古雅轩峻。

杨振宁他们找到此处安身，环境优于新校舍，使得他们三位的高端物理学讨论可以畅快进行。

昆明那时候有一个惠滇医院，郝诒纯就到那里去干活。她说：“我跟另外一个女同学一起去的，医院就把我们安排在洗衣房。洗衣房就是洗病人做手术的床单什么的，反正挺脏的。”

惠滇医院的护士长是个法国人，是一位中国医生的夫人，负责管后勤。

郝诒纯说：“她一看我们两个人在那儿洗，一问我们是大学生，就不让我们洗了，说你们就去烫衣服、熨衣服吧。熨烫衣服也很辛苦。旧式的熨斗那么大，是生铁打的。云南不是烧木炭吗？炭火就在熨斗里面烧。她让我们俩去烫衣服，说大学生别洗这个，太脏了。我们就去烫了。这个活儿干得很短。我们第一天晚上烫，第二天右手都肿了，都抬不起来了，但还得咬着牙干。反正时间很短。后来，这位护士长又找我们，她说：这个你们也别干了，你们去给范教授刻蜡版吧——范教授当时很困难，他讲课的讲义是用蜡版油印刻写的——而且干这个工作也不用每天跑，你们拿回学校，三天多少工作量，你们三天一定要刻完，回来给我交卷。我们两个就去刻蜡版了。”

以前的小学教育是很严的，大楷小楷都练。所以这个刻蜡版的活儿，她们能够干下去，刻了相当长一段时间，给自己解决了很大问题。

郝诒纯说：“师生关系有两种。一种是不太过问政治的老师，一般他们比较爱惜学生。反正你是我的学生，我就千方百计地培养你，希望你将来有所成就。他就是一心一意地要把学生培养好。”

不管过问不过问政治，教学依然是认真、执着地进行着。学生们，尤其是女生，细心地注意到："那时候，教授的生活也很艰苦。我当研究生的时候，前面提到的那个袁教授，他大概有五个孩子。到了冬天，他的孩子没有冬衣穿。我们几个研究生虽然收入也很微薄，维持生活也很困难，但我们还凑了钱买了毛线给他送去，让他的夫人赶快给孩子织上毛衣。"当老师的自然是坚决不要，学生们送了三次才送到。

自顾不暇中带有同情之心，在艰难的日子里闪烁着人性的光芒，这是联大人在提起那一段岁月时并没有凄凉之色，反而热情四射、充满自豪的原因。

郑道津说："在昆明，同学们兼差的机会比较多。昆明的同学很多都到外面去兼差。相当多的人都去当家庭教师，还有一些当会计、店员，各种各样的都有。当时昆明中午放午炮，放午炮的这个位置也让联大学生干起来了。在昆明，找工作的机会比较多，叙永就没有这个条件。"

因为轰炸，联大考虑过再度西迁的事情，也曾到四川山地叙永去办学，但是在再三权衡之下，认定唯有昆明，才能提供给一所大学如此多的条件与空间，包括师生们兼职与打工的机会。

对于自己的生活，联大学生充分发扬了自主精神。

沈克琦介绍："在西南联大，伙食是学生自己办。组织一个膳团——吃饭的那个'膳'，用膳的'膳'——比如我们60个学生，大家组织起来，首先选几个人管这个事，管什么呢？管收钱，请几个大师傅，买菜，陪采买的出去。60个人，6个人一桌，一共10桌饭，10桌人——有的地方不止60个。举个例子，今天第一桌出一个人买菜，明天第二桌出一个人买菜……轮流自己买菜。你拿着钱带着大师傅，你去付钱，免得大师傅去赚了钱。”

这些曾经“衣来伸手，饭来张口”的文弱书生，走进了人间烟火气中。这样的阅历，在大学史上也是空前绝后的。

沈克琦说：“学生管钱。收钱，采买，给大师傅付工资。这么办10天，10天以后重新再选。所谓选，就是抽签，抽到第几组管，就第几组管。这个集体还是很认真负责的，大家为集体干事。学生自己的事自己办。”

自己办伙食，监管了食材的采买，就管住了花钱的要害，伙食就好起来。在膳团之间，还有竞争，以便于学生选择。

沈克琦说：“我们新校舍有几个膳团。这么一来，当然有一个问题：大膳团办的是最糟的、最不好的，因为大膳团人多，又10天换一拨人，这能办得好吗？办不好。其实真正办这事还是要有人长期管理。还有小膳团，一共才20桌，人数比较少……一桌6人。有个常委，常委从头到尾管着。……所以，小膳团就办得好，办得好就吃得好，吃得好了饭就吃得少，菜吃得好饭就吃得少，饭吃得少菜就吃得好，这种膳团比较好。”

当时地下党指示联大的党员积极为同学服务，以取得信任，“办伙食”也是一个重要的途径。

李曦沐回忆：“齐亮（联大地下党支部的支部委员）学习也很好。当学生会主席之前，他帮学生办伙食——学生自己办伙食——他自己跑到昆阳附近的县去买米，能便宜一点，领着厨师去买菜，尽量把学生的伙食办好，给同学们服务。同学们能不拥护吗？”

李佩说："在 1939 年，女同学成立一个女同学会，女生食堂的伙食就由女同学会来管。女同学会里有一个人叫徐俊，她是一个地下党。还有一个叫池际尚，她身体非常好，跟着男生去勘察地质。她对跑过的城市非常熟。徐和池管女生饭堂，跟着去买菜，天天算账，花很多时间。因为有这么负责的人，所以我们女生的伙食就比较好。"

李曦沐有一个感慨："学生成绩比较好，又多数是沦陷区的，国破家亡使他们对国家民族有强烈的忧患意识，爱国情深。他们经济上又比较困难，这很锻炼人才，艰难困苦，玉汝于成。我记得《大公报》有篇社论，有一个观点：这一辈大学生成熟得早。"

联大学生的成长，验证了中国传统的人才养成观："故天将降大任于是人也，必先苦其心志，劳其筋骨，饿其体肤，空乏其身，行拂乱其所为，所以动心忍性，曾益其所不能。"（《孟子》）联大校歌中说"动心忍性希前哲"，用活了这个典。

孟子说过"君子远庖厨"的话，他的意思是劝诫国君要仁爱，不能嗜杀。

学子们自己操办伙食，从采买到聘用厨师，可谓"斤斤计较"，其实也是一种修养标准的突破：抛弃了士大夫的"清高"，打造合乎时代的新人格。

他们为"稻粱谋"，走出了知识分子的虚矫与羸弱，变得人格健全、生活自立。可以说，当时锻造了一批刚毅人才。

当战事结束，校园生活恢复，一切回到平常，这种劳作的培养却中断了。学子们又回到了教室、宿舍、图书馆的"三点一线"生活，人生磨炼少了许多，好处是可以专心念书，但也会使人格单薄、脆弱。

今天的学生已经懂得为“稻粱谋”，但做到什么程度呢？

任继愈先生有句话，年轻人有个饭碗就应该去钻研学问了，不能在名利之中做过度的追求。

四、大轰炸下的师生

联大校歌中有一句：“尽笳吹弦诵在山城”。“笳吹”，笳是北方游牧民族的乐器，此处指战争的胁迫；而“弦诵”，是汉人文化教习，这里指读书。

联大师生们远离中原战场，千里迢迢来到昆明，却未料到云南的天空也在日寇的威胁之下。中国空军在战斗中损失大半，昆明和许多后方城市一样，失去制空权。

（一）以学校和居民为目标的残酷轰炸

从军学子许渊冲来到昆明的校碑前，指着上面的名字对我说：“我们参军是第一批，所以名字也排在西南联大纪念碑的第一排。第一排第一名叫黄维，是我的同班同学。这个同学因为在滇缅前线做翻译官，牺牲了。”他声泪俱下地说：“我们这代人苦难深重。”

昆明首次遭受日军轰炸，是在1938年9月28日。当时联大借用的昆华师范一楼全被炸毁，幸好教授皆逃出，但学生与校工皆有伤亡。

最惨痛的经历发生在1940年10月13日，27架日机飞入昆明上空，《吴宓日记》有记载：“投弹百余枚。雾烟大起，火光迸烁，响震山谷。较上两次惨重多多。”

轰炸的重点是文林街一带，实际是以联大和云大为攻击目标。当时文化巷是联大教师租房居住最集中的区域。

《吴宓日记》记载，当日“云大及联大师院已全毁，文化巷住宅无一存者”。轰炸次日：“见房屋毁圮，瓦土堆积。难民露宿，或掘寻什物”，大西门“城门扇斜立欲倾”，“文化巷口棺木罗列，全巷几无存屋”，联大总办公处及女生宿舍“门窗破倾，瓦砾尘土堆积。众人皇皇无所归宿”。

沈克琦回忆：“昆明，日本飞机经常来，而且扔炸弹，昆明城内扔了好些炸弹，翠湖就扔了炸弹。西南联大的宿舍里也被扔了炸弹，我们住的那个宿舍区里也被扔了炸弹。我们新校舍的宿舍被完全炸毁的有两幢，就是刚才讲的 40 人一幢的宿舍，有一幢后来另外被修复了一下。教室也被炸毁了两幢。所以，实际上炸弹是直接扔到这儿，那么大家就要逃警报。”

郝诒纯回忆：“1939 年、1940 年轰炸得最厉害。早晨天不亮，那个时候叫‘拉警报’，拉警报那个声音就跟现在抓囚犯的车的那个声音似的。一放警报，我们就得赶快起来跑。”“炸完以后，我们都是从死人堆里爬回来的。有的时候炸掉的胳膊、腿都挂在树上之类的。我们跑得很远，有的老百姓就跑不动了，拖家带口的。我们学校死过几个学生，但是很少，因为我们都没有家累，反正警报来了，赶快就跑。炸完以后，回来，没电，伙房也做不出饭来，我们就饿着肚子。”

那时候的说法是“跑警报”，郝诒纯说：“我们就第一天买好了饼，放在一个布袋里面，把身上仅有的一点钱、贵重东西什么的都放在这个布袋里，搁在枕头底下。警报一放，赶快起来，把铺盖卷一卷，拿着这个小布袋，就赶快往外跑。我们是双层床，铺盖要放在床底下，不然就把铺盖炸没了。”

在轰炸中李佩勇敢地救护同学，可谓胆识超人：“飞机来了，一个炸弹就扔在昆华师范我们上体操的院子里面。听声音挺大的。大家在屋子里都吓坏了。……飞机过后，因为我那儿有一个救护包，我就想出去看看。一下就发现，我们上体操的大院里面一个大坑，一个同学被炸弹片碰伤了腿。我打开救护包就赶快给他包上了。”

蒋梦麟认为日本飞机有时候是冲着联大来的：

留在北平的学生在敌人的酷刑下呻吟呼号，在昆明上课的联大则受到敌机的无情轰炸。轰炸行为显然是故意的，因为联大的校址在城外，而且附近根本没有军事目标。校内许多建筑都被炸毁了，其中包括总图书馆的书库和若干科学实验室。联大的校舍约有三分之一被炸毁，必须尽速再建。但是敌机的轰炸并没有影响学生的求学精神，他们都能在艰苦的环境下刻苦用功，虽然食物粗劣，生活环境也简陋不堪。(《西潮》)

郑天挺在 1941 年 1 月 22 日的日记中连续记载了轰炸的情况：

十二时二十分，闻空袭警报作，相偕出校舍后门，往北山。光旦云，由西道行，北进，尹氏墓后有清华所掘坑尚佳。遂随之往，遇陈福田、陈岱孙、李继侗。一时闻飞机声，余与继侗同避一坑。见敌机九架列队自西而东，未投弹。继又见敌机二架自东而西掠余顶而过，随闻投弹声，先后五巨响，似系俯冲。少停，又闻机声，若倾弹于地，声重而叠。机声渐远，黄烟陡起，弥漫山西。计敌机盘旋市空者三十五分钟。……闻今日敌机凡四批共二十二架来袭，在纺纱厂及火车站投弹，伤人颇多。(《郑天挺西南联大日记》)

这段文字记录诸位教授经历轰炸的一段细节，清华事事有备，掘坑而避，可见周详。

邹承鲁说："昆明不像重庆，没有防空洞的。昆明都是平原，不好打洞。所以，只能往远处跑。我们就是往北边跑，跑到学校后面有点高高低低的地方，趴在那个田埂旁边。有时候还看见飞机轰炸，看见昆明城里投弹、冒烟。"

上课成为一种不稳定的安排，但是并没有停止和缺失。邹承鲁说："肯定安排时间，出布告补上。至于什么时间，我记得大概是临时出布告，得到系门口布告牌上去看。早上落的课，什么时候补，在什么教室，几点钟，去就是了。"

沈克琦说："学校里为了躲开警报，后来就把上课的时间改了。本来是 8 点钟上课，改成 7 点钟上课。一堂课改成 40 分钟，7 点 40 分就上完头一堂课，45 分就上第二堂课。日本飞机经常 10 点多钟来，到它们来的时候，我们的课差不多也上完了。"

按着警报的鸣笛开课，这也是"世界教育史上的奇观"。

《郑天挺西南联大日记》1941 年 1 月 23 日记：

七时半起。八时半入校治事。九时十五分授课，五十五分课甫毕，空袭警报作，与章耘夫同出校后门，仍往昨日避处。遇月涵全家，光旦、福田、继侗、岱孙、雪屏、心恒。十时四十五分，闻机声，余与雪屏、心恒同避一坑。机来同时，短音警报作，亦太迟矣。投弹较少，声亦微。矛尘见六架俯冲投弹，五六分钟而去。十二时许，腹饥甚，盖寓中已恢复午间食饭办法数月矣。

与学子沈克琦的回忆相呼应，郑先生上的是后二节课，正好下课就跑警报。

沈克琦回忆：“一来警报，我们拿起书就跑。下午呢，日本飞机那时飞得比较慢，飞回越南去要一点时间，3 点钟以后日本飞机就不再来了，所以 3 点钟警报就解除了，我们又开始上课。那时候是 3 点还是 2 点半，反正是下午，中间一段时间很长，下午晚一点上课。但就是这样，课还是耽误不少，因为飞机有时候来早了就少上课，走晚了下午课也上不成。”

在 1 月 25 日的日记中，郑天挺写道：

自去秋轰炸以来，余未尝日中入市。今日见熙熙攘攘，交易不殊平时，若不知轰炸之可畏者。中华民族诚伟大哉！

民众已经习惯了轰炸，若无其事地进行交易与生活，这对郑天挺的内心是一个莫大的鼓舞与支撑。

历史学系学子姚秀彦对我说：“9 点上下，警报响了，跟上课差不多一样的准时。日本飞机天天来。天天来的意思，它也不是每次都要来把你这个地方炸了，是让你的整个行政、学校啊什么的混乱、害怕。警报响了，跑！你不跑，万一它一个炸弹下来怎么办呢？”

姚学长的话很有战争格局，敌人的意图、我方的抵抗都在其中了。

“警报解除了，上课去。你不要以为这样子不念书，其实更加用功念书。图书馆早上还没有开门，门口就排成了长龙，图书馆一打开大家就进去了。因为三校的图书没有完全运到昆明，书不够，所以大家争先进去。晚上有老师做专题讲演，也是密密麻麻的。同学们更加努力，因为求知识的机会难得。”姚秀彦说。

（二）上课！上课！

就在那一次最残酷的轰炸之后的第二天，吴宓教授原打算趁月明之夜继续他的“欧洲名著”中“柏拉图”一课的讲授，但学生“仅到许渊冲等二生，坐久，即散”。第三天晚上：

> 晚 7—9 至校舍大图书馆外，月下团坐，上《文学与人生理想》课。到者五六学生。(《吴宓日记》)

吴宓纵横而谈，由避警报而讲述世界四大宗教哲学对于生死问题之训示。面对死亡，他主张积极的人生态度：“主自修以善其生，而不知死，亦不谈。”

因为轰炸，教授们把家搬到了城外郊区。

沈克琦说：“周培源先生那时疏散到西山华亭寺住，西山到西南联大有 20 里差不多。他上课怎么办？开始骑马来上课。1940 年的时候，他教我们力学，没有一次迟到。反正上课前十几分钟、20 分钟的时候，他的马就到了，到了以后，让马下下汗，牵它转一转，然后把马拴到树上，进教室上课。正合适，没有一次迟到。后来马没有了，因为喂马太费钱，养不起了。教授那时候穷，开始用积蓄，后来积蓄慢慢用光了，他就买了自行车，从西山骑自行车过来，没有迟到过。”

数学家江泽涵先生一家也疏散到西山去了，隔着滇池与昆明相望。他的儿子江丕权说：“我父亲是坐船；周培源先生是骑马，他不在华亭寺，他在华亭寺底下，龙王庙。周培源沿着昆明湖边上骑马进城，然后再骑马回来。后来他把马卖了，骑一个英国自行车来回跑。我父亲不会这些，不会骑马，也不会骑车，所以坐船来回。”

当时吴大猷先生住在岗头村，饶毓泰先生也住在岗头村。“他们来上课的时候也没有一次迟到，都是准时赶到。从岗头村走到城里 8 里路，到联大得 10 里路，怎么办呢？坐马车。马车那时候是跟三轮车一样的板车，上面加个棚子，板凳放里面，他们就坐车来。”沈克琦说。马车当时是昆明的主要交通工具。

在这种情况下，教员们没有一次迟到的，总是风雨无阻，按时到校。

沈克琦说：“当时一门功课至少有六个教授教过。一个教授不是只教一门课，一个教授至少教三门课。”

王力住在龙头村，后改名龙泉镇。他太太夏蔚霞说：“王先生每个礼拜到西南联大上课，是走着去的。比如说明天上课，今天就要走，走到那住一夜，第二天上课。上完课，又多住一夜回来。有时候碰上飞机扫射，相当危险。”

刘文典之子刘平章回忆住处被炸，迁居到官渡：“日本飞机一般 11 点左右到，轰炸一个小时后，解除警报。有一次我们回家一看，傻了：整个屋顶不在了，一片狼藉。旁边落弹，气流冲掉了屋顶。……那天晚上怎么睡的，我不知道，是找了一辆马车，把我们拉到官渡李坤家的。他家现在还在那里，西庄六谷墩，一个小耳房，就比较安静了。”

刘文典是乘坐小火车去上课的：“我父亲在联大每周有两天的课。从西庄走到火车站——滇越铁路在那里有个站——到塘子巷下来，又步行。当时连自行车都没有几部，汽车只有龙云他们有几部。没有公交车啊，就从那里走到西南联大。在西南联大上完课，赶晚车回来。所以，他的课都是下午的。他说：‘我宁可被炸死，也不能缺课。’”

他语气非常急促，表达了刘文典及联大老师那种不容分说、舍生忘死也要去上课的坚定意志。

越是跑警报，越要坚持上课。这是西南联大教师们的信念。

轰炸与上课形成了一组对抗性的节奏。轰炸似乎是来提醒师生们，从困顿的生活中奋起，去上课，否则活着就没有意义。

（三）两件小事

在这血肉横飞的残酷环境中，我觉得，有两位名人的事迹可供回味。一是闻一多在轰炸中受伤的事。

昆明第一次被轰炸时，闻一多的长子闻立鹤还在上高小。那天闻立鹤到学校去了，没多久空袭警报响了。当时闻一多很着急，家里的老保姆赵妈就出去接孩子。很快，紧急警报也响了。闻一多也急急忙忙出去了。结果走到半路，看见赵妈回来——原来老师把孩子们都带到野外去了。

这时候，城门已经关闭，闻一多与赵妈准备到一个小树林里去躲避。敌机过来了。闻一多抬头看日本飞机，看的时候靠着一堵墙，炸弹正好扔到墙里面，墙倒下来，砖头砸到他头上，鲜血直流。那个时候昆明市组织有战争救护队，赶快给他包扎了一下。

闻立雕说：“解除警报之后，我们就赶快出去看，从福寿巷到大街上。很远看见一辆黄包车，拉着个人，赵妈跟在后面。一看是我父亲，身上都是血迹，袍子都是红的。我母亲慌得急得要命，我叔父说：我去我去，我跟着去。他跟着洋车一直到医院。”

医院检查了一下，没有内伤，就是砖头砸到了头，缝了一下，就回家了。闻一多不久伤愈，带着全家到呈贡休假去了。

这不过是一个小插曲，但从这里透露出一些信息：闻一多是一个责任心极强的父亲，他把孩子看得很重。闻家孩子多，并且年岁都不大，家里关系也非常密切。尤其是闻一多身系一家安危，一旦有三长两短，他的太太一个人是很难承受的。在这样一个生死相依的大家庭中，闻一多的支撑作用是不可取代的。

而抗战胜利后，联大开始复员之际，闻一多却仿佛变了一个人，将自己的安危置之度外。他没有北上，而是留下来用自己的生命揭露、对抗暴政。他身边的妻子儿女，也受尽了恐慌与惊吓。

这是一个多么巨大的变化！闻一多的牺牲，给这个家庭带来了严重的伤害与缺失。这是轰炸中的一件事，留给人们很多追思。

另一件是在轰炸以后杨振宁挖掘被掩埋书籍的事情。

那一天警报响起，杨振宁与他的母亲、弟弟、妹妹等一起躲到小东门城墙底下的防空洞里。

杨振宁回忆："警报解除了以后，我们就往回走。当然大家都往回走，所以很挤。越走近就越觉得炸弹炸的地方就是我们家，到了那儿一看，果然！我们当时租的房子是一个四合院，那个炸弹在四合院正中爆炸了。幸亏我妈妈跟我的小弟弟小妹妹他们都躲在防空洞里，没受伤。我们去了防空洞，第一样先找着了他们，然后到家那个地方，惨极了，家里的一切东西都被埋起来了。"

当天晚上杨振宁全家只得住在旁边一个朋友家里，再过一天就疏散到乡下去。

杨振宁说："可是家里的东西都在那个炸弹底下。后来过了几天，我借了一把铁锹跑去挖。轰炸了以后，会有很奇怪的事情。比如说你挖着了一些书，都扭了，不过你挖出来把它们外面弄干净了以后，多半的书还可以用。尤其是洋装书，因为那个皮是硬的，受的影响比较少。"

杨振宁在轰炸后去坑里刨书这件事，被几位老师看到了。这位青年不急不慢地清理着那些书，而周围是烧焦了的废墟。这给他们留下了深刻印象。据说，当时就有人说，杨武之这个儿子必有大成。

当时杨振宁只是想抢救回一些可以读的书，然而多年后回望，这几可定格为联大校歌里"尽笳吹弦诵在山城"的一个精神缩影。

（四）豁达与信心

郑林庆谈起跑警报，更显豁达，有随遇而安的泰然和从容。

他回忆当时的情况：“晚上上学。四五点钟太阳该落了，飞机又走了，回学校就开始上课了。吃一顿晚饭半个钟头，剩下的时间上课，一直上到开灯，八九点钟。”

跑警报还提高了学生的自学能力。他说：“（课）都没误，一个也没误。我们拿着算纸，跑到郊外。算题的话，就趴在那儿，自己的棉大衣铺在地下，就写再算。”“做习题还要老师教，那还行吗？这些题老师已经在课堂上说过了，你怎么做，那是八仙过海，看你的本事，你就做你的好了。”

郑林庆回忆起在野地里打桥牌、聊天，说这些都是挺罗曼蒂克的，大家回忆起来，觉得不是苦而是乐。

他说：“艰苦，大家说的都一样，一天到晚飞机炸。西南联大我念了三年，大概两年是逃警报。最厉害的时候，早晨 4 点起来，7 点半就逃警报了。好容易逃出去，飞机就来了。跑的时候，每个人发两个馒头，一个云南的大头菜——现在的大头菜挺好吃，有玫瑰香。那时候啃着馒头，嚼着咸菜，没事就玩桥牌。所以，我们桥牌都挺熟的，那也是一个‘选课’。”

他甚至将跑警报也当作是一种课程了，只是这个课程是“必修”的。

“用上前线的激情来读书”，这是师生们在长沙辩论时留下的结论，也是承诺。

1941 年，由陈纳德率领的美国志愿援华航空队来到昆明，组成“飞虎队”。这一年 12 月，日机在昆明上空受到飞虎队的毁灭性打击。

炸弹曾经扔到了李佩她们住的屋子里、院子里：“我们都跑到院子去，躲在假山石的后面，看见那个炸弹掉下来，就快到落地的时候看见一团火光。心里确实有点害怕。……陈纳德和美国的飞虎队到了昆明，之后昆明就没有挨过日本人的炸。”

杨振宁说：“这一次轰炸过了几天，陈纳德的飞虎队来了。他们打下了几架日本飞机，所以日本飞机后来就好久不来了。到了1943年，大家又纷纷搬回城里面。”

我父亲曾回忆，飞虎队与日军飞机在昆明上空激战，市民们都登高观战。日本飞机冒着浓烟掉到滇池里，非常解恨！也有美军飞机奋不顾身作战，坠毁在滇池的。从此，当日本飞机飞临昆明上空时，都会受到拦截，但是人们仍须跑警报。

抗战胜利后，飞虎队离开昆明，很多人去送行。美军当时处理了一批军用物资，父亲特地去买了几件，望远镜、军用水壶、饭盒等，以资纪念。那个军用水壶现在还保存在我家里。

李政道说：“那个时候整个学术界所有老师对中华民族的生存是有信仰、有志气的。他们是要做事的，而且他们把他们的经历都附在

飞虎队军用水壶，作者父亲存以为念

上面了。那个时候大学的生活是很艰苦的，并不像现在的学生这样，那时的条件都很差的。可是那个时候想上学，也是青年对中华民族的事业有信心的表现。就是说教员也好，教授也好，年轻人也好，至少是入学的大学生，都是要提高中华民族的文化、前途，并不认为我们在抗战期间被日本人欺负、遭受大屠杀是可以接受的。我们是要有前途的。有这样一个集中的心愿，不管当时的情形怎样困难，在教授跟学生中都有共同的默契：我们要把中华民族的文化提到更高一层。这个精神，我觉得是主要的。西南联大是其中的，可以说代表的是最高峰之一。”

这段话很重要。中华民族不能接受当时那样屈辱的生存，更不能接受“亡国灭种”。要生存，要提高民族的素质与能力，教育肩负起了重要使命，教员与学生之间有一种精神上的默契。

何兆武在《上学记》中写联大师生跑警报时，于惶惶中忽见梅贻琦校长拄着他平素的“张伯伦式弯把雨伞”，不失仪容，安步当车，慢慢地走，一时大家仿佛神定，意识到“失态”并不会带来安全，任何时候都不要丧失理性的力量。这种“泰山崩于前而色不变”的君子气度，是整个联大赖以存在的文化风骨。

联大校训曰：“刚毅坚卓”。我以为，“刚毅”是体现了战时精神的，这是学人们从战士和人民身上学到的品质，是由这个民族百折不挠的历史所赐。

面对轰炸和死亡，联大诸多教授安之若素，“弦诵不绝”。他们那种镇定从容，使得他们在学生的心目中、在民众的眼里不只是一些有学问的人，更是承担着民族命运的中流砥柱。

人们从师生们“烽火读书”的行为里看到：中华民族是有前途和希望的。

五、名师云集，三校沿革

梅贻琦在 1931 年任清华大学校长的就职演说中有一段名言：“所谓大学者，非谓有大楼之谓也，有大师之谓也。”

我以为，这里的“大师”并非一种头衔或职位，乃指那些学术水平与风范都能够支撑大学、引导教育朝着正向发展的担当者。

在严谨的联大人心目中，“大师”的定义有极高的规格，必须是有具国际意义的学术独创，能引领学科的发展，有新的发现，并形成了流派的杰出学者。

这个观点，沈克琦、王希季都曾严肃地指出过，他们对当下滥用“大师”之名非常不满。

旧中国，科学技术都非常落后，不可能产生真正意义上的科学泰斗。北大、清华、南开三校的顶尖级教授，正是在中国学界的空白之地成为多门学科的创建者和奠基人。

如光谱学家饶毓泰，物理学家吴有训，磁学家叶企孙，水声学家朱物华，电子学家、华夏核物理实验奠基者赵忠尧，近代力学奠基人周培源，无线电子学奠基人孟昭英，理论物理学家吴大猷，高能物理学奠基人张文裕，理论物理学家王竹溪等。

他们毕业于欧美名校，师从世界一流大师，在科学领域前沿工作过，可谓取得“真经”归来。作为建校元勋，他们一面钻研科学，一面教书育人。

为避免无谓的“名实之争”，此处无论文理，我皆尊之为“名师”，而不称“大师”，只为陈述某些历史情状而已。

三所大学离开京津繁华之地后，迁到乡野边陲而活力不衰，因为有“原班人马”，沿革了北大、清华、南开的范式，形成了名师云集、人才辈出的教育奇观。

（一）名师治校

因为联合，以压缩原来三校的教育园地之牺牲，换来浓缩于一座联合大学的精华荟萃。

郑天挺曾说“北大精神全在一‘大’字”：

> 七时至邱家巷，孟邻师、逵羽、矛尘及余为肃文祝生日，请今甫、树人陪。饭后谈至十一时，多关北大、清华学风之论。余谓北大精神全在一“大”字。十二时寝。（《郑天挺西南联大日记》1939 年 7 月 7 日）

这个谈话的场合，人物与话题都比较郑重。在场有北大校长蒋梦麟以及樊际昌、杨振声、饶毓泰这些元老级的北大名师，郑天挺之总结显然不是一时之念，而是在场者之共识。

《郑天挺西南联大日记》中附有罗常培的《蜀道难》，在其 1941 年 6 月 12 日的记载中再次提及北大之“大”：

> 午后三点清华同学会在南华宫招待梅先生，北大同学会在城东公园复兴寺招待毅生和我。毅生报告学校南迁以后的状况。我说学校是一个有机体，要求它的发展，得仗着每个细胞都能各尽本分。大家应当继续发扬北大的“大”处，贯彻蔡孑民先生遗留给我们的“博大和坚贞”的精神，还得要不流于散漫懈怠。

这是罗常培在远离学校主体并处艰难环境中的叙永分校对学生们做的一个旨在鼓舞人心的讲话，他将“大”的源头对接到蔡元培校长那里，同时提醒不要因为博大而涣散。

顾全大局与兼容并包，是西南联大的精神，关系着联大的凝聚与存亡。

那个时候的教务、总务与教学是密不可分的，教授们经常身兼数职。

梅祖彦说：“校长、教授虽然很辛苦，一个教授要教好几门功课，还要管好几个委员会，但他们能够深入学生中间，深入行政各个方面，知道学校是怎么回事。虽然他们很辛苦，但是我觉得他们都很了解情况。”

高素质的管理团队，同时有一套严格的一丝不苟的管理制度，校长、教授带头遵守，谁也不能通融。“三校沿革”，就是从教师队伍到学校体制的直接延续。

所以，西南联大办学的成功，是一种“人治”与“法治”的结合。校长与治校权力的构成有其特色，名教授、名学者云集尤为突出。

他们引导与支撑着当时偏安于西南的学术精神。他们的学术与人格相互辉映、激励，构成了战时文化与教育的奇迹。

谈起当年的教师阵容，学子们无不眉飞色舞，幸逢其时。

李曦沐是历史学系学子，他说：“西南联大名副其实，教师阵容是最强大的，不但在当时的中国是最强大的，恐怕以后也很难有了。……美国弗吉尼亚大学历史系教授易社强，研究西南联大多年，他说过一句话：北方知识分子精英的荟萃使西南联大成为一所超级大学。例子可以举太多了，可谓大师云集。哲学系的冯友兰、汤用彤，都是大师。历史系的陈寅恪，大家都知道，教授的教授，懂得一二十种文字，学贯中西，在人文科学方面恐怕当时全国无出其右，那是拔尖的，泰斗。当时就是陈寅恪，后来还有钱锺书。钱锺书当时是年轻教授。”

“数学系华罗庚，物理系吴有训、赵忠尧、王竹溪、叶企孙、饶毓泰、周培源，都是名家。经济系陈岱孙、周炳琳，社会系费孝通、陈序经，中文系闻一多、朱自清、沈从文、罗常培、刘文典……随便哪个系都可以举出一些名人、大师。西南联大的老师虽然不都是大师，但确实是出类拔萃，可以说集一时之选。办学校，首先得教师队伍强。”李曦沐说。

杨振宁则直截了当地说：“抗战的时候还有很多别的大学，跟西南联大相当像的还有好几个。它们的成绩没有西南联大的成绩这么好，原因其实很简单，因为西南联大集合了三个有名的学校，有非常好的老师——与这个有关系，可是也不完全是这个。当时全国最好的学生都想进西南联大。这几件事加起来，我想是西南联大特别成功的一个道理。”

陈省身说："因为教授高级了，就吸收了当时一些最好的学生，所以西南联大的学生水平也比较高。""西南联大在中国的高等教育方面跟其他大学主要的不同，就是从教授方面讲、从学生方面讲都稍微高了一点。这种情况跟其他学校有一个基本的不同。西南联大能够合作，就是因为它有很多好的教授，许多教授互相很佩服的。大学在一起合作，如果对对方的朋友、同事没有一点敬重的心理，就很难稳固起来。一个小问题一下子就可以吵起来，就不能再合作了。西南联大能够有这样的成绩，就是教授和教授之间互相有尊敬的心理。"

李曦沐认为，联大教师不只是在学术方面有优势，还有一种先进思想的倾向。他说："当时大部分老师都是1900年前后出生的，都受了五四运动的洗礼，比如闻一多、朱自清这些人。这一代知识分子，既有西方的近代科学知识，又有中国的传统文化素养。他们传统文化的根基都是很深厚的，教自然科学的也可以写很好的旧体诗。""老师好、学生好。教师队伍强大，学生队伍素质好，这是最基本的东西。"

从历史和现实的经验来看，在体制与人的关系上，还是"人"的要素第一。任何体制终归都是要"人"来操控的。

这样一批具备现代知识结构与理想的学者，构成了西南联大的核心，也使得"教授治校"这套北大与清华的建制得以延续。

所谓"名校"者，事无大小，皆有名校之体。

蔡元培、蒋梦麟、梅贻琦、张伯苓等教育家，对办学的许多重大问题，看法十分接近，他们都提倡通才教育，主张加强基础知识的传授和基本技能的训练，以适应社会的需要。在行政管理上，都强调民主管理，实行教授治校。三校都罗致了一批学有专长的学者、专家，他们教学认真，对学生要求严格（入学既不易，淘汰率又高），因而以办学的高水准闻名全国。（《国立西南联合大学校史》）

教授依然是战时大学运转的轴心。

我曾在北京大学档案馆查阅、拍摄了一些重要的教授会原始记录。教授会议定聘请教师的资格，招收学生的学分标准，考试入学与升级制度，乃至学校征地、资金使用，等等。他们还要满足当地社会的要求，与社会结盟，为学校营造良好生态。例如承当云南的水域考察、人口调查、耕地统计等。每次会议后面都有浓墨重彩的参会教授的签名。在采访中，吴征镒、冯钟豫对此都有回忆。

那时候的教授是一些非常熟悉大学体制与运作过程的人。他们在宏观和微观的所有节点上掌握着大学。

在这所战时大学撤离与南迁的过程中，教授们全程承担着“办事处”的作用。

例如，叶公超曾经在外交部门工作过，他的英语水平曾经令丘吉尔赞叹。他也有在国际机构工作的资历。当师生们转移途经香港时，叶先生自告奋勇在那里成立办事处，负责周转工作。如此“大材小用”，焉能不一切顺当。

有的教授，对内治校，对外议政。例如张奚若，他在政界兼职，时常抨击政府的文化专制主义。

何炳棣对于北大出身任职清华的冯友兰先生有一番评论：

> 虽然梅贻琦长校（1931年12月）以前清华屡有学潮，校长迭换，而冯能屹然不撼者，主要由于：（1）头脑冷静、析理均衡、明辨是非、考虑周至。（2）深通世故，处世和平中庸，而观点进步，学术上有高度安全感，故能与清华资深教授（如叶企孙、吴正之、陈岱孙等）合作无间，以延致第一流学者提高教研水准为共同鹄的。（3）国学根底雄厚，文言表达能力特强，初则勇于起草，继则众望所归，经常被推执笔。但凡任何政治或学术会议，意见纷纭，发言者众，愿作综合报告者寡，凡执笔者往往被公认为最干练“得力”之人。冯友兰在清华及联大正一贯是“得力”之人。（《读史阅世六十年》）

何炳棣举出两篇雄文为例，足证冯友兰在联大实为“股肱之臣”。

联大教务会议为抑制教育部部长陈立夫的三度训令，反抗蒋政权对高校与高知的思想统治，而由冯友兰写成“措辞说理俱臻至妙”的公函，在力争学术自由、反抗思想统制的联大历史上有重要意义。

冯友兰所著的西南联大纪念碑碑文，何炳棣称为：“文情并茂，事理明通，遣词叙事融古铄今，铭文形韵典雅铿锵的‘至文’。”

如冯友兰这样，学问与行政能力超群的教授，形成了联大所倚重的骨干。

尤其可贵的是，在联大，师生们的眼光可以穿越三校之界限，为大局着想。

何炳棣出身清华，而在《读史阅世六十年》第十一章“师友丛忆”中，第一位追忆的却是北大的郑天挺，并谓：“清华的人对北大校长蒋梦麟、教务长樊际昌皆不无微词，独对秘书长郑天挺的学问、做人、办事才干和负责精神都很倾服。”

他举出郑天挺于治学、育才和管理学校、处理人事等方面的例子，并说：“只有毅生先生才具有儒、道两家智慧的结晶！”

联大的内务管理有“举贤任能”的风气，以众人推举郑天挺为突出例子。

查《郑天挺西南联大日记》1940 年 1 月 13 日记：“今日得西南联合大学总务长聘书。”

此后几日，郑天挺坚辞不就，不断有人来劝说，也有人劝阻，因总务长一职，最是涉及人际与现实物资待遇等琐务，繁重而难以摆平。三校经济状况本来就有差别，此为“风险职务”也。况郑先生专注于明清史考究，还任课，不愿为此耽误专业。

17 日：“饭后归。见黄子坚、查勉仲、杨今甫、施嘉炀、冯芝生留条，有‘斯人不出，如苍生何’之句。”

之后几天，有陈雪屏、江泽涵、吴大猷等北大同人来反对，“均不愿余为此无代价之牺牲”。因为北大内部一直都是“箭在弦上”，要在战时保持学术上的领先地位，所以各个学科的领军者不可废业。

到 20 日，“孟真以今日三时下乡。行前谓与今甫谈，恐余若不就总务长伤及清华、北大两校情感，颇劝余不妨先就”。由此，见出傅斯年眼光高出一校之众。

2 月 23 日：“八时起。至办公处。自余乡居，孟邻师劝余就联大总务长，心虽知其不能作、不可作而不便坚辞，遂允月涵假期满后就职。”

24 日：“八时起。九时入校。与月涵约定后日就职。”

此事先可见清华方面的信任，冯友兰代表“主力”教授们留下的便条一直被郑天挺保存。而后是北大方面同人们改变态度，为维护联合，转而支持郑天挺就职。最后在蒋校长的表态下，郑天挺以“三思而后行”的君子之风就职。

25 日：“与莘田谈，余谓就职后拟先作两事：一、调整低薪薪额；二、设法代学生及教职员购办食米，近日市中米价已涨至每石百零五元矣。”

而其一上位就抓住了师生们“食米”的要害，可见他在推拒中已将诸事思虑于心，不愧为众望所归的人选。

郑天挺在担任北大秘书长的同时，又出任西南联大总务长，某种角度上弥补了北大校长蒋梦麟的缺位。蒋校长多数时间在重庆官场周旋，而通过郑天挺与昆明方面联系协调。

（二）百年陈酒，精彩课堂

教授要传授知识，讲课是神圣和不可耽误的，要培养学生对学业的意志与信念，这样才能出现专家与大家。

诗人郑敏认为，当年西南联大的老师们好比是百年“陈酒”，而现在的授课有种“快餐”的意思：“联大的教授让你感觉像几百年的陈酒一样，不是一朝一夕就可以追求到的。现在比起那个时候，这种陈酒式的学者少了一点。”

联大的教室原来是马口铁的屋顶，后来学校缺少经费，就把铁皮取下来卖了，全部用茅草来做屋顶。在这些铁皮屋顶和茅草屋顶下，师生们神采奕奕，课堂充满魅力。每一堂课，都是认真和富于创意的。

《师说》云：“师者，所以传道受业解惑也。”教授讲课并不是照本宣科。在西南联大，同一门课程，同样的名称，可能教的内容并不一样。这位教授是这样教的，那位教授是那样教的。他们可以按自己的理解和研究重心讲课，但从培养人才来讲，结果是一样的。

曾任北大副校长、物理学系主任的沈克琦回忆，当时的理科教授讲课喜欢用“开窗户”的方式。他们不仅要求学生看教科书，还要求学生查阅一些经典名著和前沿论著：“吴大猷先生教近代物理，他说，这段你去看 Crowther 的书，那段你看 Pauling、Wilson 的书，那段你看 Millikan 的书。这些书都是当时国际上比较成熟的、有名的著作。”

“我上过王竹溪先生的热学课。王竹溪先生看了很多热学的教科书，他讲一段东西，不是完全按照哪一本书讲，但是学生要看书。他讲了以后，我们就做笔记。他同时说明，哪一节可以参考哪一本书，比如 Roberts 的热学书第几页，Saha、Srivastava 的书第几页，Guggenheim 的书第几页，Planck 的书第几页。每个教学内容后有好几本教科书，都可以注上。”沈克琦说。

杨振宁也说，当年上王竹溪先生课的笔记本，他至今保留着，有时候还拿出来翻翻，非常有用。

联大教授们的授课，无论是文、理、工，都成为学生们一生难以忘怀的经典。

一堂英语的语音课，被叶公超上得别开生面。刘长兰回忆叶先生上英语课的情形：“（他）看了看，就开始叫第一排第一个学生，你把我这个书的第一行念一下。那个同学就拿过来，一看是个剧本，对话的。他就念了一句。‘好了，你坐到那边去。’把这个书给第二个人：你从第二句念，念好你坐到那边去。每个人都让你念几句，都规定你坐这里、坐那里，反正不是你原来的位置。”

原来，他上的第一课，是把学生按照方言的口音划分出几块，让他们明白自己在学英语的过程中需要克服口音的问题。

刘长兰还回忆起另一位教授——吴宓。这位严肃学者的英国文学史课，博学，独特，立意精湛：“这位吴教授的英文发音不是太好。可是，他讲到 19 世纪，就背一段 19 世纪的诗给你听。讲到英国的古诗，他甚至能背几句古诗给你听。讲到现代英语，他就把现代英语的特征拿出来，跟古英文对比。”

而且他还翻译。她说：“他要是翻译 19 世纪的英文，就采取中国 19 世纪的中文来对翻；他要是讲现在的英文，就完全用现代汉语。”

吴宓主张，每一时期的英文作品必须与中国同时代的语言风格相对应。如此精到的文化理解和精深的文史涵养，现在的学者大概是难以企及了。

邹承鲁院士印象最深的就是大师上基础课：“西南联大的传统，就是越是普通的课，越是高级的老师教。系主任就教普通化学；我上的普通物理是吴有训；微积分是杨武之，就是杨振宁的父亲。反正越是普通的课，越是名教授来上。”

据郝诒纯回忆，当年都是名师亲自带队考察：“那时候我们出去实习都是系主任亲自带队，最有名的教授亲自带队。不像现在，最有名的教授不一定出来，底下的副教授、讲师什么的带队。”“而且，他们在野外艰苦的环境下不怕困难、不怕艰辛的教学态度，一直对我们起着潜移默化的作用。”

联大学生的作业，是不能马虎对付的。王希季说：“教机械绘图的是董树屏先生。你要很辛苦地把机械绘图的卷子做得很规矩，否则他不收你卷子的。他收都不收，看都不看！”

联大走出了中国大学的特色道路，就是“重基础”，学风扎实。李曦沐说：“梅贻琦就讲，大学的教育在通而不在专，要培养通才。当时联大就是提倡培养通才，重视学生的基础课。”

哲学系郑敏比较了今昔教学方式的不同：“过去做学问，一进大学，就给你打下这样一个轮廓，然后在里面填空，你对什么特别有兴趣，你就在里面填。但是，你永远有一个大的框架。现在有时候很‘专’，但是大的框架有时候不牢靠，就容易在做学问的过程中让人不觉得你考虑得很周详。”

任继愈回忆，他师从汤用彤与贺麟时，导师们一再讲“要放眼世界”：“要看到世界，对文理不要那么分割。”“国内与国外。古与今，中与外。”“因为文化本身是个综合体。为了教学方便，分了这个系那个系，讲起来方便，但对真正接受的具体的人、培养的对象来说，是各方面凑合到一个人的脑子里面，凑成这么一个整体。”

教学，不是抱着一本教科书死记硬背就可以教下来、学下去的。

郑敏说，今天的大学没有一种对中国通史和西洋通史的基础学习，使得学生的文化底子缺少了一种系统性：“我们的课程设计是非常系统的。譬如，每一个文学院的学生一定要念‘中国通史’。这一点，我觉得我们现在都没做到。我们现在没有要求所有的文学院学生都念‘中国通史’。丢掉了对历史的理解，文科好像就没有一个站脚的地方。”

她说的这个“站脚的地方”，类似于我们今天说的“立场”与“本土化”，学生必须知道自己是什么人，为谁而学，命运系于何处，否则就是一些灵魂不全的工具人，一生迷失。

王希季于1938年考入西南联大，他认为在西南联大受到了素质的培养，这是关键的，是根本的。“我们那个时候进入西南联大是很幸运的。在大一，教我们的先生都是非常有名的，有的就是大师。国文这方面的大师，例如刘文典、闻一多、朱自清、罗常培，很多先生。每人就选一个课，每人选一篇文章，每个人轮流教两个星期，然后还作一篇文。我们从现代文学一直到古代文学，一直到《诗经》《离骚》都学完了。”

作为机械工程学系的学生，王希季回忆道：“像国文课是必修课。如果国文不及格，那就不能再学其他的课程。任何系都是这样的。……如果有一门不及格，那么后面的课就不能学，你得重新再读，第二年再读，一直读到及格，才能够学后面的课程。所有的学生，既要学语文，又要学一门外国文。”

各个专业的学生都必须跨学科选修一门课。这种学习有利于打开学生的视野，为他们将来的发展开拓广阔基础。

在学制上，西南联大延续清华的“通识教育”，也称“通才教育”，即所有学科的学生一年级都必须修中国史。“读史以明志”，以此来进行爱国主义的基础教育。

西南联大理工科的教科书，是梅贻琦按照事先的约定，从美国购买，在香港商务印书馆印制，走海路和铁路，运到昆明的。

杨振宁说自己到美国后，没有感觉比那里的学生差什么，因为课程是接轨的。

联大的本科教育，恐怕已经达到现在的研究生水平以上。导师会指出一个未知的研究方向，学生就沿着这个方向深入学习相关的著述。

（三）严格的淘汰制

1937 年 11 月 1 日，长沙临时大学开学，学生与老师们走进课堂。

匆促之间，三校很多方面还没有统一。后来做出决定：凡当年随三校从北平、天津撤离的学生，毕业之后，依然领取北大、清华及南开各自的大学文凭。

自 1938 年在昆明更名为“国立西南联合大学”后，学校实行统一招生，统一考试，统一录取与淘汰。这些在统一的学制下学习与毕业的学生，毕业时授予西南联大的文凭。

到 1946 年西南联大结束，三校分别返回各自校园时，还有一部分未毕业的联大在校生。他们可以自行选择北大或清华的同样学科续读。

学历与文凭必须是一致的。不同的招生标准、方式进来的学生，出去的时候，文凭也有区别。从这几个不同层次的文凭发放上，可见教育管理必须具备严肃与严格的精神。这也是教育与名校的尊严所在，即使在艰难困苦与生死存亡之际，也不能有半点模糊和逾越。

梅祖彦说：“那个时候学校的淘汰率很高，莘莘学子，流亡学生，跑那么远来读书，成绩要不好，学校要开除就开除，让退学就退学。或者，反正是选修制，毕不了业再念一年，有的学生整整念了八年。

所以，它还是很严格的，并不是放宽标准。”注定有一部分人是在淘汰之内，这就是高等教育的真实规律。

“我听说西南联大名册上有名字的有 8000 人，就是 8 年里面有 8000 人，但是拿到西南联大文凭的只有 2000 人。当然，像我这种情况，也没拿到文凭，不过我还不算被淘汰的。也就是说，没有‘成活’的学生还有 6000 人。当然，也许后来有的是转学了，在别处成才了，等等。所以，从培养人来看，好像也是很不容易的一个过程。”梅祖彦说。

据《国立西南联合大学校史》附录一中的“1939—1946 年西南联合大学学籍毕业生统计”，毕业的本科生人数总计为 2440 人，与梅祖彦的记忆相差无多。

8000 多在校生里，毕业的本科生、专科生和硕士研究生共 3800 多人，这是高淘汰率的。淘汰率高，成才率才高。

在西南联大，制度一经公布，绝无通融。清华校长梅贻琦的独子梅祖彦，在从军热潮中决定参军报国，而他当时才二年级，并不属于学校征兵的范畴，所以在胜利后，没有获得西南联大的文凭。他后来到法国留学才完成了学业。

沈克琦说：“西南联大有个规定：课程不及格，不得补考，必须重修。这跟一般学校是不一样的。什么情况能补考呢？因为生病，没办法考试，用病假条，可以补考。”“缺考的可以补考，不及格的不准补考。”

他举了一个例子：“不及格的学分数超过二分之一就要除名。再有，必须得到 132 个学分才能毕业。我一个同班同学就稀里糊涂，后来一算学分，只有 131，差一个学分，又念了一年。”

不及格的如果是选修课，以后另选其他课程补足学分总数即可。如果是必修课，不得补考，不给学分，必须在下一学年该课开班时重读；如隔一学年再修习，即使及格，也不给学分。

但是，联大的考试也并不是铁板一块，它既有严格的制度，也有灵活的空间。试举以下两例考试说明。

一是机械系学子王希季，被誉为中国“火箭之父”。他在联大学习时意外地得了零分：“刘仙洲先生教我机械学。有一次，他出一个题目考试，题目的最后，要求答案准确到小数点后三位。那时候我们没有计算器、计算机。计算尺是看上面的格格（刻度），不可能准确到小数点后第三位。我并没有注意，我把这个题算了，什么都对，就是没有准确到第三位。结果刘先生给我这个题零分。”

机械学得零分，对王希季是很大的事，因为机械学是必修的。机械学之后，才能学机械设计；机械设计之后，才可以学其他东西。机械学不及格，就等于要多学一年。

他本来认为自己已经做了大部分，不过是不精确而已。可是导师却告诉他，在实践中，这就是一个废品，所以不能容忍，必须是零分。精确度就是生命。

“这件事对我的冲击相当大。我认识到，做一件事，必须把它的要求或者目标考虑得非常清楚、非常认真。”“严师出高徒，它不只是知识的事情。”王希季说。

另一例是“留美考试”。历史学系学子何炳棣对自己的历史试卷把握不大，却在郑天挺先生的手下，意外获得最高分：

> 他（郑天挺）半笑着问我："你自己打多少分？"我当然谦虚一点地回答，只能打四五十分，因为三个史实性的问题都答得不好，而且同、光之际满人主张维新者只能答出恭亲王奕䜣一人。他说我得了74分，是最高的。听了这话我内心才千肯万定，我今番考取了！因为我前此确以明清史是我的"弱科目"。极力维持表面的镇静，故意和郑先生开个小玩笑，我说："那么您一定不是按每题20分客观原则打分的。"郑先生提高了声音回答："那当然喽！留美考试是国家抡才大典，如果按照呆板式的打分，那不就变成了三点水的沦材大典了吗?!"（何炳棣《读史阅世六十年》）

郑天挺认为，知识题只是一个涉及面的问题，而分析题才能见出学生的真实能力。

在联大教师心目中，考试不过是一种测验的手段，善加运用，才有利于人才的发现与发展。发现与发展人才，是教师们的使命和乐趣。

（四）启发式教育

联大课堂的活跃，是由教授们的互动交流带动起来的。

李曦沐曾说起："教授讲课的时候，学生可以提出反对意见，当场争论都可以。有的教授讲课，别的教授也来听。像唐兰，中文系讲古文字学的教授，王竹溪，物理系教授，他对这个有兴趣，就也来听课，听了以后当场争论，非常自由。"

在联大发生的这些热烈的跨专业的学术交流，与战争时期的封锁状况有关。为了使学术思维活跃，学者们寻找一切可能交流和刺激的机会。课堂教学是启发式的，目的是培养学生的多方位思考能力。

王希季说：“教我们热力学的是孟广喆教授，也是非常有名的教授。有一次，他出了一个题目，全班没有人做出来。他指点说：你用微积分的方法积分，这个题目就很容易解出来了。大家一看，都会做了。”

那么，为什么大家开始都没想到那个方法呢？

孟广喆告诉学生：这就像跟师父学打拳似的，不要老是照师父的方法做——书上“本本”的章法——要灵活运用。他说：一个拳师教了一个徒弟，这个徒弟跟着他打，每个路数都非常好，但出去一打，就打了败仗。后来，拳师问他：“你为什么会打败呢？”徒弟说：“他的路数跟我的路数不对。”

孟教授说：“你们跟我学，不能死啃书本。你要运用全部的知识来解题，不要老是用我书本上教的东西。”

王希季说，当年在课堂上，老师这样启发式的教育，思维方式的启发、做人的启发，是很多的。

罗常培对学生讲自己的读书方式与体会异常生动，亦是启发式教育的一个范例：

> 十三日天已转晴。下午三点历史学会代表许受谔约毅生和我在二十教室演讲。……我的讲题是“读书八式”，共分涵泳自得、采花酿蜜、剥茧抽丝、磁石引铁、披沙拣金、郢书燕说、过眼云烟、捋撦饾饤八目。第一式为爱好文艺，或性近玄思的来说；第二式为铢积寸累，日知其所无，月无忘其所能的来说；第

> 三式为钻研一题，逐渐深入的来说；第四式为学有重心，左右逢源的来说；第五式为信手翻检，摭拾菁华的来说；第六式为穿凿附会，自欺欺人的来说；第七式为随眼滑过，不求甚解的来说；第八式为摽窃陈言，因袭堆砌的来说。这无非想指出几种念书的方法来，好教学生知道怎样抉择。(《郑天挺西南联大日记·蜀道难》)

我读至此，深为倾慕，因自己读书甚杂，得失不一，然而就这些总结，竟然皆在其内了。我们不可能要求每一次阅读、每一本书都会明确有所收获，不同类型的图书、不同的阅读目的会有不同的阅读方式，不必害“强迫症”，随缘读书即可。

罗先生在总结的时候又提炼为“八式”，其用字精妙，见出学人之境界，别有洞天。

陈省身说：“西南联大一向不教学生该怎么想，而是让他们自己发展。因为许多人共同地合作、讨论，他们自然而然就走上了一个正确的方向。也许最初有的走了斜路，但是可以纠正，最终的结果是走上了比较正确的方向。”

80 年代我在北大读书时，风行一句话：要犯错误，就在大学里犯。出去到了社会上，就要谨慎行路，不能轻易栽跟斗了。

我们那个时候的大学生都敢于将自己幼稚的个性和见地坦陈于校园论坛，没有人来给我们“扣帽子，打棍子”，都是导师和颜悦色地引导，和同学平等地争论。这种自由的成长，为我们后来踏入复杂社会，做了充分的准备。

郑敏说：“这个教育，它很奇怪，它给你所有的自由，让你自己思考，你此生到底预备走什么路。它也不用考试的方法，好像赶牛赶羊似的把你赶到一条路上去，但是它用一种学术的光辉和一种智慧——非常大的智慧——来吸引你，让你感觉到——如果你有这个苗头在里面，你就会感觉到——你就要走这条路。我们强调的是悟性，不是记性。”

李政道曾回忆起他在联大得到的聚光照射似的特殊培养，当时他从浙江大学转入西南联大，学校答应他直接选二年级的课，加一点三年级的课：“不过，二年级的课，我实际上不去上，就去考试。我上的是三年级跟四年级的课，物理跟数学。所以，虽然也算是二年级，实际上二、三、四年级的课我都念了。”

在教育理念上，联大把学生当作种子，悉心加以培育。只要你能吸收，老师就会给你很多机会。

李政道说：“它是以培养人为中心的。每一个都要创新，要创新是比较特殊的，要跟那个人的性格匹配起来。启发作用是有的，培养作用更有，但更重要的是他不是一个模子出来的，而出来的结果他们也并不能预料，我也不能预料。就像一颗新的种子，他们很注意要培养得好。这样的注意，这样的培养精神，我觉得联大是非常可贵的。”

当下大学教育最严重的后果，就是学生仿佛都是一个模子出来的。在聘职的时候，用人单位就发现了这种“规范化”教育的后果，一大批所谓“人才”都只能提出“人云亦云”的方案，事实上他们只是二流的工具人。

西南联大允许学生自由转系。在学习的过程中，学生发现了新的兴趣与优势时，导师们会给予指导，然后调整到适合自己的理想或意愿的系里去。

赵宝煦与刘孚坤都是经历过“转系”的。

赵宝煦说：“我那时候学理工，后来到后方又念了一年化工。可是我自己一直想当作家、当画家，我就跟闻（一多）先生说：我要转，我要当作家，我就转你们系。”

闻一多先生却让他别转中文系，而是建议他学社会科学。有了社会科学的基础，对于写作，就相当于有了扎实的根底。从社会科学的眼光来看现实人生、来创作，这个路子在西方文坛是一度风行的，作家们为表达各种理念而写作。于是赵宝煦转到政治学系。

刘孚坤说：“抗战胜利后，我回到学校复学。那个时候教务长是潘光旦，很有名的。我跟他报告复学：我是化工系，我想转系。他说：你要转哪个系？我是受殷海光的影响，我说转哲学系。他说，你就转吧。”

联大重视体育，这是清华的传统，必须上四年的体育课。体育课要考试，还要点名。如果体育课有八次缺席，这一学期的体育课就算不及格。不及格就要重修。到毕业的时候不让毕业，留下来就是上体育课。

李曦沐说：“有的同学什么课都读完了，体育课不及格，都到社会上工作了，还得每个礼拜来上一节体育课，把体育课学分补足了，才能毕业，学校才发毕业证书。”

西南联大好几届学生会主席都由一位女生连任了，她就是郝诒纯，男生们心目中的校花，当年是篮球、排球场上的健将。郝诒纯说：“联大培养通才，德智体全面培养。这一点我觉得学校还是做得不错的。”“最主要的一个是体力，一个是意志，还有机智勇敢。打球你要赢人家，不能退缩，总得拼搏。”

李佩也说：“女生体育，马约翰是抓得比较紧的。女生体育常常都是他在教，他要我们都得跟着做。他教我们怎么打垒球。后来各种的球类，我们都要学一学。另外就是跳远、跳高。他还弄了一个桩子，我们得要走这个木头桩子，就是你得要平衡，很窄，我们都得走过去。你必须得训练走过去。他说，这样你走路就可以姿势好。他说，女生走路一定要像女生走路的样子，老是用这个桩子训练，就一定姿势很优美。”——联大的体育课，还有“美育”的功能。

关于冯友兰和“贞元六书”，他的女儿宗璞说过一些重要的话，可以让我们超越学术来理解学问，理解冯先生的贡献。这也是现代人所缺乏的学术精神和创造性。

宗璞说：“他还有一个精神，也是西南联大的精神，就是要陈述己见。他在一本书的序里说，学术要各陈己见，当仁不让。自己要把自己的意见说出来。每个人都可以说出自己的意见，没有什么客气的。做学问，也要有一种坚毅的精神。”

宗璞阐述其父的宗旨：“他做学问不是很注重资料。他是创作。他属于‘六经注我’，不是‘我注六经’那种类型，尤其是哲学创作。当时在昆明抗战的时候，没有很多参考书，有人就问他：你写这么多书，用的参考书怎么解决？他说：我不用什么参考书，我是‘六经注我’，不是‘我注六经’。当然，这（他的书）不是考据，有一些引文的错误或者什么也是难免的。他的一个精神是他要创作，他要说的主要是他的思想。”

这就是郑敏说的，老师本身就像教科书一样。

蔡元培先生曾说过：“教育者，养成人格之事业也。”

东方与西方的教育经典，都认为学生在稚嫩时期是需要一种接近天然与天性的生态环境的，不能随便地修理和压制。

赵宝煦在采访中讲过柳宗元的《种树郭橐驼传》，大意就是种树不能性急，要有期待之心。教育有的时候也是“无为胜有为”，要尊重小树，即学子的成长规律，给它充分的阳光、水、土壤，让它成长。不要一会儿摇一摇，一会儿拔出来看一看。他说：“不折腾它。”

这种重视人性与个性的教育理念，很长时间都在我国的教育系统中失落了。学习变成了功利至上，使青少年受到很多不应有的摧残。

杨振宁说：“西南联大当时是一个很小的学校，一般的学生不到1500人，可是有这么好的成绩，对战后世界学术界、中国学术界、中国后来的建设都有巨大影响。”

李政道把教育看作是一个宏观的而且要不断发展的事业：“这个问题不是非常简单，不是你要解决就可以解决了，是你解决了以后，还有新的问题产生。这可以说是跟人类的文化分不开的。”

蔡元培说过：“大学，并不是贩卖毕业证的机关，也不是灌输固定知识的机关，而是研究学理的机关。所以，大学的学生并不是熬资格，也不是硬记教员讲义，是在教员指导之下自动地研究学问。”（《北京大学二十二周年开学式之训词》）

西南联大的教育程序，已经极大地接近了这个大学理想。这所战时大学为中华民族留下了最宝贵的“人才链接”，大陆的复兴和台湾在50年代的腾飞都直接与这批人密切相关。

西南联大是精英级别的大学，我们需要这样的金字塔之顶。

教育，也不是一种不变的模式，而是一个鲜活的与时俱进的育才过程。即使是西南联大的经验，也不是生搬硬套就可以的。

六、陋室耕读与“无差别”生活

刘禹锡作《陋室铭》，描写简朴士子之居所，无华丽与享乐，淡泊明志，高洁自适，不同流俗。

而在南迁后，都市大学教员们舍弃校园与故家，走向战乱中的社会。他们的住宿，从房屋轩峻的格局跌落到边城小巷，及至鸡声茅店的地步。

联大教师所居陋室，时有堪比杜甫《茅屋为秋风所破歌》中“床头屋漏无干处，雨脚如麻未断绝”的凄苦。

在困境中，学人们辟有菜园，以供食蔬，颇具陶渊明“种豆南山下”的自食其力。他们且耕且读，于硝烟战火之下，胸怀“广厦千万间”，撑持着文化与科学的半壁江山。

这样的学人生涯，是亘古未见，当载入史册中的。

（一）陋室为家

2000年8月，借着召开“建设云南民族文化大省”大会的东风，我曾将费孝通、梅祖彦、宗璞、闻立雕等一批西南联大师生及家属请到昆明，请他们一一确认了当年生活的旧址。

费孝通去呈贡的那天，晴空万里，燕子呢喃。走进魁阁，内里阴暗，宛如旧日。这里曾是他进行社会学研究的地方，他的女儿就生在魁阁附近的村子里。他当时住的是云南农舍，房屋的下层当作猪圈，人住在上面的一层。

我上中学的时候曾经下乡支农，也住过这样的农舍。人畜混杂，气味非常浓烈。这对于刚刚从英国归来的费孝通来说，是一种反差极大的生活。

至于给刚出生的女儿买的奶粉，当时都是走私货，从边境过来的，非常贵，所以有人造假谋利。

选择归国，就选择了承受这些和更多。这是那个时代学人的气节。

费孝通说："当时没有第二个选择。我为什么从国外回来了？我在国外可以做教师做下去，不是问题。但中国人就应当为中国效力。自己家里面苦了，受累了，我们不回去怎么办？"

冯友兰一家到昆明后经历过多次搬迁。那次宗璞回到龙头村司家营，看见旧居还在。

宗璞说："每天跑警报对生活也是很不利的。许多教授的家属都搬到乡下，好像文科的搬到东边多，理科的搬到西边多。我们搬到了龙头村。当时在龙头村的好像有陈梦家、赵萝蕤，有钱端升几位先生。在附近几个村子的，比如司家营的，有闻一多先生、汤用彤先生他们。现在你们也可以看见我们住的这个房子，这个房子算是好的。当时我们搬到这个房子还是很高兴的，因为原来是住在村子里，山底下，一家人住的也是厢房，在猪圈上面，下面就是猪，和猪做邻居做了一年多。后来就搬到这个地方，算是乔迁了。”

大量人口涌入云南，幸好龙云政府前几年有预见性地储备了粮食。但是当时的条件还是不行，陈谷都有质量的问题。好在能够供应，就能养活“大后方”的人们。

宗璞说：“当时，吃的东西主要就是红米饭。把红米发给教职员，做一部分薪金、一部分工资。这个米多半都发了霉、长了虫，所以做饭有一道必需的程序，就是拣虫——现在的人就不太知道了，就是把肉虫拣出去。这个工作常常是我来做的。小女孩，就在那拣。”

她还说到一些细节：“那时候，乡下房子是没有电灯的，有煤油灯是最好的。可是有一阵因为禁运，煤油也很缺，就点菜油灯。一个小菜碟，装上菜油，放几根灯草，搁一个小木架上。那个木架如果留下来，也可以算是文物了。它可以挂在墙上，也可以搁在桌子上。我父亲每天晚上总要写作几个小时，他不熬夜的，不过每天晚上总会工作一点。有时候就熏得脸上一块一块的黑，大家看了真是又好笑又心酸。”

宗璞提到的这种灯架，引发了我的好奇，后来我在旧货摊上淘到了，现在还保存在我书柜里。

2001 年，我到北京，采访闻一多的子女。在门头沟画家村闻立鹏的画室里，我见到了他们。

闻立鹏回忆：“我当时很小，能记住的是陈家营、司家营，在昆明的西北郊。在陈家营住的时间不算长。当时的生活状况比起在北平的时候，可以说是一落千丈。在北平的时候，当时教授的生活是比较好的。单独有一个别墅似的房子，平房，有花园。我父亲有一个帮他抄写文书的人，有做饭的大师傅，有两个保姆：一个照顾我的小妹妹，一个照顾我们两个。一个教授的生活是这样的状况，那当然是比较舒适的。”

他们对昆明这段的印象很深，对清华园反而没有什么印象了，因那时候年纪太小了。在昆明，当时教授的生活已经降到一般老百姓的水平去了。

闻立鹏说：“我们家在联大可以说是有名的穷困家庭。穷到什么程度？的确是没有钱买菜。为了节约钱，我父亲带着我们在秋收的时候到地里捉田鸡、捉蚂蚱。蚂蚱拿回来干炒，没有油，就是在锅上干炒。这都是真实的情况。为了节约煤炭钱，早上晚上洗脸完全都是用冷水。我父亲每天早上带着我们，拿着小脸盆，到河边去洗脸、刷牙。”

闻立雕对我讲过一件事，在最困难的日子，甚至有一个商人提出要收养闻一多的长子闻立鹤。闻一多严词拒绝了。他说：“我自己的儿子，为什么要别人来养？”

闻一多慨然邀请华罗庚一家来共居的故事，已经传为佳话，体现了闻先生的一种侠义。

闻立鹏回忆：“农村那种房子，三间，很小的。隔一半让他们住——我们家八口人住一间半房子，他们家六口人住一间半房子，中间拿个帘子拉起来。我记得我们都打地铺，都在地上睡。我们几个孩子都在外头这么睡。华先生后来写文章还提到了，他说当时在那种条件下，我父亲在这边天天整理他的《诗经》，写文章什么的，都照样；他（华罗庚）在那边搞他的数学。他说：‘布东考古布西算。’布帘子隔着，这边是考古，那边是算术、数学。”

刘文典之子刘平章说：“那时山穷水尽，我母亲卖完首饰，又卖衣服，貂皮大衣都卖了，只够买一点米。原来在北平，我们住二进的院子，有黄包车夫，专门拉我母亲上街买菜。在昆明，我们三口人一张床，我在里边，父亲在外边。他还要就着油灯看书。我在昆明三年没穿过袜子。我在北平的时候是小皮袍、马甲、皮帽子。现在的人看见我小时候的照片，说是‘小地主’。我父亲从来没有讲过这些，他对抗战有信心。”

联大教员的子女很多与父母一同扛过抗战岁月的艰辛，我找到他们的时候，他们也都年逾古稀。对当年父母的生活状况，他们是最有话语权的，童年记忆，细节犹新，殊当可贵。

在北京的一个社区里，我采访物理学家赵忠尧先生的女儿赵维志，她对北平生活还有一点印象：“在清华园住的时候，我们前面好像就是杨武之——就是杨振宁的爸爸——他们住的。后面就是吴有训，再后面就是熊庆来。当时我们就住在清华园南苑的平房。那个房子挺好的，外面有个园子，有个门。家里有个阿姨帮忙。爸爸每天去做实验，或者上课、教课。我就在清华园的幼儿园，那时候还学唱什么‘小兔子乖乖，把门开开’。”

因为轰炸，昆明城里的文化巷不能住了。有一次解除警报后，他们回到家发现，住家大门都给炸开了，厨房小板凳上都有炸弹片。赵忠尧就与杨武之一起搬家到龙院村去了。

赵维志说：“我们家在惠老师大院——我们叫它惠老师大院，当时我们就知道惠老师是云南的开明士绅，他把他整套房都给西南联大的职工使用。”

这些熟悉的教授们，是交叉居住的。因为本来熟悉，加上战时大家的生活都简单化了，一无遮拦。不外乎就是上课、育儿，还有维持家用。

“一进门就是赵访熊先生家，再进来就是任之恭夫妇家，然后再过来就是杨业治夫妇，再过来是吴达元。再进到这个院子里来就是吴有训家——那就是小二层了，所谓的二层，就是用一个地板隔起来。二层一楼就是吴有训家，通过吴有训家上楼，就到了杨武之家，就是杨振宁父母他们家。他们家再弯过来就到了我们家。实际上，我们三家等于是交叉邻居，根本分不开。”

这就像一个集体户。他们还建立了一个小图书馆。赵维志说：“我们家住的地方后面，又用木板隔了一个小屋子，就是我们的小图书馆。当时父辈们还是很注意孩子的学习的，这种艰苦的条件之下，他们还专门辟了一个地方，对我们来说就像小图书馆似的。书架上面什么书都有，我记得有《爱丽丝漫游奇境记》《鲁滨孙漂流记》《穷儿苦狗记》《流浪无家儿》那些。”

在清华园内的教师宿舍，我采访到江氏兄弟，他们的大哥在美国用视频参与采访。

寄身寺庙与僧为邻，是江泽涵一家的生活。江丕权说：“1939 年 5 月，因为日本空袭很厉害，日本的空袭弄得市内不安心，所以我们就搬到了华亭寺。”“西山华亭寺，日本不炸那个地方。当时我们家在华亭寺，严济慈家、严文郁家，好几家都在华亭寺。”“开始是拜经楼，就在正殿旁边。后来搬到观客堂。”

晨钟暮鼓，梵音缭绕，掩护过中国最著名大学与学者们的家庭、书籍和研究，令人不由得想到“有仙则灵”“有龙则灵”的警句。

当时不光是联大，逃警报的好多单位的人都在华亭寺住。寺院生活给他们留下了鲜明印象：“我们在华亭寺，要说起来就热闹了。和尚放焰口，我们全看见了。我们都去看，那当然热闹了。华亭寺没玩的，小孩除了爬山、打弹弓、打弹子以外，和尚的所有活动我们都参加了，就差会念经了，念经比较枯燥无味。方丈，红袈裟，漂亮得很。除了方丈室我们不能随便去以外，华亭寺各处我们随便跑。”

年长一些的哥哥，懂得利用这高山寺院来观察星象。江丕权说：“他当时注意的是两件事：一件事是在华亭寺山上观星象。他不知道从哪儿弄来了个星图，北斗七星等各种各样的星，春夏秋冬天上的星星是不一样的，他就把它画下来，晚上就告诉我们。”

搬到观客堂以后，父亲江泽涵有了一个书屋，他就在那里工作。他们的母亲有个规定，只要父亲在书桌边做事，孩子们就不能去吵他。这是教授家庭的规矩，任何时候，任何地方，做学问都是中心。

江氏兄弟说的西山华亭寺，是昆明人最喜欢去的旅游地。从童年至成年，这两个地方我都很熟悉、喜爱。

江丕权说：“华亭寺边上有个海会塔，那是和尚的骨灰塔。海会塔里存了西南联大数学系——据说是南开数学系——的图书资料，怕被轰炸了。有一个老师，申又枨先生，他跟我父亲是南开同学，同班同学，还有申先生的学生王寿仁先生，他们在海会塔住着。我们去海会塔很害怕，因为是放骨灰的，他们俩住在里面。”

华亭寺殿宇宏壮，庭院宽敞，布局严谨。寺里有一座舍利塔，塔中安放着佛教高僧虚云和尚的舍利子。这就是江丕权说的海会塔。

《郑天挺西南联大日记》1941 年 1 月 12 日有一段游西山的文字，其中提到江家住太华寺：

> 六时为泰然唤醒。今日约游西山，而昨夜睡晚，起已七时矣。食后偕莘田出小西门至篆塘，吴晓铃、赵西陆、石素真已先至，张清徽、清常及莘田侄女静娴偕女友二人续至，泰然督工友携食物最后至。八时半开船，十时三刻抵太华寺山麓，泊船而饮，食毕登山，已十二时矣。至太华寺，遇江泽涵夫妇，就其居小坐。

其实，江泽涵家是住在华亭寺。郑先生等人从滇池行船过去的路线，上山到者当为华亭寺，至今亦然。下面记录了游寺风景：

> 大雄宝殿有作佛事者，立观久之，恍若有亡，不自知其故也。寺中梅不甚多，寺外有数株尚盛，茶花仅殿前一朵而已。

郑先生寻梅，为亡妻也，悲从中来，正是“国破山河在，城春草木深。感时花溅泪，恨别鸟惊心”之写照。

> 出太华，步至华亭寺，门前有梅二。寺内茶花、木笔、玉兰甚繁，独无梅。转而西，有楼三楹，曰鬟镜轩，庭无杂树，惟绿梅两株，老干枝桠，琼萼锦碎，甜香暗袭，万虑澄消。坐石鼓，久而忘去。出华亭，步至三清阁，登龙门。四时下山，五时

一刻登船，七时三刻抵篆塘。月华映水，潋玉浮金。步归已八时半矣。

《日记》此处将太华与华亭二寺的位置写颠倒了。过滇池，上西山，从昔日到今天，去往龙门的路径只有一条，就是华亭—太华—三清阁—龙门。

华亭寺是游览西山的第一站，它位于西山之腹，是云南规模较大的佛寺之一，迄今已有900多年的历史。与华亭寺相隔不远的太华寺，位于西山的最高峰——太华山的山腰，故名太华寺。寺内名花荟萃，尤以山茶、玉兰最有名。

郑先生在日记中也写到了玉兰、山茶，而梅花令他怀念起夫人。华亭寺外数株梅花，而太华寺中玉兰、山茶更多，由于地理位置记录不对，景物也应该颠倒过来。

为何郑先生准确记叙了这一次郊游的人员、情景、登山沿途的景物等，两个寺名却出现了颠倒笔误呢？这一天日记的末尾，或许可以透露出一点缘由：

九时半即寝。连日近午而风，今日独无之，亦一快心之事。稚眉夫人一字苏梅，最善艺梅，家中古红绿萼数盆尤其精心所注。丙子岁暮有送梅来者，时夫人病，下红已将月，犹起而观之。

郑天挺清晰地记载了夫人一直到入医院前夕还与贺年的客人赏案上梅，当时之语曰：“此吾手培植者，亦繁茂乎？”不料手术麻醉后不复苏矣。而郑先生忍痛南下，不知夫人所培诸梅今若何已："余之探梅，盖亦在追念此喜梅艺梅之人耳。"

原来，沿西山一路走去，郑先生都在寻访着梅树梅花的踪影，满心都是故人之思。其忆夫人之深情，有《浮生六记》的意味。如此往事历历，而现实中某些印象反倒模糊了。这也许是治明清史以严谨著称的郑天挺先生发生笔误的一个原因吧。

《郑天挺西南联大日记》有多次登西山郊游的记录，如 1938 年 12 月 5 日记载：

> 独立龙门，眺望久之，慨然有澄清山河之念。循阶而下，复至三清阁小憩，改沿公路步行，经太华寺、华亭寺，均未入，立山门一瞻而去。自华亭寺门至湖涯，苍翠夹道，不辨其为何树。泉滴潺潺，若鸣琴韵，不觉又有山林之思。行至水涯，舟子已先候于此。复登舟而还。抵篆塘，且六时矣。

这就是一次与姜次烈、毛子水等同人的山水流连，没有深入寺内，其时教授们的家庭也还没有入住西山寺院。郑先生情绪豁然，对登山与下山的地标记录确切，没有发生颠倒。

这些联大人及子弟们回忆中的西山景致，也曾留下过我童年的足迹。家山走进了大历史，名师踪影为之描画上厚重光彩。

西山二寺，太华已在云深处，故有一个观云台，往下一望，云海茫茫。这里曲径通幽，地势偏僻，房屋不多。华亭距离山脚最近，并且寺院广阔，房屋众多，故为教授们择居之地。当年住在华亭寺的还有周培源等名教授：

> 联大许多名教授，如周培源、吴大猷等，因空袭移居郊区，远离学校十里以上，为了同学学习效果好，从不采取连续数小时集中讲授方式，一门3学分课程必按每周三次来校授课，不辞数小时辛苦跋涉，并视为当然。这种认真负责的敬业精神，深受同学的敬重。(《国立西南联合大学校史》)

这些教授们每周都要进城去上课，一般都要过滇池。据江氏兄弟回忆，江泽涵是坐船、周培源是骑马去昆明市区的联大校舍上课的，而骑马估计可以从山路绕行。岗头村的吴大猷则是坐马车的。

在北大燕南园，我采访王力夫人夏蔚霞，她对昆明的生活记忆清晰：“因为轰炸，我们后来只租了小西门的房子。住了大概不到两个月，就到昆明乡下了。那个时候昆明近郊区全部被西南联大跟中央研究院的人租了，我们只能住到远郊区，就在龙泉镇——现在叫龙泉镇，当时叫龙头村——在那里一住住了好几年。”

农户住家的楼下，一般是养猪的。“我们一共四间破房子，每间大概平均二十几个平方米。那本来是人家的猪圈，可是房东不跟我们住，所以不养猪，我们自己稍微刷了一刷就住了。我们住楼上，因为我怀孕，让那个阿姨在楼下住。”

她的第一个孩子就是在龙泉镇出生的，小孩衣裳什么的都准备好了，能干的主妇还要出门购物：“龙泉镇是一个镇，平时我们的油啊、酱油啊这些东西都是城里买回来的。点什么灯呢？点的是油渣，还不是煤油灯。煤油我们也买了，买了煤油灯，放在那里，预备给他晚上工作。他工作用煤油灯；我们晚上用油渣，就是菜油点的灯。”

就在进城去“赶街子”的时候，孩子出生了。当时没有医生，就由乡下的接生婆接生了。

（二）能干的主妇与菜园

在艰辛岁月中，女性往往会展现出异常的勇敢，以及无限的坚韧。这种现象一直都有。我想，每个人从自己的母亲身上都能感受到这一点。女性的潜力是巨大的。

住在西山华亭寺的江泽涵一家，当时的伙食，全凭主妇到半山腰买了背回来，一周一次。支撑家庭，就是协助丈夫完成教学使命。

江丕栋说：“当时还带着我们一起去。经常是过十天或者多少天，赶一次街子。有一次带我去，她要去很多地方买东西，就把我存在一个杀猪的那里，让我看杀猪，她去买，买完了再回来带我上山。”

江太太是毕业于北大的女性，但是在艰苦的环境下，什么都可以干。

江丕权说：“我记得，因为要过冬什么的，我母亲要做豆腐乳、酱豆腐，还做萝卜干、萝卜榨，就是把萝卜切成一条一条的，晒干了，用盐、辣椒面腌。酱豆腐，要让它发毛，就是长出来很多毛，再放点什么，有红曲。萝卜干是两缸，大缸；酱豆腐两缸。每年做四缸。”

孩子们穿的衣服，也是由母亲缝制。“老大穿完了老二穿，老二穿完老三穿，这是常规。不记得去买过什么衣服。”

在山上不能上学，主妇还要兼起家庭教育的职责。江丕栋回忆：

“我记得很清楚，我最先认的字是‘貓’。她写这个‘貓’字，繁体的猫，我看这个字很好玩，就认得了这个字，‘貓’。我们开始学习，都是母亲教的。我还记得，她教英文用林语堂的《开明英语读本》。”当年，凡是住在华亭寺的家庭，没有上学条件的，都只能是家庭自己教。

在北平生活的时候，江泽涵家里有保姆，而且不止一个，还有厨子、黄包车夫，条件很好。到了昆明，这一切都没有了，也没有什么埋怨，该怎么着就怎么着。

江丕权说：“国难当头，大家都是能吃苦的。这个我觉得很了不起。……我父亲是每一个礼拜坐船从滇池到城里上课，好像两次，所以他很多时候不在华亭寺。反正母亲什么都干。”

当时做母亲的一个人带着三个孩子，负担也很重。江丕权记得，有一次他哥哥得了病，母亲把他背到下山的医院去看，看完了再把他背上来。母亲下山“赶街子”的时候，也常常背着孩子一起去。

这种因为父亲不在身边，被母亲背的事情，我童年时也有过。伏在母亲的背上，其实幼小的心灵也在担心和怜惜着妈妈。

那些贤德的教授夫人们，本来大多是知识妇女，在这种艰苦的生活条件下，却都要做些手工或其他活计，挣一些生活费用。

夏蔚霞说：“在昆明，我除了教小学以外，还做手工。云南白药老板曲焕章女儿的毛衣都是我做的，我跟我们的教务主任两个人分担的。……因为当时做一件毛衣是四块钱工钱。多少分量称过，多大腰身，什么花样，都要有一定的标准。后来他们看见我们的手艺好，并且不缺斤两，拿走多少，拿回去还是多少，我们不赚他们的毛线。所以，曲焕章女儿的毛衣全是我跟我的朋友做的。人家做，四块钱一件，可是我们只拿到了两块四，其余一块六是铺子赚的。”

赵忠尧的女儿赵维志回忆：“当时吴有训夫人吴伯母还有我妈妈，还接一点绣花的活，绣手绢，在一块小手绢上面画一个金鱼样子，绣条小金鱼，绣完了就拿到外面去卖，稍微补贴一点收入。余伯母就靠给人家接生，我真是记得那个大院里这一批孩子都是余伯母接生的。”

当时美国飞虎队在昆明有一个工艺社，收购小件的刺绣之类，作为美国军人回家探亲的礼品。这些刺绣很多都是联大教职员的家属们做的。

闻一多和夫人还在自家门口种菜。闻铭回忆：“搬到西仓坡以后，门口正好有一个土坡。那时候菜也买不起，我父亲跟我母亲就亲自在坡上扎上篱笆，开垦出一个小菜园来。里面种的有西红柿、辣椒什么的。西仓坡 20 号，就在门前。因为那个时候买菜买不起，这个小菜园还真帮我们解决了不少问题，来个客人，摘点新鲜菜，炒一炒吃。”

这些城市里的主妇，种菜也没有经验。“有一回西红柿长虫子，正好吴征镒来了——吴征镒是植物学家——我父亲就说：来帮我看看，这西红柿怎么长虫子，怎么才能种好。他也到园子里去，吴征镒也蹲在那儿，给妈讲怎么掐尖，怎么防治虫子。”闻铭说。

王力夫人也想念自己种的那片菜地。夏蔚霞说：“后来，我跟冯友兰的女儿聊天，冯友兰的女儿当时住在房东家，她那个时候 12 岁。我跟她聊天，给她看相片。她说可惜了，这变成了一片平原，风景没有了。说起来，农村是好的，一片大平原，生态好。我们吃新鲜的蚕豆、新鲜的豌豆，我也种了辣椒。”

有了菜园，太太们喜爱上了自己种的蔬菜，也接纳了这半城半乡、贴近自然的生活。随着不断的搬迁和磨炼，她们对边城生活的感受渐转为满意甚至赞美了。

教授们大半是乡绅之子，出国留学，重返乡间，也算是一种回归。中国人，三代之内都与乡村有联系。

费孝通提出的“乡土中国”，在南迁生活中成为一个理念支撑。这是自己的国土，守土耕种，胜于沦为亡国奴。中华民族世代“耕读传家”，这是保持自己血脉与文化的方式，是原始的驱动力。

对于农耕文学与文化经典（如《诗经》《楚辞》一类），学者们被唤醒了新的依恋与灵感。例如，闻一多在研究中开拓了古籍与现实民俗的结合，体现了一个转向。

（三）物价飞涨、教授兼职

> 当我开始写《西潮》的故事时，载运军火的卡车正从缅甸源源驶抵昆明，以“飞虎队”闻名于世的美国志愿航空队战斗机在我们头上轧轧掠过。发国难财的商人和以“带黄鱼”起家的卡车司机徜徉街头，口袋里装满了钞票。物价则一日三跳，有如脱缰的野马。（蒋梦麟《西潮》）

不良商人与走私行为，对国家和民众造成了危害。但物价一日三跳，却是政府操作，用货币来压榨战争时期生活艰辛的普通民众。

联大学子胡邦定著文道：

> 抗战前的大学教授，每月平均工资为350元，与350银元等值，那是相当富裕的水平了。抗战时期不同了，物价一日数涨，越是到后期越严重。到了1943年下半年，物价上涨了404倍，教授们的平均工资为3697元法币，只相当于1937年的8.3元了。以8.3元要养活全家，其艰难盖可想见。（《西南联大纪事》）

吴晗为了给妻子治病，忍痛将收藏的明史善本，有的是孤本，卖给云南大学图书馆。

> 我曾亲眼在早晨看见吴晗先生提个篮子在菜市场转，不是找稀罕的贵重的菜，而是找最便宜的再买。（同上）

闻一多治印，这是众所周知的。闻立雕回忆："抗战后期，我们家里很困难，我父亲就靠刻图章，增加一点收入。……那时候我们和朱自清先生住在一起，朱先生跟我父亲交情很深。当他得知我父亲刻图章的时候，他把他保存的一瓶印油送给我父亲。这个印油也是时间很早的。""我父亲刻图章，手磨了一个大疙瘩，一个茧。母亲很同情他，就用大衣上的毛线，亲自缠在刻刀上。有的是我父亲自己弄点胶布缠上，保护手。不然，手指这个地方磨得起泡，磨得厉害。"

赵忠尧在家里制工业肥皂的事，则鲜为人知。赵维志说："那个时候我的弟弟妹妹已经出生了。我是13岁，我妹妹刚好3岁，我弟弟1岁。我母亲不工作，靠我爸爸一个人的工资收入，是非常困难的了。后来没办法，爸爸就说：那我们自己做点肥皂去卖吧。"

制作肥皂的程序，深深地印在了童年赵维志的脑海里：“爸爸出去把油和碱买回来，就在那个桶里烧——把油放里面，然后慢慢加碱，烧一点加一点碱，烧一点加一点碱，它就成形了。底下就用柴火，我妈帮忙递柴火，我爸烧。还用一个很粗的棍在那个大汽油桶里搅，那个大汽油桶有我一个人那么高。……倒出来的这一大块肥皂塞到桌子的一个框洞里面。这边一根铁丝固定住，那边一根铁丝拉过来，用木头弄两个把，推出来一点，就切下来一点，再推一点，再切下来一点。先切成一片一片的，再切成一条一条的，再横过来切成一小块一小块的，就变成肥皂了。”

赵忠尧用竹子、钉子敲一个架子，先把肥皂放到架子上晒干，再把它放到一个小木头盒子里，把木头印子放在上面，拿钉锤敲两下，就敲出“中和”两个字。当时是提供给昆明化工厂使用的。他把一盒一盒肥皂放在自行车架后面，自己推着去送货。

赵维志回忆，有一次李政道来找赵忠尧，想问老师自己应该搞理论物理还是搞实验物理，恰恰遇见老师用自行车推送肥皂的一幕。李政道半开玩笑说：我回去就想，我不搞实验物理了，实验物理怎么还要做肥皂？

王力则靠写文章和教中学补贴家用。夏蔚霞说：“那个时候我有了第二个孩子，王力兼任粤秀中学的校长……我也工作，还带孩子。生活也困难，钱比较不够。在龙头村的时候，王力写了昆明的一种小报，和费孝通他们一起写的，叫《生活导报》，还在上面发表了文章。没有想到他的文章很受欢迎，所以稿费就先付了。”

当时他们夫妻两个做五件工作。先生做教授，又写文章，又当粤秀中学校长；太太教书，也做手工。做五件工作，刚刚能够过活。

《国立西南联合大学校史》记载：

> 陈寅恪在形容当时昆明及后方通货膨胀、货币贬值的程度时，曾有两首诗，相当形象：“淮南米价惊心问，中统钱钞入手空”；“日食万钱难下箸，月支双俸尚忧贫。”他的目疾难愈，营养不良也是原因之一。陈寅恪是少数部聘教授之一，又有中央研究院的兼职，尚复如此，一般教授，其生活困难就可想而知了。

（四）梅贻琦校长及其同人

战前的学校体系，对资源有着不同层次的分配规则。

清华园内的甲所原来是校长的办公处及住宅，现已做贵宾级招待所。我曾经在那儿开会、采访，也住过。那个小楼至今仍有一种清幽、高深的意味，一进去就有庄严感。

那些远道而来的老清华人住在那儿，有一种发自内心的快乐。这与他们对校长梅贻琦的情感相关联。

梅贻琦住进这里的时候，取消了校长享受的很多惯例。梅祖彦说：“抗战以前，清华有那么个规矩，校长的住宅、官邸，学校大概给提供两个工友的工资，每年给多少吨煤——因为北方要生火——很多很多东西都可以报公账，这个我有印象。他来了以后，就把这些东西作为制度全部取消了。”

我也去过北京三里河韩咏华女士的住宅，后来是梅祖彦夫妇住在那里。梅祖彦给我看了珍藏的几件遗物，有梅贻琦经常把玩的一把折扇，和他母亲韩咏华女士在战前的一个家庭账本。

账本是清华园时期梅家生活的写照。其中记录了洋车、保姆、牛奶、点心、零食以及送礼、小费等开销，可见他们在北平时的生活水平。

当学校因沦陷而被迫放弃，所有特殊的待遇也就此消解。来到异地，大家都是“难民”，一样租房而居，家属也都必须自己买菜做饭，甚至种菜。

梅祖彦回忆，他们家在昆明住翠湖旁边的西仓坡。“中国式的房子，三合院。还有另外一家教授住在楼上。就是三面，等于是九间中国式的房间，下面是清华大学的办公室。三校合并了以后，还各都有一个办公室（办公处）。后来日本飞机轰炸的时候，很紧张，被炸过好几次，最近的一次轰炸，炸弹就炸在三合院的前面，整个房子差不多都推倒了。那次损失不小。”

据《国立西南联合大学校史》记载：

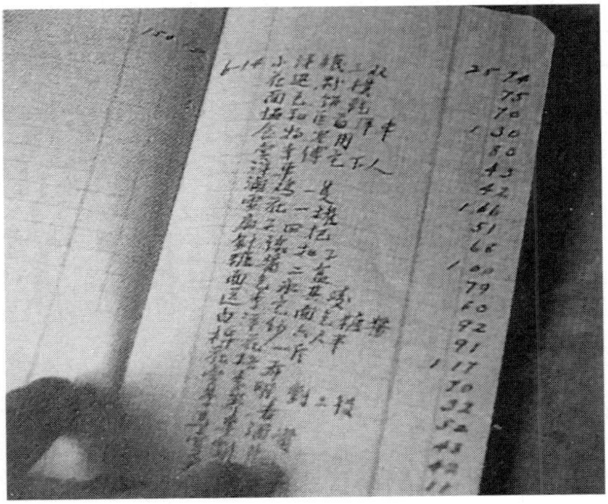

梅贻琦夫人所记账本

> 联大工学院主要来自清华。1943 年以后，为了解决联大经费不足和教职员生活困难，按照梅贻琦校长的意图，利用工学院教师的智能和教学设备，办起了清华服务社，为来华助战的美军建营房，造家具，还生产一些供应当地的民用产品，获得可观。服务社制造家具的木工车间，就在江西会馆。

这些收入，按照梅贻琦的安排，一部分成为联大教职员的福利补贴，三校均沾其益。

在《郑天挺西南联大日记》1944 年 2 月 16 日中也记有一笔：

> 八时起。九时入校治事。十至十一时授课。十二时归饭。核算清华服务社分配联大同人津贴，迄四时乃毕。

梅祖彦说："在昆明的时候，物价飞涨，教授、职员的生活都是很紧张的。学校的领导就从各个方面想办法，给大家提供些补助，用现在的话说，就是去搞'创收'了。西南联大有工学院，工学院有一些教授和学生在外面搞一些工程的东西，有一些收入，政府也给一些补贴。我记得我父亲那时候最强调大家平分，是不是按照家庭人口，我现在都不太记得了，就是说给学校的领导层是专门有限额的。不过，他说，一定要大家平分。甚至在有些情况里面，他说，凡是担任公职的不分。"

梅校长总是罔顾家人，实在是为势所趋。因为当时一有福利，即有纷争，有虚报，有妄图，他以自身的清白，来安抚"人心"这个大局。

而梅祖彦这样说他的父亲：“他不知道我们饿着。”

梅夫人也从不给丈夫添忧，在困难的时候，她为教授夫人们做出表率和担当。

梅祖彦说：“我父亲那一点工资是不够的，所以我母亲经常为生计伤很多脑筋。她和另外一位夫人，就是袁复礼先生的夫人，我现在记不得是谁提供了这个技术，她们就学做上海的一种糕点，腰子型的那么一种糕，还做了一个木头模子。她们还拿到金碧路的冠生园去卖。我那时已经离开家，后来我才知道，我母亲多次自己挎着篮子走，糕点很重，从西仓坡到冠生园走很长的路，脚都磨破了。这个事情我觉得是一个很好的例子，就是说要自食其力。”

校长太太做糕以渡过难关，这个糕遂有一个美称——“定胜糕”，寓意抗战一定胜利。

冯友兰的女儿宗璞回忆：“1942 年我父母到重庆、成都去了，我和我弟弟就寄住在梅贻琦先生家。那个时候，梅伯母就做一种‘定胜糕’，用米粉做，做了定胜糕送到冠生园去卖。我和梅家的小女儿、我从小的朋友梅祖芬一起，帮她提了篮子送糕。路上下了雨，我们把篮子放在廊檐底下，怕雨淋到糕，自己站到外面。究竟能贴补多少？我不知道。反正各人有各人的办法，尽量贴补家用。我觉得这种精神是很值得纪念的。”

梅夫人曾经回忆：

月涵一向忙于校务，家里人怎样生活，是否挨饿，他全然不知。直到看见我这样狼狈，看到教授的太太们这样疲于奔命地维持生活，他才着了急，向重庆政府教育部为大家申请了一些补助。还有一次教育部给了些补助金，补助联大的学生，我们当时有四个子女在联大读书，月涵却不让领取补助金。（韩咏华《同甘共苦四十年——记我所了解的梅贻琦》，《清华校友通讯》复15期，1987年4月）

2009年，我到台湾，携带着季羡林、任继愈委托我敬献于梅校长墓前的致敬题词。时至中秋，来到新竹“清华大学”的梅园，在梅校长墓前，我特意献上自己带去的昆明冠生园月饼，以怀念梅夫人曾为冠生园制作“定胜糕”以度过时艰的精神和志节。

梅校长夫妇的坚守，维护与增强了联大内同舟共济的凝聚力。

在那个腐败的社会中，梅贻琦一尘不染，犹如一株寒梅，高标见世，故联大人皆把梅校长称为自己的校长。他，才是蔡元培、胡适现代大学精神的继承者。

梅贻琦率先垂范，使教师们心悦诚服，而对学生的影响尤其深远，后来联大学子中出了一批舍身忘我的报国志士，不能不说与校长的宏远境界相关。

北大的郑天挺先生在主持联大总务工作时，亦发挥了“亲者严，疏者宽”的君子风尚，对北大方面虚报人口骗取粮食补贴的立即勾去，对好友罗常培外出大理逾期不归恐难“求谅于人”而促其速回。

当年的大学管理工作都由教授承当，这在政府部门的眼中无疑是一份差事。

> 然而当教育部要给国立大学主管人员及各院系负责人发放特别办公费时，25位兼任院、系负责工作的名教授，都一致拒绝接受。因为要与全体教授同仁保持同甘共苦。这是何等胸襟，何等风骨！（胡邦定《西南联大纪事》）

这个情况，我也是在胡邦定学长的文章中首次看到的，特摘录于此，以提供线索。

胡学长我采访过，他是左派学生，北上复员后，曾经为学生风潮事去面见胡适校长，但后来他要去《大公报》任职，找胡适写推荐信，胡适没有推辞一挥而就，因此胡邦定非常感佩其胸襟。

《郑天挺西南联大日记》1943年11月6日记载：

> 七时半起。九时入校治事。十时至十一时授课。十二时半归。在门前食米线。每碗已售十元，较之上周涨二元。盖自一日始加价，然市中他物数日来未见涨也。午睡方熟，又有扣门者，仍为房子而来。苦哉！苦哉！三时心恒来，谓外间传言在校行政首要院长、各长、常委等每月校中均另有补助。此种谰言，令人闻之愤怒！校中最苦者，莫若负行政责任之人。

《日记》一开始记录了清苦而紧张的日常生活，随后提到他们在工作与物价的压力下，还受到谰言之污。愤怒使郑天挺历数负行政责任之人与教授的巨大收入差异，原来他们不仅没有补贴，还被严格限制在校外挣钱：

> 教授中大多数兼差，且有兼至三四处者。莘田尝言，闻一多在中法兼课，并有家馆，月修至四千五百元，选译新诗，一次送二万元。唐立厂家馆月修至六千元。又有人在他校兼院长及系主任者，惟在校任各长者绝不能兼。各教授在校任课少者四小时，多者八小时，八小时者为数无几，惟任各长者有一定办公时间。政府规定之特别办公费，每月六百元，任行政责任者均辞谢不受，更何况特别补助耶？（同上）

这些维持战时大学运转的“行政责任者”，在养家糊口中其实比一般教授更加艰难：

> 他人不尽知，若勉仲、子坚与余，皆负债累累。余因雯儿之来，及拨款北平，计欠校中一万七千余元，欠卢吉忱五千元，而连月每月必亏。上月部拨乙种奖助金，欲以归偿学校，竟未能拨。（同上）

勉仲，查良钊，时任西南联大训导长。子坚，黄钰生，时任师范学院院长。雯儿，郑雯，为郑天挺长女，自作主张离开北平伪大学投奔昆明，是一有志青年。

西南联大的行政首要、院长等，皆是教授与学问家，但他们为维持学校所付出的心力与时间，远远超过了个人做学问和教学。

而除了行政工作，他们还必须树立清正的楷模。如果没有他们的廉洁克己、顾全大局，战时大学的运转几乎是不可能的。

清华校长梅贻琦的儿子梅祖彦，当年亦为联大学生，他有独到的体会：“在昆明生活非常艰苦，但是某种程度上也消除了一些以前的等级差别，真是大家上下一致，完全一致。”差别的消失，是使人们承受苦难、团结坚韧的一个重要因素。

师生们目睹政府及军队的腐败，不满和不信任与日俱增。从抗战中后期的“倒孔”运动到战争结束后的“一二·一”运动，经历整个抗战的积压和隐忍，“反蒋”之势如熊熊烈火，一大批优秀知识分子终于和蒋政权彻底决裂。

后记　故事、人性与“卓越”的衔接

《回望：西南联大沉思录》这本书的特征是“有故事”。

故事，是我传播这段历史的最佳载体，是一个引导人们发现西南联大的最佳路径。

故事“起于青蘋之末”，是学人与学子的平凡生活。梳理这些故事之间的衔接，我发现其中有着共同的精神与思想的活力，可触摸到校园生态与先贤传承的精髓。

女生郝诒纯看到教授家里的几个孩子没有过冬的衣服，就用勤工俭学的钱，和其他女同学买了毛线，送上门，请教授夫人为孩子们织毛衣御寒。教授拒绝了三次才收下。这是袁复礼教授家。

郝诒纯说，她当年毅然转系选择地质学，就是受到袁复礼的感召和鼓励。

袁复礼是参与中国和瑞典联合的西北科学考查团的重要成员。他向学生讲起，在考察中，外国学者如何横行霸道夺取资料，中国学者如何为保护国家资源而进行斗争，并取得了一些成果。那是列强环伺、战事频发的时代，爱国学人奋起保卫资源与情报，力量单弱。

于是，美丽优雅、堪称“校花”的郝诒纯决心献身艰辛的地质勘探事业。

袁复礼教育自己的孩子热爱地质学，鼓励他们从事地质研究。那时候的先生，至情坦荡，课堂上讲什么，就做什么；如何教学生，就如何要求子女。所谓“身教重于言教”，做学问和做人，不取巧，不作伪。

故谓之：“所谓大学者，非谓有大楼之谓也，有大师之谓也。”

学生与教授的关系如此透明，家国情怀晶莹闪亮。在温饱不济的日子里，发生这样以沫相濡的故事。这些毛线如此温柔，而选择艰辛之路，又是如此刚毅宏大。

我读过瑞典探险家斯文·赫定写的几本关于中国的书，有一本书名就叫《我在亚洲的狗》。一方面，他贪恋中国广袤大地上未知的古迹与文明，而另一方面，在他眼中，中国的官员与民众不过是他的服务者与仆人。

袁复礼他们与之“联合科考”，其中的辛酸、义愤和博弈，是值得回味的故事。最终，中国学者以真才实学和坚韧不拔赢得了尊重。

在为青年学生讲演时，我时常看到，故事使他们入迷，那孜孜以求的眼神似乎在说：“再讲，不要停。”仿佛里面有美味的乳汁，可以喂养他们饥渴的灵魂。

故事，让“卓越”的品质弥散到漫长的生命中，让人们体会到一种真实人生与真实历史的存在，认识到追求的价值与可能性。历史的精神、历史的道义正是包孕于这样的故事中。

如许渊冲先生，我认识他很早。他刚调到北大时，我们都住在北大校园北面的招待所。许先生那狂放的性格，与他强大的工作能力，是一种奇妙的搭配。

在联大纪念碑前，许渊冲沉痛悼念他的同学。碑上第一排从军学子的名字里面，有他。

许先生赴香港讲学，给我寄来了香港的剪报，上面有他讲学的报道和他的文章。

“昔我往矣，杨柳依依。今我来思，雨雪霏霏。”许先生说这是战争离人的悲苦。中国的诗歌传统从来不歌颂战争，都是在悲悯战争给人带来的灾难。所以中华民族不会有《伊利亚特》那样的史诗，因为我们是和平的民族。

这样的认知，与许先生本人也经历了人性与时代的大悲剧有直接关联。

如熊秉明先生，那年他刚从法国回来，住在北京弟弟家。那天的采访时间不长，却给我留下了不一样的思索命题。熊秉明以艺术展的方式提出“远行与回归”：“远行，到外国留学是一种远行，在这种距离下再回顾祖国的人物、山川、风景和文化，都会有一些新的看法。另外，又有一个回归的情结。好像你的生命到了一个时候，你是要把你的整个生命做一个类似总结的回顾的。这个回归，是和土地有关系的，当然和人物、风景、乡土都是有关系的。”

这正是东方哲学与西方不一样的地方，就是对“归宿”的追求。这种乡土情结起源于“人”本身，以及中国人极其漫长的农业历史、耕读文化，和对土地的执念。

我自幼读《史记》，在故事后面，常有“太史公曰”，有时只是一声喟叹，但立意深远。有些史评是有强烈的现实指向的。正是这种人文光芒的照射，使我爱上中国历史。

而一面梳理搜集的资料，一面写文章，也是这个意思。

我比司马迁有幸，我与这些历史性人物曾经谋面交流。

《史记》记载的内容之丰富，远超过后来西方哲学家对中国的评判畛域。因为他们所了解的中国多是进入清朝之后所谓“大炮轰开国门”的中国，那是一个凋敝衰败、积重难返的中国。

文化的自信力与辨识力，质疑于天地间的批判精神，在中国先秦与汉、唐、宋的文化中并没有缺失。所以，很多学者强调“追溯”要至先秦。

闻一多治学的故事，一般人只看到他“不下楼”的刻苦，对他专治《诗经》《楚辞》而独辟蹊径，直追先秦的抱负和锐气，认识不充分。这就是卓越啊！

身为学人，追寻西南联大历史，进行不懈的聆听与挖掘，这是对这个民族的传统精神即“文脉”的整理与传承。前人“口述”，是记忆的延续，还需要有思考、思想的延续。

在这整个过程中，蕴含着一种重新学习与回馈。学习，是将这段曾经失落的历史当作我的新课程。回馈，则是梳理这些纷纭的史料，与一个杰出人群交流，并将所感反馈社会。

责编蔡长虹提出了一个很有气势的编辑方案。她主张展现一个饱满的对历史的回顾与思考，形成一个多维的视角，而不是仅仅提供一些史料。

这本书里的文章是我近年来陆续写出的，有的曾在《光明日报》《长江文艺》《新华文摘》等报刊上发表。感谢她的执着，使得这批文章能够集中与读者见面。其中《一所战时大学的“形”与“神”》等篇，是至今尚未见诸报端的。

《荀子·劝学》曰：“吾尝跂而望矣，不如登高之博见也。”

感谢副总编辑郑勇赠名《回望：西南联大沉思录》，这本书确系登临历史之高地，遥慕前人精神之所得。

感谢执行董事顾青的包容海涵，使为姊妹篇二本。

《聆听：西南联大访谈录》与《回望：西南联大沉思录》，和三联书店于 2013 年 6 月出版的《西南联大行思录》形成一个“西南联大系列读本”，故有同样的卷首语。

十二年过去，又是一个兔年。风花雪月，尽在其中。

2023 年 9 月